中小企业激励咨询方法

李春佳◎著

中国商业出版社

图书在版编目（ＣＩＰ）数据

中小企业激励咨询方法 / 李春佳著. —— 北京：中国商业出版社，2023.5
ISBN 978-7-5208-2330-2

Ⅰ.①中… Ⅱ.①李… Ⅲ.①中小企业—企业管理—咨询—中国 Ⅳ.①F279.243

中国版本图书馆CIP数据核字(2022)第224508号

责任编辑：包晓嫱

（策划编辑：佟 彤）

中国商业出版社出版发行

（www.zgsycb.com 100053 北京广安门内报国寺 1 号）
总编室：010-63180647　编辑室：010-83118925
发行部：010-83120835/8286
新华书店经销
香河县宏润印刷有限公司印刷

*

710 毫米 × 1000 毫米　16 开　20 印张　398 千字
2023 年 5 月第 1 版　2023 年 5 月第 1 次印刷
定价：68.00 元
****
（如有印装质量问题可更换）

　　随着中国经济的发展，中小企业的发展对当前经济社会大局的稳定起到了十分重要的作用。众所周知，中小企业具有"五六七八九"的特征，即中小企业贡献了50%以上的税收、60%以上的GDP、70%以上的技术创新、80%以上的城镇劳动就业率、90%以上的企业数量。目前我国中小企业90%以上是民营企业，而民营企业的管理水平参差不齐，管理成熟度亟须进一步提高。

　　多年来，笔者经过认真观察总结，得出民营企业在管理中迫切需要进行三大转型的结论，即需要由情感式管理向制度化管理转型、由个性化管理向标准化管理转型、由粗放式管理向精细化管理转型。这三大转型，说起来容易，而做起来绝非易事，因此需要借助外力的参与和帮助来完成。

　　目前，市场上存在的一些专业的企业管理咨询机构，却面临着数量偏少、咨询师水平良莠不齐以及项目咨询流程不统一、不专业等弊端。

　　对于此，笔者结合过去十几年在企业落地咨询项目的经验以及长贝咨询集团对咨询师的要求，特写作了本书。本书中有实操的工具、表单、流程、原理、方法论，皆是笔者及笔者所在咨询公司的多年实操经验和专业理论知识的分享与总结，相信不仅能够为中小企业转型提供助力，而且对咨询行业也是一个很好的借鉴。

　　多年来，笔者所在的咨询公司以成为中国管理咨询行业领导品牌和受尊敬的投资人为愿景；以致力于中国企业管理水平提升，陪伴客户一起成长为使命；以善良、尽责、高效、共赢为价值观。对于写作本书，笔者倍感压力，同时也不敢有丝毫的马虎和懈怠，倾尽所学、所会、所知仍感不足，力争将最专业的企业咨询方法和理论、最实用的企业咨询案例呈现给读者，让读者读后能有不错的收获。

本书包含咨询项目全过程管控、咨询方法论原理、对咨询师的要求、对中小企业的要求及注意事项等内容。同时，考虑到读者不同，因此大家阅读本书的侧重点就有所不同，所以在写作本书时，笔者尽可能从多维度、多角度展开，希望不同的读者看到本书后均有不同的收获。比如，或明白了中小企业与咨询公司合作的参考标准，或清楚了咨询公司对咨询师的培训教材及工作要求，或获得了人力资源专业领域激励老师的成长指南，或收获了激励咨询行业业务开展的指导建议书，或了解了推动咨询行业业务规范的手册，等等。

最后，需要说明的是，书中参考了大量的现代企业管理的理论、模型、方法论、案例等，笔者在此对原创者及行业的先贤表示崇高的敬意和衷心的感谢！此外，本书写作时间仓促，加之笔者水平有限，因此书中不足之处在所难免，恳请广大读者斧正。

李春生

2022.10.1.于北京

目 录

第六章 企业目标规划咨询

第七章 组织架构布局咨询

第八章 岗位权责梳理咨询

第九章 目标绩效考核咨询

第十章 薪酬激励设计咨询

第十一章 股权激励设计咨询

第十二章 阿米巴经营模式咨询

第十三章 职业生涯规划咨询

第十四章 系统导入进程管控

第一章
中小企业普遍存在的八大发展之痛

　　不少中小企业，本身成立就已经很不容易，接着好不容易熬到业务上有了起色，却又在经营、管理过程中遇到很多"痛点"，导致这些企业要么止步不前，要么关门大吉，这样的结果实在有些可惜。

　　经过多年积累和分析，笔者总结出了中小企业普遍存在的八大"痛点"。这些"痛点"不是小病小灾，而是随时能危及企业"生命"的大病患，会严重影响中小企业的生存发展。了解这八大"痛点"，对中小企业的生存与发展有着重要的意义。

出身之痛：老板创业缺乏强大的资源

如今，中小企业对财政的贡献比例越来越大，而且由于中小企业涉及的产业范围广泛，不仅为各行业领域的发展奠定了基础，同时也成为解决就业的主渠道，对促进就业、提高居民收入、维护社会稳定发挥了重要作用。但是，中小企业在发展中也遇到了一些新的矛盾和问题，制约了企业的发展。其中首当其冲的就是中小企业的创业者因为缺乏强大的资源和必要的支持所导致的"先天不足"，需经后天不断补给，才能生存下来。但后天补给缺乏，且竞争残酷的现实，让中小企业始终保持着居高不下的"死亡率"。下面针对中小企业所面临的"先天不足"——创业者缺乏资源和支持，进行详细介绍。

1. 政策难以惠及

政策环境是决定中小企业能否快速发展的重要因素，虽然《中华人民共和国中小企业促进法》已经颁布实施了多年，相关配套政策都在紧锣密鼓地跟进，但因为涉及的方面太多，时至今日仍然未能全部跟上。而这也就导致在政策上对中小企业的关心、关注程度不够，使得中小企业难以享受到与大企业相同或接近的待遇。有资格向上争取政策倾斜的，仍然是有一定投资规模和较高技术含量的大企业项目，而中小企业在投资规模、技术含量等方面都达不到要求，因此很难争取到政策和资金支持。

2. 贷款难以落实

这主要表现在三个方面。

（1）供应不足，没有专门为中小企业提供贷款的金融机构。

（2）缺乏担保，如中小企业担保机构少、担保品种单一、寻保难等。

（3）辅导薄弱，中小企业贷款难、寻保难，与其资信等级不够有关；同时由于企业财务管理不完善，诚信度不高，也影响了融资能力。

3．发展环境难以改善

虽然近些年相关职能部门不断完善措施、优化服务质量，使得中小企业的发展环境得到大幅改善，但仍有不足之处。比如个别职能部门以本部门利益为中心，重处罚、轻指导，重管理、轻服务；再比如各部门职能交叉重叠，轮番检查企业，新上项目过程中审批手续复杂。

4．政府对中小企业人才队伍建设支持力度不够

近年来，有关部门在中小企业人才培训方面做了大量工作，但至今仍未设立对中小企业人才培养、培训的专项基金，组织各项培训活动还是以向企业收取费用为主，在一定程度上影响了企业参与人才培训活动的积极性。国家虽然投入了一部分培训资金，但相对于遍布全国而数量巨大的中小企业来说显得杯水车薪，很难满足当前中小企业人才培养、培训的需要。

资金之痛：用有限的资金做有限的业务

之所以称为中小企业，是因为在经营实力上与大企业存在巨大差距。在这一点上，最现实的表现就是资金实力。中小企业的资金有限，只能利用有限的资金做有限的业务，面对一些一定会有大收益的项目，也会因为自身资金实力不足而没资格争取。

笔者在多年做咨询的经历中，看到了不少中小企业其实有很不错的项目，而且创始人的技术能力、管理能力或综合能力都不错，但因为受限于资金不足而得不到大的发展。时间长了，这些本来很有能力的创始人就逐渐甘心于"大钱办大事，小钱办小事"。

导致企业资金实力不够的主要因素不是创始人或创始团队不会对外融资，而是没有找到正确的融资途径。企业资金缺乏，大部分原因是内源融资能力不足，即企业靠内部积累进行融资的能力不足。在发达国家，占企业融资方式第一位的是企业的内源融资，比重多在50%以上，且越是市场化程度高的国家，内源融资的比重越大，重要性也越高。

目前，我国企业内源融资的比重不足三分之一，几乎都集中在大型企业，中小企业的内源融资可以忽略不计。自我积累能力低下，对外融资能力又欠缺，导致企业长期处于缺少资本状态，而资本少是中小企业信用不足的基础性原因。

中小企业内源融资打不开的根本原因在于缺乏长期的经营思路，没有一套完善的企业战略规划和融资管理机制。在内部利润分配中存在短期化倾向，留存利润不足，增加的利润大部分通过各种渠道流向了个人。很少考虑利用自留资金补充经营资金的不足，也不注重自身积累和健全造血功能。长此以往，企业要么陷入"负债→经营→还债"的恶性循环，要么为了避免负债而只能进行小打小闹式经营。

内部融资渠道建设不起来，对外融资又受限于融资理念的落后，对融资方式的多样性认识不够，导致融资渠道单一。绝大多数中小企业是将获取银行贷款当作企业资金来源的主要形式，甚至唯一形式。当遇到资金困难时，超过七成的中小企业首先想到的是向各商业银行等金融机构借贷，但又因企业资本少导致的信用等级不够而无法借贷。

中小企业很少会去了解一些较新的适合中小企业的融资方式或融资手段，如国际金融组织信贷、国际商业银行存款、政府存款、补偿贸易、风险投资、项目融资、金融租赁、典当、协议投资、小额股权转让、融资租赁等，即便有所了解，也可能因为不熟悉运作过程而拒绝采用。

综上所述的内外原因，限制了中小企业的融资渠道和融资能力。

产品之痛：产品同质化或缺乏竞争力

产品是企业的基本造血功能，如果企业无法自身造血，就会因贫血而死亡。产品造血的强弱与产品的独特性、创新性、尖端性、品质性等都有关系。但中小企业的产品或服务恰恰不具备上述特性，因此呈现出来的就只能是同质化。

曾经靠魄力、靠胆量、靠机遇就有机会赚到钱。如今市场早已饱和，竞争越发残酷，像过去那样做初级生产加工或代工就能存活的日子已经没有了。但很多中小企业并没有跟上时代的脚步，思维仍然停留在曾经的环境中，想要靠以前的招数坚持下去。其实我们都很清楚，市场需求旺盛的时代再也回不来了，后面可以预见的二三十年和难以预见的更长时期，企业必然会面临产能过剩、需求饱和、产品同质化等问题，一个行业必须要面对从过去的数个品牌竞争变为成千上万个品牌竞争的残酷红海。

现在，产品同质化已经渗透到所有品类，无论是快消品如矿泉水、饮料、牙膏，还是耐用品如家具、汽车、房产，无论是工业半成品如板材、五金、铝型材，还是工业完整品的机械，各行各业、各门各类无不是品牌繁杂，同质化严重。比如我们走进建材市场，从全国知名的大品牌，到区域性的无名小卒，产品类别惊人地相似。抛开研发内在的东西，至少在消费者的角度看，产品的差异化不大，甚至可以说是基本雷同。

同质化引发的直接结果就是产品竞争力下降。为了争夺消费者，企业就会不可避免地进行价格战，有些领域的价格厮杀近乎白热化，企业利润已经薄如蝉翼。可是在此过程中又有谁受益了呢？看起来是消费者受益了，毕竟价格便宜了。但价格便宜往往意味着质量的下滑，大企业还好，有诸多品类在不同市场机遇下可以拉高平均利润。但中小企业在利润无限薄的状况下根本没有余力搞创新、搞研发、搞品质，只能让消费者用看似不高的价格去买自己质量也不怎么样的产品。

这就是现实——中小企业的产品只能在低附加值中徘徊。而这样的现实使得中小企业不仅是在面对消费者时显得无力，同时也在面对营销团队、经销商和竞争对手时毫无信心和抵抗力。

因为产品无差异化、无品牌效应，销量完全控制在销售人员手里，他能力强，产品就能多卖些，所以市场的命脉已不在企业手里。

因为与对手的产品完全同质，所以与经销商的对话也没有话语权，经销商可能随意放弃合作，用其他同质产品替代。

因为你有的，对手也有，你没有的，或许对手有。如果对手是大一些的品牌，有渠道、有传播、有品牌效应，那么你的产品就只能被束之高阁。

同质化害苦了大批的中小企业，销售额的数字在逐年攀升，但实际利润却不升反降。卖量不卖价，产品附加值极低。赚不到钱，就没有能力搞研创，不搞研创，就没有差异化产品，没有新产品，就赚不到利润。这样的发展之路仿佛进了"死"循环。

技术之痛：缺乏技术人才或投入不足

企业要在竞争激烈的市场中生存和发展，必须具备永久性竞争力。而竞争力的取得必须依靠核心技术，核心技术则来源于创新。但中小企业由于自身发展的缺陷和条件的缺乏，技术创新能力非常薄弱，甚至还有很多企业根本就不具备技术创新能力。

鉴于中小企业的创办人通常是从实践中成长起来的，缺乏系统的培训和技术知识，对企业的发展存在短视行为，导致企业经营偏保守，也就是说流行什么就生产什么。其实，这只是中小企业没有长远发展规划和未能树立核心竞争力的因素之一，且在所有因素中占比很小。人都会根据自己的条件来做事，都知道大别墅住着舒服，但不是所有的普通人会想着要买别墅来住。经营企业也是一样，不是所有的中小企业老板都想要安于现状，他们也想求新求变求发展，但实际情况限制了他们的野心，只能守住眼下的利益。

我国中小企业的技术创新水平，无论从创新意识、创新能力还是从创新投入、创新成果以及创新效益来看，都还处于较低水平。研发投入和科技人员比例等指标远低于国内大型企业的水平。具体来说制约我国中小企业技术创新发展的障碍，主要体现在以下三个方面。

1. 技术人才短缺

技术人才是现代企业最宝贵的资源，但越高端的人才越希望在大企业工作，所以中小企业缺乏技术人才是世界各国普遍面临的问题。但我国作为发展中国家，情况比西方国家更为严重。我国中小企业的从业人员主要来自农村剩余劳动力和城镇新增劳动力，文化水平普遍较低，其中的大部分人缺乏现代化工作所需的技能训练。

科技人员和管理人员不仅数量不足,供职于中小企业的技术人员和管理人员的水平也相对较低。更为严重的是,大部分中小企业对于各类技术人才和管理人才仍缺乏吸引力,与外资企业、合资企业和大型国有企业相比,中小企业在人才竞争上明显处于劣势。

2.资金短缺

资金是支撑企业招揽技术人才和实现技术创新的保障,但中小企业恰恰缺少这一保障项。一句话,没有钱怎么招来能人和好的资源,没有能人和好的资源如何进行创新!中小企业也很想资金充足,然而现实的情况是中小企业想要获得资金非常困难,无论是内部融资还是外部融资,无论是直接融资还是间接融资。主要原因有:①外部资金获取来源过于单一,融资渠道少;②内部资金获取渠道完全没有打开,缺乏信用度;③银行信贷政策偏重于大企业。

3.信息资源短缺

外部信息是企业认识技术和市场机会的重要基础。大企业一般较容易获得信息机构的服务,信息渠道也更多。中小企业由于资金不足、人才不足,在收集外部信息的广泛性、准确性和及时性方面的表现较差,从外部获取信息可以形象地比喻为"吃大企业剩下的"——大企业淘汰不要的信息才能流入中小企业,以此所生产的产品或开发的服务自然不会受到市场青睐。因此,大多数中小企业将技术创新的信息来源锁定为企业内部的集思广益,这种闭门造车的做法更加不利于抓住机会。

品牌之痛:没有品牌溢价,只能赚差价

曾经有一句耳熟能详的话,叫"酒香不怕巷子深",但在市场全球化、商品输出趋于饱和的今天,酒香即便飘出巷子口恐怕也不会被人注意了。因为巷子外有各种各样的酒,人们在平时已经被灌得晕头转向,甚至可能连"嗅觉"都已经不灵了,根本分辨不出哪家的酒香,所以那些平时总在眼前晃悠的酒家和那些能够送货上门的酒家的酒自然成了首选。

在这里，那些总在眼前晃悠的，就是广告营销做得好的，产品好不好放在其次，先和消费者混个脸熟；那些能够送货上门的，就是网上销量大的商家，产品好不好也放在其次，便宜还能送货到门，就已经赢了。而在某个不被人看到的角落里，一定存在好商品的遗珠，产品好，价格也不贵，但就是不能被人看到，只能"烂"在那里而无人问津。

如今必须将这句话改为"酒香也怕巷子深"，尤其是在产品同质化的时代。产品同质化、渠道同质化都是硬伤，若是缺乏品牌效应，中小企业的生存必将更加艰难。听到"品牌效应"，有些人会想到很大的方面，好像除了世界驰名，其他的都不能叫品牌效应。作为中小企业，其产品的品牌效应不可能像大企业的知名产品那样广泛传播，但要具有自己的独特性和区域性。就像某个地方的人就钟情在当地非常知名的超市，却不愿去更为知名的国际大型连锁超市。那么，这家区域性超市就属于在当地具有了品牌效应。因此，中小企业的发展需要有品牌文化的注入，品牌文化标志着商品在消费者心目中的声誉，是企业良好发展的缩影。

但在实际经营中，中小企业的品牌文化现状不容乐观，部分企业没有认识到品牌文化的重要性，也没有为品牌做些什么，更没有品牌文化战略和品牌文化定位。导致这种现状的原因有四点。

1. 重关系，轻品牌

很多中小企业是借助家族的力量共同创业，依靠血缘关系维持经营。虽然不少企业的创立时间已经很长了，但仍然没有完成甚至根本不想完成从家族化经营模式向现代企业制度的转换。没有现代经营理念，就意味着不能更好地利用社会资源，也不具备适应市场竞争的运行机制，导致难以形成现代企业才具有的品牌发展战略。

2. 只想卖产品，不想传播产品

具有现代经营理念的企业能意识到产品是为消费者服务的，当产品能满足消费者的需要并且受到消费者的喜爱，产品就能在无形中得到传播。而消费者传播的是产品的形象载体——品牌，产品同时也是品牌的最终价值归属。但中小企业尚未形成真正以消费者为导向的现代营销意识，想的多是怎样卖出产品，而很少考虑产品的服务性质和传播能力。

3．对品牌文化认识错误

品牌文化是品牌产品品质的体现，是与品牌历史渊源相适应的个性化形象，是独特的具有丰富内涵的品牌的全面体现。一个深远的品牌应具备属性、利益、价值、文化、个性和消费者评价。中小企业普遍存在的落后的、错误的品牌意识导致落后的、错误的品牌定位，不清晰、不适当的品牌意识使企业不能明确界定品牌的标准和发展方向，导致自身的品牌无法延伸发展。

4．品牌建设缺少文化加持

品牌文化建设应该与营销行为密切联系，创造产品独特的文化概念。但大部分中小企业本身不具有企业文化，或者是存在对企业发展不利的企业文化，因此在营销战略上，不是未将文化纳入品牌文化建设，就是将错误的文化纳入品牌文化建设。

人才之痛：选人、留人难，员工动力不足

人不是资产，资产要折旧；人是资源，要不断开发。

十年前是员工找企业，现在是企业找员工。员工难招和员工难留甚至已经超过融资和技术，成为中小企业最头痛、最棘手的问题。

高工资不一定能招到好的人才，但是低工资一定招不到好的人才。中小企业人才招聘存在三大命门——薪酬竞争力弱、工作稳定性差、未来没有保障。对应到实际中就是得人才难、用人才难和留人才难。

1．得人才难

中小企业的现状是：规模相对小，实力相对弱，待遇相对一般，个人发展空间相对狭窄。相对的另一边就是更受人才青睐的大企业。中小企业自身的弱，成了吸引人才的最大绊脚石。

在现实中，由于很难吸引有丰富工作经验的人才，大部分中小企业将目光转向应届毕业生。但其中一些中小企业很有自知之明，基本不抱有人才能到自己企业的希望，甚至在招聘时特意回避名牌大学毕业生，因为不希望自己成为人才的跳板。普通高校里同样有人才，这是不争的事实，这些人才是中小企业想极力挖掘的，但难度着实不小，即便真的挖到了宝，能不能用好和能不能留住，又是另外的问题了。

2. 用人才难

人才是渴望发挥能力和获得发展的，但在中小企业内恰恰最难满足的就是这两点。因为企业规模一般，经常是老板"一言可定大统"，即便有部门层级，也形同虚设，凡事仍需要一把手拍板。

但不是所有中小企业老板都不放权，很少一部分是敢于放权的，但对人才的需求只注重短期效应，目的只是寻求企业的发展，人才的未来则不考虑在内。这就导致一些本来很有能力的人不愿为企业出力，他们只是当一天和尚撞半天钟，忍一段时间就离开了。其实这怪不了员工，因为无法在企业内获得认同感和主人翁意识，所以也就没有了工作积极性。

还有一些中小企业对人才有贪大贪好的心态，花高薪聘用一些与企业不匹配的人才，不仅造成人才浪费，还会对企业发展极为不利。

3. 留人才难

据统计，中小企业的普通员工有20%～50%的年流动率，中高级管理人员和核心技术人员也有20%左右的年流动率，如此高的人员流动对于本就生存不易的中小企业是非常不利的。

用人难的直接结果就是留人难。大部分中小企业缺乏管理机制，用人机制与激励机制也不完善，即便招到了人才，也因为用得不适当，从而导致人才对企业缺乏归属感，人才必然在企业待不长。

留人难的另外两个重要因素是"凤栖梧桐"和"另谋高就"。一些愿意到中小企业栖身的人才，多是因为还未找到合适的大企业，一旦得到大企业的青睐，很有可能会马上离开。还有一些人在来到中小企业前还算不上人才，是在中小企业供职期间发挥了能力，得到了认可，晋级成为人才，然后就会谋求到大企业工作的机会。

管理之痛：老板半路出家不懂得管理

多数中小企业没有建立起现代化管理制度，市场化和规范化程度也远远不够。从组织形式上看，很多中小企业仍实行单一业主制和合伙制，使企业无法按照规范的股份制企业进行运作，更不可能通过上市募集资金。许多中小企业仍维持家族式的管理方式，企业的决策控制权和剩余索取权高度集中，内部约束机制严重缺乏，所有者与经营者制衡的机制在企业的法人治理结构中形同虚设。投资决策失误，融资方式单一，都是这一管理模式的副产品。总之，缺乏有效的管理方式，导致中小企业对内缺乏内聚力，对外缺乏竞争力。

那么，中小企业缺乏有效管理方式的具体表现有哪些呢？

1. 管理模式粗放，管理观念落后

许多中小企业老板缺乏企业管理的经验，在日常的经营管理决策上，进入市场靠的是个人感觉，管理企业靠的是过去的主观经验。企业管理人员多为老板的亲戚和老部下，存在非专业管理、粗放管理、经验管理、家族管理等诸多不科学的管理模式。正是因为不完善的管理体系和缺乏规范化、系统性的规章制度，极大地影响了管理效率的提高和经营效益的提升。

2. 企业内部权责界定不明确

清晰有效的所有权、管理权和监督权可以提高资源配置效率，激发产权主体的积极性。但现实情况是，权责不清的现象在中小企业中很常见。大多数中小企业在发展初期认为企业财产是私有财产，不存在所有权、管理权、监督权的问题。随着国内市场经济的不断发展，竞争日益激烈，许多中小企业在内部管理上存在的诸多问题逐渐暴露，内部权责界定不明确不仅影响企业的发展，有时还会影响企业的正常经营。

3. 缺乏内部管理人才

由于中小企业多是从家庭作坊发展而来，内部管理人员一般由家族成员担任，使得企业现有内部管理人员的水平普遍不高，存在管理成熟度低、管理技能差、管理知识匮乏、管理理念落后等现实问题。一些中小企业老板意识到了问题，也着力引入外部有经验的管理人员，但鉴于企业内部的裙带关系或派系关系，导致外来的和尚无法念经，制约了其管理能力的发挥，结果就是一方面导致人才流失，另一方面企业管理仍然混乱。

4. 缺乏正确的决策机制

由于大多数中小企业缺乏管理人才，也缺乏现代管理意识，不知道现代企业在做决策前需要进行市场调研，要制定战略规划和准备可行性报告。中小企业的决策只看一个因素，就是销售目标，而销售目标又只是根据对利润的预期来推导的。在缺乏科学依据和真实市场信息的情况下，管理者只能凭自己的主观意图做出决策，这显然是不可取的。

5. 组织结构失调

中小企业的组织结构设计，往往呈现两个极端——欠编和超编。

欠编主要体现在关键部门或关键岗位的缺失，一些制造型企业的两个关键部门如计划物控、工程部门的功能与职责缺失。组织欠编留给企业的"痛"是大家都很忙，一个人干几个岗位的事，从早上一直忙到深夜。

超编主要体现在职能部门人浮于事，业务部门人手紧张。如某中小企业职能部门的人工成本占总人工成本的70%。组织臃肿本是大企业病，但却在一些中小企业中长期存在。组织超编留给企业的"痛"是成本过高，推诿扯皮，不思进取。

6. 不重视财务制度建设

一些中小企业甚至不设专门的财务人员，更不像大企业那样具有严格、完备的财务制度。还有一些企业出于近期利益，处理会计报表随意性大、真实性差、透明度不高，甚至逃税、漏税。这些行为在社会形成了一种很难改变的中小企业不规范的形象，因此，一谈到中小企业的信用，人们很容易产生不信任感。

激励之痛：不懂人才激励则管不好人才

好的人才激励机制不仅能够留住人才，还能激励员工，令其有更强的上进心。激励对于企业发展的重要意义，现实中已经有太多实例了。但提到激励，很多中小企业的老板都摇头，认为距离自己很远，应该是华为、海尔、格力这样的企业才能做的。其实，华为最开始实施激励政策时也算是中小企业，就因为实行了激励制度，彻底提高了企业员工的敬业度，让大家心往一起想、劲往一处使，将华为做大做强了。

不说华为，回到中小企业的激励之痛上。中小企业具体存在哪些激励之痛，导致企业始终不能用好和留住人才，也一直无法成长起来呢？

1. 激励制度不够完善

激励制度是规范和引导员工行为导向共同目标的各种措施的总和。一家成长性良好的企业应具备完善的激励制度，但现实中大多数中小企业的激励制度既不合理也不完善，在采用绩效考核体制的同时，却忽视了绩效评估体制。若绩效考核中的绩效由谁来决定的问题得不到很好解决，则无法保证绩效考核体制是规范的。从字面意思上理解，绩效考核中的绩效是由企业老板决定的，也就是评估者是企业老板，老板对员工的评价很可能带有自身的感性认知和主观态度，导致绩效评估缺乏客观性。不具备客观性的绩效评估所认可的绩效考核体制无法让员工信服，就会导致员工对企业失去信心。

2. 物质激励与精神激励失衡

物质激励是目前所有企业使用频率最高的激励方式。但随着现代社会的发展，人们关注的不再只是物质激励，还有精神需求。如果仅仅使用物质激励，会让精神需求的缺口越来越大。企业虽然在物质激励方面的投入加大了，但因为缺少精神激励的有机结合，还是难以达到预期激励目的的，严重的还会打击员工参与企业经营管理的积极性。

3. 激励方式单一

满足企业内部绝大多数员工的需求，才是企业使用激励手段的根本出发点。但是，众口难调，企业内部存在不同岗位、不同能力、不同年龄、不同需求的员工，且这些差别还会呈现动态性。企业在设计激励体系时，要充分考虑到各种不同需求和动态变化，从适应社会环境、员工定位和员工实际需求的角度出发，并不断调整。

多数中小企业的激励现状仍是只有金钱，虽然直接的经济刺激会在一定时间段内起到作用，但不可能长期有用，且企业受自身体量所限，能给予的金钱激励力度不会很大，时间长了，员工就麻木了，经济刺激也就失效了。

4. 企业绩效评价不完善

企业若要建立有效的激励机制，绩效评价体系是最根本的依据。很多中小企业没有建立起科学合理的绩效评价体系，采用的是传统的硬性指标来考核员工，同时也不公开考评过程，只给最后的考核结果，甚至一些企业将绩效考核当作排除异己的"武器"，反而挫伤了员工的积极性，完全体现不出激励机制存在的重要作用和其给企业生存与发展带来的重要影响。

5. 受限于老板对激励的认知

目前，中小企业中普遍存在薪酬设计不公平、制度不完善、财务管理混乱、外在竞争力不强等问题，造成这些问题的根本原因是企业内部缺乏一套完善的激励制度。而无法建立激励制度的根本原因，则是企业老板对激励的认识不够。

大部分中小企业老板在管理企业的过程中采用的是集权式的管理，既不能充分认识到激励机制对企业的作用，也缺乏与员工的沟通交流，不了解员工的真正诉求，只是将员工视为"工作机器"，这些思想和行为都会阻碍激励机制的构建与完善。

第二章
中国管理咨询行业发展进程

　　我国的管理咨询行业是学习和借鉴欧美及日本的企业管理咨询的理论、方法、经验和实践发展起来的，虽然时间较欧美和日本要短很多，但发展速度非常迅猛，已经走过了启蒙阶段、初创阶段、发展阶段，来到了相对成熟的阶段。虽然中国管理咨询行业已经进入较成熟阶段，但仍面临诸多挑战，需要改进的方面还有很多，未来等待中国管理咨询行业的将是更为广阔的发展空间。

启蒙阶段：顾问式说教咨询，良师益友

1979 年，中国企业管理协会成立。

1980 年，中国企业管理协会在全国范围内通过"派出去，请进来"的方式，首先从日本学习和引进了"企业诊断"的理论与方法。

1981 年，中国企业管理协会、各省市企业管理协会和行业企业管理协会相继成立了"企业诊断部门"。

1982 年 9 月，在第三次全国企业诊断会议上，根据广泛搜集的意见，将"企业诊断"改为"企业管理咨询"。此后，各级企业管理协会纷纷自编教材，自己培训管理咨询队伍，并尝试为国内企业提供免费或收取象征性咨询费用的管理咨询服务。

改革开放初期，我国民营企业处于起步阶段，伴随而生的管理咨询服务也处于起步阶段，在摸索中出发，在摸索中前行。因此，启蒙阶段的主要特点是管理咨询和技术咨询的发育，管理咨询的主要力量是中国企业管理协会发起并推动，各省市企业管理协会以及行业企业管理协会跟进并融入；技术咨询的主要力量是国家有关科研机构和工程技术人员。

启蒙阶段的管理咨询模式服务对象多为初创的小微企业。其咨询内容集中在企业发展最为直观的生产、质量、物资和财务管理方面。这一阶段主要采用说教式咨询方式，或通过各级企业编纂教材的形式发展，或通过到现场针对问题进行讲解的形式开展。

初创阶段：团队培训式咨询，点式提升

1985 年，国家经委（全称为"中华人民共和国国家经济委员会"）和财政部联合下发《关于经委系统所属企业管理协会及咨询公司企业管理咨询服务收费规定的通知》，标志着我国的企业管理咨询事业正式纳入国家的管理范畴。

也就是从这一事件开始，我国的管理咨询事业由启蒙阶段进阶到初创阶段。初创阶段的时间跨度为 20 世纪 80 年代中期到 90 年代初期，在这一时期管理咨询业处于稳步成长阶段，其具体表现如下。

（1）咨询服务对象扩展到乡镇企业和一部分大企业。

（2）咨询内容从生产、质量、物资、财务管理转向经营组织、市场营销、人力资源开发、经营战略等领域。

（3）咨询方式从以教材为主转为以企业实际发生的问题为主，从向企业创始人单人传授到对企业关键岗位进行团队式培训。

（4）咨询从普通企业必要的管理知识，到解决企业实际出现的问题。接受了正确管理咨询的企业，在解决了实际经营问题后，往往能得到快速发展。

（5）1985 年后形成了全国范围内咨询事业发展的高潮。截止到 1991 年年底，全国咨询机构达到 3.4 万家，其中取得法人资格的咨询机构有 2.02 万个，从业人员达到 56.8 万人。

在初创阶段，全国企业管理协会系统先后在国内 26 个省市、17 个行业中建立起共计 150 余个管理咨询机构。全面建立起中国企业管理协会系统管理咨询顾问专业培训、理论与方法研究、咨询顾问资格认定等管理体系。

发展阶段：专项解决式咨询，哪儿痛治哪儿

国内管理咨询业在启蒙阶段和初创阶段是以政府主办咨询为主，当时间的车轮开至 20 世纪 90 年代初期，国内管理咨询业进入了以外资和私营为主的时代，以市场为导向的多种经济成分的咨询公司如雨后春笋般快速发展，一批外资和私营"信息公司""市场调查公司"开始涌现，为企业提供专项式的咨询服务。

截至 1994 年年底的统计数据显示，我国咨询机构为 4 万多家，从业人员近 200 万人。

时至 90 年代中期，国外大型管理咨询公司大批进入中国，如麦肯锡、安达信、罗兰贝格、波士顿、盖洛普、德勤、普华永道等，开始引领国内管理咨询公司告别不成系统的"点子"时代，逐渐进入专业化发展阶段。

1992 年 12 月，普华永道国际会计公司与上海大华会计师事务所在上海合作设立了普华大华会计师事务所；次年 3 月，普华永道国际会计公司下属的永道中国有限公司与中信会计师事务所在北京合作设立了中信永道会计师事务所。

1993 年，波士顿咨询公司与上海交通大学和交通银行建立了波士顿咨询（上海）有限公司。

1994 年以来，罗兰贝格公司先后在上海、北京和香港设立了代表处。

1995 年，麦肯锡公司在北京设立了分公司，后又在上海、香港、台北设立了分公司。

1998 年，德勤咨询公司继于 1981 年在上海设立办事处后，又于 1998 年在上海正式成立德勤咨询公司。

自 1997 年开始，国内管理咨询行业对人才的吸引力正式开启，一批拥

有 MBA 和外企工作经验的人员回国加入此行业，整个咨询行业的从业人员能力大幅提升，进而吸引了更多大专院校的毕业生纷纷入行。

截至 1999 年年底的统计数据显示，国内管理咨询机构已达 13 万余家。

面对国外咨询机构的挑战和竞争，仍处于成长期的我国咨询机构开始表现出对新形势的不适应，暴露出了自身存在的问题，其发展状态出现了潮起潮落的现象。

这一阶段我国咨询机构的最大问题和危机仍然是咨询内容和咨询方式的落后，缺乏系统，属于"专项性解决，哪儿痛治哪儿"的局部或表面式的咨询思维方式。但企业的问题往往不是表象看起来的那样，可能已经病入膏肓或骨髓，要解决表征问题，需要拿出能够解决全面性问题的方案，但这是我国管理咨询机构在该阶段时的普遍短板。

成熟阶段：解决方案式咨询，系统方案

从不成熟走向成熟是需要一个发展过程的，国内管理咨询公司的业务成熟始于 20 世纪末至 21 世纪初，一批高质量、专业化的本土管理咨询公司崭露头角，为企业提供系统化的解决方案。

截至 2004 年年底，已有 50.9% 的国内上市公司接受过管理咨询服务。中国咨询机构数量接近 20 万个，管理咨询行业的市场规模超过百亿元。这是国内管理咨询行业成熟阶段的前期预备阶段。

2012 年，我国管理咨询公司前 50 名共实现业务收入 29.03 亿元，完成各类管理咨询项目 6788 个，拥有员工 9340 人。

笔者所在的长贝咨询也是在这一时期不断发展壮大的，其业务始于 2008 年，兴于 2015 年，刚开始是以给中小企业提供财税类管理咨询为主，后来发现中小企业的需求是多元化的，便逐步增加了企业战略类、激励类、精益类、文化类、营销类、猎头类、团队训练类、资本类、会计师事务所等多种业务类型。时至今日，这家公司已经发展成为一家技术型管理咨询公司，并且是在全国拥有一百多家全资直营子公司、两千余名业务伙伴、几百名全职咨询师的集团公司。

上述数据标志着我国管理咨询行业正式进入了成熟发展的快车道，但仍然有各种各样的发展之痛等待管理咨询企业的从业者去解决，这也是行业发展的必然阵痛。但不可否认的是，经过四十余年的发展，我国已经从管理咨询业全空白阶段进入准成熟阶段，走过了一条不算漫长但相对曲折的发展之路。

作为中国管理咨询业的发起者和推动者，中国企业联合会（原中国企业管理协会）多年来在政策和法规方面做了大量工作，引导国内管理咨询行业的发展日趋成熟。

目前国内管理咨询公司的工作模式已经全面转向了系统化、规范化，将咨询方案的制定建立在深度调研和共商试行的基础上，从过去的哪儿痛治哪儿，变成了如今的深挖根源。虽然国内咨询业在规模化、专业化方面距离国外成熟的咨询公司层级体系仍有差距，但也已形成了大、中、小三级咨询服务。国内的大型咨询公司以惊人的速度发展，已经可以为大型企业提供管理及战略发展支持。小型咨询公司以其专业知识和技巧，以特殊的市场定位，为支付不起大型咨询公司费用的中小企业提供咨询服务，并有向环境管理和技术咨询领域集中的趋势。中型咨询公司生存相对艰难，定位有些模糊，但已经出现了联盟发展的苗头，结合各公司的资本、人才、信息网络、知名度等实力，从综合性角度发挥优势来与大型咨询公司展开竞争。

咨询市场的需求不断变化，客户对咨询质量的要求越来越高，促使咨询公司必须在国际化通信设施、办公设备、咨询的技术装备、技术咨询的前期准备等方面加大投入，以保证现代化咨询业务的高质量和快速运行。

未来模式：陪伴式成长咨询，标本兼治

截至 2022 年，虽然已经在快车道驰骋了十年，但相对国外早已发展成

熟的管理咨询服务，我国的管理咨询业仍有一些亟待弥补的不足之处。

1. 业务管理机制不健全

因国内管理咨询业起步晚，虽经过迅猛发展，但在管理机制上仍然比较落后。国外许多知名咨询公司都采用私人合伙制组织模式，具有丰富经验和深度理论水平的专家拥有公司股份，共同参与公司的经营管理。股份激励机制促使世界一流专业人士迅速归集到实力雄厚的大型咨询公司中，形成无可比拟的智能资源优势。

相比而言，国内管理咨询公司的管理结构存在不稳定、激励差的状况，既没有形成稳定的架构，也因缺乏必要的激励机制而导致人才流失。且在运作管理上往往以项目为导向，主要依靠个人能力，一般是先有项目后有工作团队，团队配合度较低。

2. 业务管理体系不规范

国际咨询公司都有一套成熟的管理体系，如保障体系、风险控制体系、业务组织体系等，且已形成了规范化模式，多实行矩阵制或多维制结构。

矩阵制结构的优点是提高项目管理和行政管理的专业性，能够集中调动资源，以便高效完成项目。具体做法是：工作人员或小组，既受横向的各行政部门的领导，同时也受纵向的负责某一专业项目的工作小组的领导。

多维制结构是在公司组织上划分三个体系——行业专家体系、技术专业体系、地域体系，一个项目小组就由来自三个体系的咨询师组成。这样能更合理地配置人才，做到优势互补，从而增强整体战斗力。

在管理体系的建设方面，国内管理咨询公司尚显不足，甚至仍然没有起步，依旧采用科层式体系，有了项目才临时组队。

3. 人员构成不合理

国外咨询公司的从业人员更多是复合型人才，比如既懂工程技术，又掌握一定的经济、法律和管理知识的人才。在实际工作中，复合型人才能够极大降低项目难度，加快项目进度，加深项目执行度，提高项目完成度。

我国管理咨询公司的人员构成的专业结构不完善，如不同学科之间、不同性质的工作之间，导致多学科、多专业、跨行业立体交叉和整体协作攻关能力不强。

4. 缺乏数据库支持

一家管理咨询公司在一个区域市场的实力主要表现在数据积累、从业案例经验和咨询技术三方面。1995年，罗兰贝格给青岛啤酒做营销流程设计的费用是15万元人民币，如今最低价已是当初的30倍以上。咨询公司没有变，咨询项目也没有多大变动，变的是罗兰贝格的案例经验和数据库，由此可见案例积累和数据库完善对于咨询公司的重要性。

但我国管理咨询行业因为起步晚，尚未形成强大的咨询、信息等后台案例数据库，且因行业间缺少交流和沟通，数据无法共享，因此关于专项职能的数据库等海量知识无法系统建立、维护和使用。

但我国管理咨询公司是不是一定就处于劣势呢？

答案是"NO"。国外咨询公司有遍布全球的网络优势、独立的研发机构、规范科学的运作程序，这是它们的优势，但另外也会形成成本劣势，国外大型咨询公司的咨询报价动辄数十万美元，高则上千万美元。这样的价格让本土大多数需要咨询服务的企业望而却步，这就给国内咨询公司留下了巨大的市场空间。

此外，因为尚不够成熟且仍处于高速发展阶段，国内咨询公司正在逐渐缩小和国外咨询公司的差距，同时因为更了解中国国情，对国内企业管理和文化的理解更具优势，企业管理诊断和提供方案更符合国内企业的需求。中国人的事情还得中国人自己办，这是我们经过长时间的摸索和实践得出的真理。借鉴国外咨询公司的成功经验，结合国内企业的具体需求，我国咨询公司完全可以走出一条自己的路。

因此，只要解决了上述问题，国内咨询企业的发展前景是非常光明的，而上述问题必然会随着现代管理咨询理念的成熟和对国内咨询市场的探索完成而得以解决。

未来，企业咨询服务将变为企业保健服务，即企业长期管理改善服务。企业咨询服务像是为企业找的专科医生，病治好了，医生就离开了。而企业保健服务却不是一次性的，而是以企业与咨询机构签订长期服务合同的方式进行。据统计，世界500强企业中超过一半都拥有长期合作的国际著名咨询公司。咨询公司作为企业的"营养师""健美教练"，以常驻的方式为企业提供"将问题消弭于无形"的服务，长期陪伴企业成长。

第三章
客户画像与咨询师要求

　　向客户提供服务，必须要先对客户进行了解，包括客户是怎样的、客户有什么问题、客户想获得怎样的解决、客户希望达到怎样的目的等。根据对客户的了解，精准为客户提供解决方案，才能在最短的时间内以最好的执行达到最佳的效果。

　　咨询是一项综合性要求极高的工作，从业者必须是复合型人才，必须具有几乎全面化的能力图谱。咨询师的综合能力越强，对企业的问题的分析、判断准确率就越高，提供的方案也更有针对性和可实施性。咨询师需要满足的任职要求，在本章将被揭晓。

定位我们的客户

在现实中，能想到要做咨询的企业和已经开始做咨询的企业，其实都是有成长欲望的企业，这种成长与企业的规模、行业、区域、发展阶段无关，但都与企业内在的成功渴望有关。而一家企业能否取得成功，可以归结为四个因素：基因、欲望、时势和对成功的定义。将这四者合理组合就可以得出一个企业的成功概率公式（见图3-1）。

$$企业成功概率 = \frac{（基因 + 欲望）\times 时势}{对成功的定义}$$

图3-1　成功概率公式

企业如同生物，有自己的基因。企业的基因决定了企业的结构、成长和变化等种种特征。资本和劳动力是企业基因的双螺旋，创始人、机制、技术和文化更像是两根基因链中间的碱基对，把资本和劳动力连接起来。不同企业的资本和劳动力不同，创始人、机制、技术和文化各异，构成了大千世界特色各异的企业群。

正是因为有了各类不同的企业，咨询公司在进行企业咨询之前，需要对其所要提供咨询服务的企业进行定位。定位准确了，咨询才能准确。下面通过一些可以激发咨询的常见需求为企业定位。

1. 创始人喜欢学习的改进型企业

创始人是企业的风向标，尤其是创业期至发展期的企业，可以说创始人的一举一动都可能会影响企业。如果一家企业的创始人是学习型的，经常思考企业管理中出现的问题，那么这家企业就将是持续改善型的，通常会先于危机爆发而找到预防和解决的方案。

当然，这类企业不会经常依赖外援，但也不会始终依靠创始人。在创始人面临无法解决的问题时，会毫不犹豫地聘请专业咨询机构帮助。因为创始人的学习属性，对咨询公司的要求必然不会低，会在相对节省成本的基础上解决问题。

2. 受政策影响的改变型企业

随着鼓励、支持、监管、限制等不同政策的变化，受到影响的企业的经营模式也必定要发生变化。比如 2018 年国家出台了《中华人民共和国电子商务法》，电商行业的经营有法可依了，该改进的、该整合的、该规范的、该取消的都有章可循了，各相关的经营主体都必须提升经营意识。

通常情况下，如果因政策影响而导致的改变都较大，企业可以选择自行完成，也可以选择聘请专业咨询机构协助完成。我们的建议是请外援，因为改变不仅是为了迎合政策，还要借助一次大的变动实现企业内部的优化，将之前一直因为各种原因而无法剔除的隐患一次性清除掉，同样将之前一直未能建立的新业务流程体系、财务管理体系、激励体系、发展战略等一并建设完成，从而给企业一次弯道超车的机会。

某医药公司一直在谋求转型，但企业内部阻力重重，始终不能彻底完成。国家"两票制"实施后，事实上完全改变了原来的医药批发零售市场，企业不转型也得转型了。该企业终于盼到了改革的契机，果断聘请长贝咨询设计新的业务模式、财务模式，激励模式，来了一次 360 度大变身，彻底甩掉了阻碍企业发展的包袱。

面对政策的变化，只要是主动寻求咨询机构的企业，都是具有紧迫感和发展要求的，在为这类企业设计方案时，要从深制定、从严执行，彻底洗净过去发展中留下的污垢。

3. 受"财富神话"影响的求变型企业

榜样的力量是无穷的，同行业中出现了"财富神话"或"独角兽"，必然会刺激那些不甘落于人后的企业老板。很多企业老板在经过研究后发现，这些"别人家的企业"通常很早就规划了发展路径，比如为上市而生。既然上市是短时间造富的最佳途径，那么自己的企业是否也可以做这样的规划呢？于是，老板会想到聘请咨询机构为自己的企业进行管理转型升级和员工激励，为将来上市做准备。

既然咨询的目的很明确——为了上市，咨询公司在进行设计方案时就要将上市作为核心，一切都围绕将来能顺利上市做准备。

4. 受圈子内其他企业影响的"随大溜"企业

笔者接触过很多这样的案例，比如一个工业区内，如果一家企业做了咨询，过不了多久，附近的很多企业都会产生咨询需求。因为其他企业的老板会看到，做过咨询的企业，管理水平会有大幅提升，其他方面也会随管理水平的提升而提升。

为"随大溜"企业做咨询服务时必须明白一件事，就是不能照搬模板，后来者通常会希望自己得到的比先行者要多，也就是跟随的企业会产生很多新的咨询需求。为照顾后来者想要居上的心理，做咨询时应主动提供与企业实际情况有关且对企业发展有利的多项方案。

5. 高素质人才聚集的已知型企业

有些企业的创始人或创业团队来自知名企业，早已了解了高水平管理企业是如何运作的，更加知道管理咨询对于企业生产发展的价值，当企业出现管理问题时或者企业寻求某方面的改变时，会第一时间想到通过聘请外部咨询机构解决问题。

为这类企业提供咨询管理服务，不要先局限于企业的规模和经营模式，要同创始人或创业团队充分沟通，多从他们对企业的期望值入手，以"高标准＋低运行难度"设计方案。高标准保证了企业可以达到的未来，低运行难度确保了企业在尚未成长起来的阶段能够有效实施管理。

6. 创始人退出后的企业

通常情况下，企业创始人是企业内部最有威信的人，与管理层多年合作，带领企业所有人奋力厮杀。但创始人退出企业的日常经营管理后，接班人往往难以顺利接班，新领导者的管理风格、经营理念和具体做法都会与原有模式产生矛盾。所谓"一朝天子一朝臣"，接班人与原管理层的冲突，要么靠改变原管理层班子解决，要么靠改变原管理层的想法来解决。无论是严厉的还是温和的，接班人聘请外部咨询机构来帮助推动企业管理变革是更为明智的选择。毕竟一套成熟而有体系的解决方案，比新领导者的"一言堂"更有说服力，也更能让人接受。

7．规模快速扩张的企业

处于快速扩张阶段的企业，会不断有新的人员加入，部门也可能增加，业务流程也会越来越复杂。很多快速发展的企业老板都有"趋复杂"心理，就是让自己的企业层级越来越多，流程越来越长，仿佛只有拉长层级和流程才能显示出大企业本色。笔者曾经为一家广告公司做业务咨询，仅仅一个报销流程就有六七道程序，就算十块钱报销也要层层审批。

其实，现在很多真正发展起来的大企业，都在层级和流程上做减法，更倾向于扁平化或网格化。这类企业在快速发展的过程中，就进行了全局性的管理系统规划，避免了部门膨胀引发的效率低下的问题，这才为企业的后续发展奠定了基础。

为这样的企业进行咨询服务时，最大的难题是让老板接受咨询公司所提供的变革方案，让老板意识到企业存在的严重隐患，从根本上明白变革方案对企业发展的重要意义，若不按照咨询公司所提供的方案进行改变，企业的发展将难以继续。

8．发展遇到瓶颈的企业

中小企业的发展速度受企业及老板自身条件限制而各有不同，有些老板是技术出身，更专注于技术研发，但对于企业宏观管理和具体经营不在行，所以刚开始凭借着技术还可以签几单业务，但要想规模化发展则容易受限；有些老板是营销出身，自己埋头做业务是一把好手，但对于企业的人员管理、财税管理、技术管理、生产管理、流程管理、员工激励不专业，就会造成一个人养活一群人，老板的能力和精力决定着企业发展速度的局面。

当企业的发展遇到瓶颈无法突破的时候，老板就会寻求更多的外援，会请咨询公司进入企业做详细的诊断，进而给出匹配企业发展的方案。

9．机构臃肿、员工效率低下的企业

很多中小企业受行业、业务性质、地域、人员水平的影响，在用人上经常会出现机构臃肿的现象，要么是同一个业务性质设置了多个部门及岗位；要么为了实现管理的目的，管理层级较多，经常出现多头管理的现象，这就是所谓的"为了管理而增加管理的成本"；要么就是因为原岗位人员的水平低，老板又不甘于现状，就会不断地引进新的人才，从而出现组织架构"盖

楼"的现象。

笔者曾为四川的某军工企业做咨询,刚进场调研时,这家公司的规模也就1亿元左右,而技术人员有近百名,公司把技术人员分为了四个部门:售前支持部、项目交付部、研发部、生产技术支持部。如果各部门各司其职,工作量饱和倒也没关系,但我们调查后发现,其实公司的技术能手也就那几个人,四个部门哪个部门遇到问题了,都会找到这几个技术能手,其他的技术人员就是打杂跑龙套的。这导致公司的部门领导比较多,而员工的效率又非常低,每年为了养活技术人员,要支付近两千万元的薪资成本。

10. 没有完善的激励系统的企业

众所周知,所有的企业问题,归根到底,都是人的问题。阿里、华为等巨头为什么能在极端艰苦甚至九死一生的条件下发展壮大?一个很大的原因就是它们拥有一套强大的人才培养机制和人才激励机制,可以源源不断地为企业培养人才。有了人才,企业就有了最核心的竞争力。

关于人才的问题其实就是两大问题,一是能力,二是动力。能力靠培养,动力靠激励。企业没有完善的激励系统,就会出现人浮于事、出工不出力、效率低下、工作消极怠工、工作扯皮踢皮球、考核没有标准、薪酬成本居高不下、职业生涯规划不明、内耗加大、员工流失率高等现象。

企业如果长时间没有完善的激励系统,优秀的人才吸引不来,平庸的人才淘汰不掉,企业就会丧失好的发展机遇。

企业咨询绝不限于上述十类企业,我们在进行咨询服务时,会遇到各种企业,其要求也是各不相同。但无论是哪种企业,想要获得怎样的发展,都必须建立强大的激励系统,把人员的积极性全面地调动起来,提高员工的效率。企业老板要不断提高经营管理的能力,驾驭企业朝既定目标前进。当遇到自己无法解决的发展难题时,要果断聘请专业咨询机构为企业保驾护航。

企业经营现状与需求

我们在第一章已经介绍了在中小企业发展过程中会面对的八大痛点，但现实又何止八点！

在为企业做咨询前，需要为企业进行画像，也就是了解企业客户的经营现状，通过对现状的了解，挖掘出企业的真正需求。通常企业在寻求帮助时，都会自带问题出场，但其所表达的要解决的问题往往只是企业的表象问题，而表象的下面还有很深的隐情有待考察。咨询机构不能只根据企业所述，就马上"开药方"，而是要通过切实的了解，挖出企业更深的问题根源。因此，在为企业画像时，要画出两幅，一幅是勾勒表面线条的"素描画"，另一幅是透析出内部结构的"CT 平扫图"。

受篇幅所限，在此虽无法罗列出企业所有的内外在问题，但笔者列出了一些比较典型的问题，这些也是长贝咨询多年实践的总结，供企业老板参考。

1. 表面缺业务，实则缺战略

A 公司创始人咨询的主要问题是：为什么自己的产品卖不出去？

乍听起来确实觉得不可思议，该公司和竞争对手有同样（同质化）的产品、同样的价格，但对手卖得很好，自己却卖得很差，抢客户也总是竞争对手领先一步……

究其原因，是客户太挑剔，还是对手太优秀？其实都不是，是企业缺乏整体性的经营战略。因为产品和价格相差不多，差距只能在外边。如果只是思考怎样把产品卖出，就是表面问题，只需通过营销设计创造更多的销售机会。若是深入从战略角度思考，则该企业需要改变产品格局，设计方案以打破传统经营模式为核心，辅以企业目标规划，才能创造更大的利润空间。

2. 表面缺品类，实则缺品牌

B 公司创始人咨询的主要问题是：产品品类很多，细分也做了，为什么打不开市场？

很多企业存在这样的现状：产品品类的数量较多，如同张着网等待消费者到来，消费者只要来了就很难漏网，因为消费者无论怎么选，企业都有产品可以提供。但现实却是消费者根本没到网里来，而是选了其他企业的产品。

是消费者故意绕路吗？并不是，而是消费者的目光早就被更闪亮的产品吸引过去了，从一开始就想要其他产品。想要打开市场，如果还在品类上下功夫，就是白费工夫。品类再多，消费者若是看不到，岂不等同于没有。所以，这样的企业缺的是品牌效应，哪怕只有一款产品，但它叫得响，也一样有市场。要解决这类问题，其咨询的设计方案就应以品牌影响力为主，确立一款核心产品或者开发一款核心产品，从区域突破或全方位释放，帮助企业打开市场和赢得口碑，再延展品牌系列，从更多方面占领消费者心智。

3. 表面缺促销，实则缺营销

C 公司创始人咨询的主要问题是：为什么促销活动总是收不到预期的效果？

促销是这个时代最接地气的销售方式，却也是最没价值的销售方式。动不动就挥泪大甩卖、清仓大处理，消费者早在二十多年前就已经熟知了其中的套路，怎么还会来捧场呢？所以，这样进行促销后发现卖出去的产品没有多少的情况比比皆是。

如果企业一轮轮各式各样的促销都经历过了，仍不见起色，就不要再在促销上打主意了，显然促销无用。企业缺的不是让消费者看到，而是获得消费者认同，因此不能只靠降价，必须通过制定合理的营销战略让消费者看到产品的价值和企业的价值。这种类型的设计方案的重点是"产品营销 + 企业营销"的双战略，通过产品口碑拉动企业影响力，通过企业影响力放大产品口碑效应。总之，企业要一直打有准备、有目的的仗。

4. 表面缺客户，实则缺治理

D 公司创始人咨询的主要问题是：企业为什么总是吸引不到大客户，还经常损失老客户？

　　一些企业在日常经营中好像得罪了大客户一样，总是不被待见，因此也就难有大订单。或者老客户经常"走失"，本来合作得挺好，结果走着走着就散了。所有商海中的人都知道找客户是件多么不易的事，也知道老客户是多么重要的资源。但就是有那样的企业，新客户跟不来，老客户跟不住，然后天天抱怨客户少，数落客户的问题。

　　表面一看好像是企业和客户之间的问题，那么就下力气维护客户来解决这个问题，但为什么这样做了之后却还是收效甚微呢？表象的问题如果一直解决不好，就要更深入地找原因。就像一个人总不被别人待见，就想办法去讨好别人，但到头来可能更糟糕了。这个人的问题往往是在个人素养，其行为举止令人不舒服，不是靠说几句恭维的话就能解决的，而是要从提高自身素养入手，逐渐改变别人对自己的看法。换作企业也是同样的道理，一个企业总是缺客户，说明治理机制出了问题，企业缺的是客户关系治理制度，自然也就无法吸引客户。明确这个原因之后，做方案就不能将矛头对准客户，而是要进行企业的自调，通过深入调研后，建立起一套与企业经营和客户特征高度契合的客户关系治理制度，让客户通过与企业的接触感受到企业的潜力与价值，企业才能更长久地留住客户。

　　5. 表面缺客源，实则缺品宣

　　E公司创始人咨询的主要问题是：怎样才能在促销会上卖出更多商品？

　　乍听起来，这个问题没毛病，促销会的表面意思就是卖产品的场所。但促销还有更深层的意思，是先促后销。就像做广告，是广而告之，至于消费者什么时间会去购买商品，取决于消费者是否需要以及平时的广告效应累积度。各类展会、促销会有时不是招商和卖东西的场所，而是宣扬品牌的场所，所以张冠李戴必然不会获得好的结果。若是硬要以卖东西为主要目的，就可能会出现产品没卖出多少，品牌也没宣扬出去的结果，而企业的此次参与也就是参与了个寂寞。

　　各行业的企业都应多参加展会、促销会等活动，但核心目的只有一个，就是宣传品牌，顺带着卖几个产品。所以在为E公司设计方案之前，比较合理的方式是先为对方普及正确认知和纠正错误认知，然后从品宣角度制定一套层次性、内容性、目的性极强的品宣策略。

6. 表面缺盈利空间，实则缺盈利产品

F公司创始人咨询的主要问题是：产品太多了，但利润上不去，要如何整合？

相信在现实中有很多这样的企业：什么都缺，就是不缺产品。为迎合主观认知上的"消费者需求"，这样的企业开发了许多产品，种类很丰富，但缺乏主盈利产品。F公司就是这样的状况，产品有洋洋洒洒N个系列，哪款产品都能赚一点，但哪款产品都赚得不多，可以说都有些像鸡肋——食之无味，弃之可惜。整合的意思很明显，就是要砍产品链，甚至明确告知"越少越好"。其实，砍产品链很容易，大刀挥起来，很快就完成了。但关键是后续工作，不能旧的鸡肋砍掉了，新的鸡肋长出来。

产品种类不在于多少，但一定要有盈利空间，要做的是守住应得的利润，将好的客户口碑连续保持下去。因此，在设计方案时，"砍"是第一步动作，将没有价值的产品链都砍掉；"立"是第二步动作，确立主盈利产品；"围"是第三步动作，围绕主盈利产品修筑利益阵地，不让自己的利益溜走，也不让外来的"强盗"有机可乘。

7. 表面缺供应商，实则缺上下游

G公司创始人咨询的主要问题是：为什么总是找不到靠谱的供应商？

一般来说，除了绝对处于最上游和最下游的企业外，其余企业都是具有自己的上游和下游企业的。一家企业的生存发展不能只看自己，还要看上下游企业的发展状况。良好的上下游企业，不仅能为企业提供原材料、半成品、销售渠道等，还能为企业提供更为重要的行业信息，为员工带来更先进的激励和销售模式。

因此，当企业认为自己缺供应商时，需要跳出局限来思考。可以试问一句："我们只想要产品吗？"答案一定是："不，我们想要赚钱。"但产品本身不会赚钱，只有带有好创意的产品才赚钱，而好的创意往往来自高质量的交互和协作。针对这种类型的设计方案需要跳出局限，要在企业之外做文章，设计出让企业能与上下游企业疏通关系的产业链模式。

8. 表面缺标准，实则缺规范

H企业创始人咨询的主要问题是：怎样可以做得比对手更狠？

其实，我们将这个问题的表达美化了，本意是怎样用比对手更没下限的手段击败对手。不要疑惑为什么有人会问出这样的问题，现实中就是有很多跌破下限的状况发生。比如，在抨击对手时，大肆吼着谁谁谁没有职业道德、高价卖收智商税的产品、提供毫无意义的服务等，但如果自己有了机会，可能比对手做得更过分。

作为咨询机构绝对不能支持和鼓励企业有这样"以彼之道，还施彼身"的想法，甚至是"有过之而无不及"。咨询机构提供的一切解决方案都应在法律许可的范围内进行。没有底线的企业是很难发展的，一时的痛快将换来长远的不幸。别人怎么做是别人的事，自己该坚持的一定要坚持。所以针对这类情况而设计的方案中，标准、尺度等一样也不能落下，不仅要制定周详，还要敦促企业严格执行，包括自己的标准和国家的尺度。

9. 表面缺人才，实则缺机制

I 公司创始人咨询的主要问题是：企业怎样才能招到人才？

笔者在线下六天五晚的"激励系统"大课中说过：没有一棵梧桐树，怎能招来金凤凰；企业不是缺少人才，而是缺少吸引人才的机制；筑巢引凤是老板经营企业的重要任务之一。

中小企业缺人才是不争的事实，很多企业年年招人，但都是被迫的，因为缺人才，因为人才的流动率高。为了留住好不容易淘到的人才，也为了能稳定员工队伍，老板费心费力策划团建，跟员工谈人生、谈理想，但始终留不住人才那颗躁动的心。

必须承认，作为中小企业，和人才对上眼的机会还是很少，但也不是全然没有，关键要看是否有吸引人才的机制。想要人才来，且不走，光谈理想是不够的，短期绩效奖惩和中长期激励机制必须跟上。设计方案时必须将人才引入、培养和激励机制联合考虑，也就是说，对人才，企业不仅给当下，还要给未来。

10. 表面缺指导，实则缺支持

绝大多数中小企业的老板都觉得自己在孤军奋战，偶尔可能会接受一两位商界精英的指导，或是被哪位业内传奇扶持一下，但最后他们都带着私利离开了。他们都有各自的营地，谁愿意真的花力气扫他人门前的雪呢？！

其实，中小企业缺的不是伯乐，而是缺一个强大的后援来给予整体力量性的支撑。这种后援并非不存在，反而就在身边，稍微一留心就会看到，那就是咨询机构。精英式指导和传奇式帮扶，都是试图将其他的成功系统完全复制到另一个企业上，这是不可能做到的，因为各自情况皆不相同。中小企业需要的是点对点的培训和面对面的服务，根据具体情况给出最佳方案。咨询机构可以在企业出现问题或隐患时及时提出正确的认识，从而帮助企业改进、变革和完善，将企业从错误的轨道拉入正确的轨道。

激励咨询的价值

"咨询"合在一起是指一种状态，分开却是两个层面的意思：咨是商量，是老师有好的点子、好的思路，要跟老板商量；询是询问，是老板有困惑、有疑虑的时候，要向老师询问。

所以，咨和询是相同的动作，相反的方向。咨询师常为企业老板充当顾问、参谋和外脑的角色，就像前面章节中提到的"咨询机构是中小企业最坚强的后盾"。即便是大型企业，也离不开咨询机构的助力，世界 500 强企业中，过半数都拥有长期合作的咨询公司。

如今，咨询作为一项具有参谋、服务型的社会活动，已成为社会、经济、政治活动中辅助决策的重要手段，并逐渐形成一门应用性软科学。关于咨询对于经济活动，更确切地说是对于企业经营的价值越来越大，其价值主要表现在如下三个重要方面。

1. 解决重大问题

企业主动找到咨询机构，一定是当下碰到了不易解决的问题，或是发现了某些隐藏的重大问题，抑或是发展中遭遇到了瓶颈性问题。比如交货速度总是跟不上、产品质量投诉居高不下、成本让企业吃不消、人员流失率太高、业务断崖式骤降，或者企业面临扩大生产、构建新厂房、建立完善激励体系等问题时不知从何入手，这些经营期间的各类问题，若是不能在短时间内解决，企业将面临巨大的生存难题或者发展受阻。

咨询机构作为企业最强大和最值得信任的后盾，就是要及时帮助企业找到引发问题的根源，并且制定出抑制或拆解问题的办法，并帮助企业完成困难期或转型期的艰巨工作。

2. 避免人才缺失

人是一切活动的载体，企业是由形形色色不同能力和素质的人构成的。这些人可概括为三类：决策是高层的人，策划是中层的人，执行是基层的人。每个人是否具备对应职能上的能力，是否具备执行职能的意愿，这些是需要挖掘与培养的。咨询机构通过设计人才引入、培养、激励机制，再结合意识层面的引导、工具应用技能的提升、业绩考核的设定等，将人的价值发挥出来，让企业不仅有人可用，且有可用之人，从而避免人才的浪费和流失。

3. 建立管理体系

现实中有很多企业，不仅问题层出不穷，且重复不断，究其根源，就在于没有形成体系化的管理，说白了就是没有建立真正的 PDCA 流程体系（见图 3-2）。比如类似的安全事故每个季度都会来一次，各个车间你方唱罢我登场；交货紧张的情况稍有缓解，不久又再次发作；质量混料问题、划伤问题、漏发问题几乎每个月都有……这些都是因为缺少管理体系的支撑，每次只是解决了单个问题，并没有系统地解决相关问题，也没有建立解决相关问题的系统。

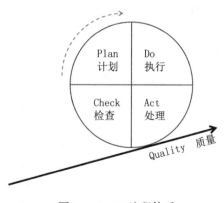

图3-2　PDCA流程体系

通过咨询机构的设计，帮助企业建立管理体系后，企业各项业务得以更加有序的运行。让系统去执行监管工作，每项工作都有据可依，每个岗位都有规可循，一旦出现问题可第一时间在系统内找到对应的解决办法，既快速又公平。让企业脱离了问题缠身的情况后，就能自然形成良性运转，进而实现高速发展。

咨询师任职资格要求

管理咨询行业，其实是一个高智力型产业，是高度重视咨询师素质和能力的行业。符合任职资格的咨询师必须具有很高的综合素养、专业的知识水平、丰富的实践经验、卓越的道德修养，具备组织、交往、书面、表达、查阅、搜集、学习、借鉴、分析、判断、重构等多方面的能力，才符合咨询师从业的资格和能力，同时需组建起自己的信息渠道，同相关行业和有关政府部门即各种协会保持良好的关系，才能获得完成咨询业务的必要信息。

1. 综合素养

长贝咨询在招聘时，倾向于聘用在两个或两个以上专业获得学位的复合型人才，聘用后并不细化工作，而是有意识地让员工接触不同性质的工作，以扩大认知面。综合素养通常包括以下七个方面。

（1）知识储备。咨询师必须受过系统的高等教育和专门的管理学教育，在具备管理学知识的同时，还应对其他相关学科有一定的研究，如心理学、认知学、社会学、经济学、市场营销学等。

（2）经验积累。与广博的知识同样重要的还有丰富的实践经验，可以是某一方面的专业管理实际操作经验，也可以是具有相关领域的咨询经验。

（3）技能水平。主要是一种针对咨询项目的实际工作能力，包括但不限于：分析、解决问题的能力，独立思考、迅速判断问题的能力，善于交际、与人沟通的能力，书面和口头的表达能力，具备企业家角色认知的组织管理能力等。

（4）职业态度。咨询师在为企业咨询诊断的过程中，必须秉持严谨有序的态度，不放过任何重要细节，做出的方案必须站在企业的立场，衔接紧密，考虑深远。

（5）职业道德。咨询师不能过分包装自己，更不能以大师自居，而是要以服务者或朋友的身份对企业进行外诊内调，在方案审核中不玩弄技巧，以科学依据和对企业发展有利为根本原则，以设计出适合企业可持续发展的方案为己任。且在实施过程中，给予必要的指导与监督。

（6）职业信誉。这是对咨询师的潜在素质要求，可以看作咨询师的个人品格。正直、事业心、自信心、责任心、创造性、团队精神和坚忍的意志，是个人品格的体现。

（7）社会阅历。没有丰富的社会阅历和人生价值观，就无法对企业深层次的、文化的、人性层面的弊病加以分析。不要以为仅凭着那些工具、模型就可以对企业进行诊断了，咨询师必须拥有通过问题表象探寻内部成因的基本技能，深厚的工作经验和人生阅历有助于形成正确的判断和总结。

2. 能力结构

咨询师是运用知识和技能为客户提供有偿服务的专业人士，是为客户解决实际问题的专家。咨询师最核心的价值，在于应用专业知识以及选择行动方案上所具备的能力。

（1）诊断能力。诊断是咨询工作中非常重要的大环节，准确的诊断是有效解决问题的开始。咨询师所具备的诊断能力表现为：①客观性——具有独立思维；②好奇心——多数客户的问题为表象所覆盖，需要有透过表象探究本质的能力；③概念和分析技术——具备通过一些不同的数据建立模型的技术，将客户的复杂而隐蔽的问题用较短的篇幅予以简要、清晰的阐述。

（2）技术能力。这就是解决问题的能力，咨询按性质来讲是解决问题的综合性活动。咨询师要解决问题，必须完成的工作包括：①阐明工作任务；②调查与问题产生相关的一些条件与环境；③收集、分析和说明与问题有关的事项和资料；④诊断问题；⑤提出可供选择的方法或建议；⑥选择与比较方案；⑦设计关于特殊情形的干预方案；⑧评估可利用资源；⑨预估解决问题的细节与牵连；⑩在解决问题的过程中，确定谁做什么、怎么做和何时做。

（3）沟通能力。沟通是传递重要信息的能力，也是与客户有效联系的能力。咨询师的沟通能力包括：①人际关系能力——创立有助于合作的环境，创立有助于变革的环境，扩大建立在声誉和信用之上的影响，在咨询时使时间利用得更有效和更有价值，并且在必要时能够调解矛盾；②良好的写作能力——咨询所用文件的内容表达清晰、论点科学、文字流畅、解释详尽；③口头表达能力——做到思维敏捷、口齿伶俐、逻辑性强，能准确表达自己的意向。

（4）组织管理能力。咨询师经常要和企业组织打交道，因此必须具备组织管理能力，这样才能站在企业家的高度思考问题。此外，咨询师还必须具备使企业成功所需的管理项目、管理人的能力，具备业务营销和新业务开发的能力，这样才能够像企业家一样管理企业和承担责任。

咨询师的角色定位

咨询师毕竟不是企业家，也不是真的在经营企业，那么在接受企业咨询业务来到企业后，咨询师应该如何设定自己的角色，或者说应该以什么样的角色出现在客户面前呢？

关于这一点，可以从咨询师角色的五种定位这个角度来解答，值得注意的是，这五种定位也是咨询师必须要同时兼具的五种形象。

1. 咨询师是"专家"

咨询师必须具备与咨询项目相关领域内的知识、技能和经验，这是从事咨询业的基本条件，一方面来自系统的专业知识学习（高等教育），另一方面来自长期的从业经历。

发达国家咨询机构的从业人员基本有三种来源：①名牌大学的 MBA 毕业生；②相关行业从业多年的专业人士；③企业界退休的管理人员。

中国咨询师的从业情况与发达国家类似。比如长贝咨询的激励咨询师基本要求是具备十五年以上的人力资源管理工作经验，职务一般要做到总监或者副总级别。

由于所处工作环境的复杂性，咨询师除了需要在本领域内有精深的知识储备外，还要了解企业管理的方方面面，因此咨询师的知识体系要求必须是既广博又纵深。

2. 咨询师是"医生"

我们的身体生病了，会去医院看医生，让医生帮助我们找到患病根源，并予以治疗。这套帮助人们查病、诊病、治病的系统叫作医学。同理，企业如果生"病"了，也要求医问药，通过一套为企业查病、诊病、治病的系统来解除病痛，这套系统叫作咨询。

所以，咨询师如同医生，帮助企业摆脱"病痛折磨"。一般的疾病可以经过一般性的诊断完成治疗，但重大疾病往往需要多学科联合诊治，需要多方面的医疗器械和医疗设备的辅助。企业如果患了"大病"也是一样，需要多位经验丰富且能力强悍的咨询师联合诊断，并结合专门的理论、方法和工具，分析企业最深层的问题，然后对症下药，设计出一整套能够根治企业问题的方案。

3. 咨询师是"教练员"

咨询交付是"能力交付"的过程，咨询的目标是在咨询师离场之后，企业人员能够学会运用咨询师教授的知识、技能、方法处理各项业务。如同比赛场上对阵的两支球队，教练在场上指挥，球员们在球场上执行教练平时传授的各项能力，力争赢得比赛。

就像一个世界冠军的教练不一定是世界冠军一样，企业不要认为必须经过世界顶级咨询机构的指导，才有资格做到世界顶级。咨询师做"教练"的能力，其重要性是要大于其"专业"能力的，企业要从咨询师那里学到的是经营管理的重要方法和模式。

4. 咨询师是"讲师"

这一比喻对于中小企业的咨询项目来说尤其如此。在咨询交付时，有的企业老板会说："你就告诉我这个怎么办就可以了，不用讲那么多。"长贝咨询师告诉他："你这个要求是要达到'无招胜有招'境界的，但是你却告诉我'不想学扎马步'！"

咨询项目要想快速地落地，培训是必不可少的一个环节，企业存在的问题是多元化的、错综复杂的，咨询师必须根据企业的需求及存在的问题，先分享原理，让企业项目小组成员与咨询师之间达成共识，然后再一起设计出匹配企业的方案。

在咨询项目导入过程中，经常会发现企业项目小组成员的方向出现偏差或者能力不足，所以咨询师还要结合企业的实际情况，量身设计课件，多次不厌其烦地培训项目小组成员，帮助企业项目成员提升能力，以达到较好的咨询效果。

可以不夸张地说，一名优秀的咨询师就是一名优秀的讲师，要秉承着做给他们看、带着他们干的信念和意志，言传身教，最终将咨询师的个人能力转化为项目小组成员的组织能力。

5. 咨询师是"监工"

"不待扬鞭自奋蹄"的勤快人一般来说只存在于"理想国"，现实中不说一定没有，但一定是少之又少，说实话可能一辈子也遇不到。没有外界的刺激，大部分人都是秉持多一事不如少一事的心态在得过且过，再加上一些企业存在的"多干多错、少干少错、不干不错"的不良管理模式，让一些本来愿意多干点事的人也收起了善心。

一些企业老板本人也因为受企业大氛围的影响而经常半途而废，在咨询项目刚启动时干劲十足，随着项目推进的纷繁复杂很快就败下阵来。面对这种情况，咨询师绝不能和企业老板"同流合污"，而是要不断鞭策企业老板和员工，推动咨询项目高效执行。

咨询师工作开展模式

咨询工作不是一成不变的，而是千变万化的，咨询师与企业之间的合作关系也存在很多种模式，因此咨询师的工作模式也分为多种。在每次咨询时，或者采用单独一种，或者采用多种复合。

1. 模式1——咨询师独立解决问题

当需要解决的问题非常复杂，且需要非常专业的知识时，咨询师通常会在企业方不参与的情况下，单方独立（一人或一组）进行研究、分析、讨论、定案，并形成书面结果，定期向企业方汇报项目进展情况。这种模式要求企业方对咨询机构和咨询师非常有信心，给予咨询师充分的授权，让咨询师单独解决问题。比如，某企业邀请长贝咨询机构为其设计一个薪酬测算模型，全程几乎都由长贝咨询师独立完成，企业方给予的协助非常有限（事先达成协议），待薪酬测算模型完成后，企业方只需要把基础数据录入就可以得到结果，而不需要了解该薪酬测算模型是如何设计的。

2. 模式2——咨询师与企业方人员成为解决问题的伙伴

这种模式是激励咨询项目现场交付的主流模式。咨询师的大部分工作时间和企业方人员"泡"在一起，必须懂得用客户能够理解的方式与客户沟通。咨询师会要求企业方组建一个配合咨询项目实施的项目小组，并通过经常与企业决策人和管理层开会讨论而达成共识性的理解与认识，从而保证双方都能明确各自在项目实施过程中的责任。

3. 模式3——咨询师成为"学习设计者"与"管理者"

长贝咨询机构也将这种模式称为"集中式咨询"，它适用于企业方人员综合能力较强的情况。咨询师根据企业方的实际情况，设计培训课件，并提供各种工具、模板，对企业方人员进行培训。企业方人员根据培训内容，分析企业情况，并尝试设计解决方案。咨询师针对企业方人员在尝试性解决方案中和工作过程中出现的具体问题予以解答。

4. 模式4——咨询师对企业方的具体问题予以解答

此模式分为三种情况：企业方就工作中出现的各种问题向咨询师咨询；企业方提出某一问题的解决方案，需要咨询师给出参考意见；企业决策人请咨询师对人力资源部门的工作成果予以评价。因此，这种模式更像是"管理顾问"或"激励顾问"。

5. 模式5——咨询师团队承接企业方委托的某项任务

这项任务的工作对象可能是第三方，如对企业方拟收购对象的尽职调查；也可能是企业方下属的有相对独立经营权的企业或经营团队，企业方会委托咨询师对该下属企业或精英团队进行人才盘点、业绩评价、能力分析等。

6. 模式 6——咨询师化身个人导师或辅导员

咨询师不但为企业方提供管理方面的咨询，还为企业方的老板（创始人）提供个人理财、资源整合、业务嫁接、人才吸引等方面的咨询。因此，咨询师更像是老板的"个人事务管理智囊"。

第四章
优秀的咨询项目实施过程

　　激励咨询是一项流程性工作，具体包括商务洽谈、匹配咨询师、行前准备、启动大会、深度调研、共商方案、方案试行、方案落地、跟踪辅导、总结评价十个流程环节，需要把每个环节都做到精准连贯，才是一次高质量的咨询项目实施。

好的商务洽谈是双方共赢

咨询师的使命不仅仅是做好咨询交付工作，而是要陪伴客户成长，在帮助客户优化管理、成长壮大的同时，实现自身价值。好的商务洽谈一定是建立在双方共赢的基础上，这就要求咨询师对客户的情况保持持续关注，利用可以获取的公开信息，与客户保持有效的沟通，发现客户更多的咨询需求。这也是咨询师勤勉尽责，主动积极为客户提供服务的体现。

如果企业方是带着新项目来的老客户，那么项目商谈的过程相对比较简单，因为双方对彼此已经有了相当程度的了解。咨询机构对于启动的新项目所需的资源，将要花费多长时间、如何安排工作计划和收费估算等，会有比较明确的预估。但是，因为是新的咨询项目，企业方对于还需要做哪些事情、投入哪些资源、大概需要多长时间等问题则并不是很清楚。如果企业方是新客户，则双方连基础性的相互了解都不具备，需要搞清楚的问题就更多了。因此，合作双方需要对咨询项目的服务范围、工作内容、时间长度、资源投入、服务费用、咨询工作成果等事项做充分的沟通，才能对咨询项目的整体流程和最终交付达成一致。

鉴于咨询合同的复杂性，往往一次商谈不能敲定，需要对客户的情况进行初步调研，才能进一步明确情况，界定服务范围，提出合理的报价。因此，在初次商谈以后，下一个流程是初步调研。

初步调研是咨询师在听取客户描述本企业情况的基础上，再进一步了解企业的实际情况，以明确客户的真正需求，最终促成咨询合同的签订。

为做好初步调研工作，双方需确定进场时间、参与调研的咨询师人数、调研时长、企业方的配合人员、企业需提供的办公条件及清单资料等。

企业需提供的资料（部分）：

（1）企业简介。

（2）公司现行组织架构。

（3）公司现行股权架构。

（4）公司现行薪酬结构。

（5）公司最近一个季度的人力资源报告。

（6）公司各部门激励机制。

（7）公司各部门岗位权责书。

（8）公司各部门现有制度、流程、表单汇编。

（9）近三年股东会、董事会、总经理办公会会议决议及会议记录。

只要涉及调研，就会接触到客户的商业秘密。为了打消企业方的顾虑，也为了咨询工作的顺利进行，无论客户是否有需要，咨询机构都必须与客户签订保密协议（见表4-1），承诺对在初步调研过程中获得的信息承担保密责任。此外，在余下的咨询工作中涉及调研或可能了解客户商业机密的情况时，都要签订保密协议。

表4-1 保密协议模板（咨询机构）

保密协议
甲方：深圳××××有限公司
乙方：北京长贝控股有限公司
鉴于甲乙双方即将开展的咨询工作，乙方将直接接触甲方的经营、财务、薪酬、股权等商业机密，为更好地规范双方的权利和义务，经协商一致，特订立此协议。
一、甲方应向乙方提供开展工作所需的有关资料、数据等。
二、乙方对甲方提供的资料负有保密义务。
1. 乙方在合作期间所了解和掌握的有关甲方业务的任何商业秘密，乙方保证在合作期间及合作协议终止后，不以任何方式向项目小组以外的人或企业泄露、披露、出卖等，也不得用于合作业务以外的其他任何用途，以谋求利益。
2. 本协议称的商业秘密是指甲方所有的、能给甲方带来经济利益或竞争优势的商业情报和信息，具体包括但不限于甲方所取得和掌握的创意图纸、蓝图、试验结果、试验记录、生产计划、技术资料、数据、工艺、配方、样品、客户名单、销售资料、财务报表、薪酬制度、激励政策、管理诀窍、经营策略以及各种备忘录的原件和复印件等。

3. 若乙方在合作期间及协议终止后，违反上述规定事项的，应当向甲方承担相应的赔偿责任，赔偿额为人民币××万元整。

三、若乙方违反此协议，则甲方有权提前终止咨询服务协议。

四、本协议作为深圳××××有限公司与北京长贝控股有限公司签订的《××合同》的附件，其有效期限与咨询服务协议一致。

五、本协议一式两份，甲乙双方各执一份。

甲方：深圳××××有限公司（盖章）　乙方：北京长贝控股有限公司（盖章）

代表人：　　　　　　　　　　　　　代表人：

年　　月　　日　　　　　　　　　　年　　月　　日

除了咨询机构与企业方签订保密协议外，在必要时咨询师还要单独签订保密承诺（见表4-2），以进一步打消企业方的顾虑。

表4-2　保密承诺（咨询师个人）

保 密 承 诺

本人受聘于深圳××××有限公司激励系统咨询优化升级项目顾问，我承诺做到如下几点：

一、工作中的文档资料保密

1. 纸质文件资料。包括接触到的关于企业经营方针、战略计划、投资决策、薪酬制度、财务数据等相关的纸质资料。

2. 电子文件资料。包括接触到的关于企业经营方针、战略计划、投资决策、薪酬制度、财务数据等相关的电子资料。

3. 会议内容及会议纪要。包括项目相关的会议关于企业经营、战略、成本等企业重大事项内容及会议纪要。

4. 企业激励系统建设文件资料。包括过程文件及最终稿。

5. 企业激励系统建设文件电子文档资料。包括过程文件及最终稿。

二、资料保密措施

1. 企业保密的纸质文件资料不允许私自带出企业，如因工作需要带出须经董事长（　　）批准。

2. 企业的激励系统建设文件资料应存在公司的指定电脑中，并设开机密码。

续表

3．咨询师电脑中存有完整的激励系统建设文件资料，不允许转发、外传或未经公司董事长批准发给公司的其他员工。

4．U 盘只能用于文件转存，工作完成后应立即删除。

三、自我要求

1．自愿接受保密承诺内容的保密义务。

2．在项目结束后为企业保密至少 × 年以上。

四、违约责任

若将公司信息与客户资源及相关制度等信息提供给竞争对手，由此给公司造成的经济损失，经查实，按情节严重，公司有权向公司所在地人民法院提出诉讼。

承诺人：

年　　月　　日

初步调研的程序主要为资料审阅、人员访谈、查看生产现场。

有经验的咨询师在资料审阅阶段，只需要查看企业的组织架构、岗位权责书、绩效考核表、薪酬制度及现行的激励机制，就可以看出企业目前存在的激励问题，具体可表现为企业目标设计不清晰、组织架构设计不科学导致内耗较大、岗位职责不清晰导致部门总是扯皮踢皮球、没有考核方案或者考核流于形式、薪酬没有激励性导致无法调动员工积极性、员工职业生涯规划不明确导致不能对员工起到牵引作用、缺乏中长期的激励机制等。

与企业方的股东、管理层、人资人员的访谈，能够看出企业更多面的问题。对股东的访谈可以了解企业的股权架构、业务板块、发展规划等，初步判断企业的股权架构是否合理；对管理层的访谈可以了解企业各部门的职能范围是否划分清晰、业务流程是否明确、岗位职责是否清晰、薪酬对员工的激励性是否到位、有没有股权激励的设计、有没有导入阿米巴独立核算机制等；对人资人员的访谈可以了解企业现有人资人员的专业水平，人资工作的难点和盲区，企业对人资工作的态度；等等。

查看企业经营现场是了解企业管理水平最直接有效的方法。咨询师对经营现场的关注内容包括员工的工作状态是否积极、部门之间的衔接是否到位、工作安排是否合理、人员使用效率的高与低、工作场地利用率的高与低、各类单据是否有涂改、保管是否妥当及有无遗失等。

咨询师完成对企业的初步调研之后，需要向客户汇报调研结果。调研结果必须满足四个原则：逻辑结构清晰、简单易懂、客户针对性强、表达呈现完整。同时调研结果也必须达到四个目的（见图4-1）。确定课题也是咨询服务的具体交付内容。确定课题就是确认咨询师要做什么，做到什么程度。

图4-1　调研结果必须达到的目的

长贝咨询的标准化咨询产品——《激励系统建设咨询》（见图4-2），以企业的定位、愿景、使命、价值观为蓝图，设计实现这一蓝图的企业目标规划及组织架构布局，这都称为顶层逻辑构建；同时设计基于部门与岗位的权责、每个员工的绩效考核、明确每个职系的晋升降级标准，这都称为底层逻辑构建；最后匹配短期的宽带薪酬与效益薪酬激励、中期的阿米巴分红激励、长期的股权激励模型，这都称为激励机制设计；最后用原理、工具、流程、制度、表单、方案等形式体现出来，旨在帮助企业建设一套科学的管理体系，激活团队，提升利润，最大化地实现公司的战略目标。产品课题非常清晰，各模块的项目成果非常明确。咨询师要做的就是将长贝咨询概念以恰当的方法和形式传递给客户，让客户明白花了多少钱，解决了多少问题。

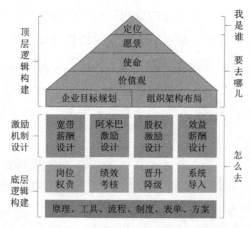

图4-2　长贝咨询《激励系统建设咨询》的组成模块

经过项目商谈、初步调研、确定课题后，客户的需求已经明确，咨询师的工作内容也已明确，接下来需要将双方已经达成的共识落实到纸面上，形成合同。合同价格是非常重要的内容，可是咨询师该如何报价呢？行业内常见的报价方法有谈判报价法、工时报价法和超产利润分成报价法。

1. 谈判报价法

谈判报价法是基于咨询师对企业初步的了解，得知企业问题解决的难易程度、问题解决的迫切度、要咨询的公司数量、企业的人员数量、企业的规模大小、咨询的模块多少、咨询师需要花费的时间精力及投入的人数等，在双方认可彼此的价值的基础上经过谈判而得出报价的方法。

2. 工时报价法

以中小型企业激励系统建设咨询为例，一般需要三名咨询师，工作天数合计约 60 天，按照每天 2 万元的收费标准计算，整个项目费用为 120 万元。

咨询师需要让客户明白，项目费用不只是看得见的报酬，如咨询师的个人薪酬、咨询机构的风险成本、合理的利润等，还包含咨询师的时间成本、咨询师的能力价值、一系列为咨询项目服务的后台部门和人员等看不见的报酬，如人力资源部门筛选最合适的咨询师、组织咨询师的内外部培训、质量控制部门负责项目交付质量的控制、技术支持部门为咨询师提供技术支持、对客户不满意的项目采取补救措施、内部知识管理、制定工作标准等，更为关键的是企业通过咨询而获得的未来的收益。

以工时估算为基础的报价要求咨询师对项目的服务内容、执行难度有足够的认识，能够比较准确地估算总工时，很多咨询合同会把服务工时写到合同条款中。

3. 超产利润分成报价法

超产利润分成报价的前提是企业需要先支付咨询师一定金额的基础咨询费，然后再根据激励咨询给企业带来的超产利润进行一定比例的分成。

该报价的操作过程比较复杂，需要企业向咨询师公布上一年度的真实利润，明确在咨询期间利润核算的主体、核算时间节点、具体核算办法（包括但不仅仅限于成本摊销、固定资产折旧、隐形费用支出、资金使用成本、综合税负等），这些都要在合同中写明。

因为利润分成的计算与确认是长期过程（至少需要一年），在此之前企业需先行支付基本的方案设计费用。利润分成报价的比例通常在20%～40%，具体的比例以项目的实施难度和与企业谈判的比例为准。

除了价格条款之外，咨询合同的条款还应包括以下七项，实际操作中的具体条款以具体项目内容和双方协商为准（见表4-3）。

（1）甲乙双方。一般甲方是委托方（企业方），乙方是受托方（咨询机构）。双方的名称、地址、法定代表人等基本信息列示在合同上。

（2）咨询项目内容。如果服务内容非常多，且企业方需要逐项列示，可采用附件形式把服务内容附在合同正文的后面。

（3）项目时间。包括项目开始时间和结束时间，项目服务的总时间长度。

（4）项目组成员及其职责（以具体项目为准）。

（5）双方权利和义务。比如甲方有提供资料、配合调研、参加培训、支付咨询费用等义务，乙方有按照计划交付、保密等义务。

（6）费用。包括费用总额与计算方式，费用的支付方式（分期或者一次性），咨询师交通费、食宿费的承担方式（行业惯例由客户承担）。

（7）合同争议的处理（以具体项目为准）。

表4-3　咨询项目合同书模板

企业激励系统咨询项目合同书
甲方：深圳××××有限公司 法定代表人： 统一社会信用代码： 地址： 乙方：北京长贝控股有限公司 法定代表人： 统一社会信用代码： 地址： 　甲、乙双方经友好协商，本着相互信任、真诚合作、共同发展的原则，建立长期友好的合作关系，并由乙方为甲方提供激励系统咨询项目服务，双方达成以下合作合同。

一、项目咨询内容、成果形式及整体流程

1．项目内容

系统维度	咨询模块	内容	成果
企业顶层 逻辑构建	企业目标规划	1.企业经营目标制定 2.企业管理目标制定 3.企业战略目标分解	1.企业目标科学设计 2.企业目标分解计划 3.年度计划提交方案
	组织架构布局	1.组织架构类型选择 2.组织架构布局设计 3.组织架构内设机构 4.组织架构社会价值	1.组织架构及人事架构 2.定岗、定编、定员表方案 3.人事权、财务界定方案 4.跨部门协调事宜方案
企业激励 机制设计	薪酬激励设计	1.薪酬激励原理 2.宽带薪酬设计 3.效益薪酬设计 4.高管薪酬设计 5.部门薪酬设计 6.薪酬方案推演	1.薪酬原理落地方案 2.宽带薪酬落地方案 3.效益薪酬落地方案 4.高管薪酬落地方案 5.部门薪酬落地方案 6.全序列薪酬测算表
	阿米巴激励 设计	1.划分独立核算的业务单元 2.确定收入目标与分配比例 3.明确激励对象与激励额度 4.落实分配条件与发放方式	1.构建利润中心单元体 2.设计一套分配方案 3.降低成本提升业绩 4.持续改进提升效率
	股权激励设计	1.岗位价值评估系统 2.核心人才股权激励设计 3.在岗+超产分红激励设计 4.期权+投资分红激励设计 5.老员工股权激励设计	1.岗位价值评估方案 2.在岗+超产激励方案 3.渐进式股权激励方案 4.增强企业人才凝聚力 5.实现用股权复制扩张
企业底层 逻辑构建	岗位权责梳理	1.明确岗位权限 2.岗位权责设计	1.各岗位简历标杆表 2.各岗位权责量化书
	目标绩效考核	1.绩效考核维度划分 2.绩效考核指标设计 3.绩效考核数据支撑 4.绩效考核面谈提升	1.业绩考核指标库 2.胜任力考核指标库 3.各岗位绩效考核表 4.绩效考核落地制度
	职业生涯规划	1.晋升通道图的设计 2.设计晋升、降级标准	1.员工职业生涯规划图 2.职系晋升、降级标准表

系统维度	咨询模块	内容	成果
系统导入进程		1. 系统导入的计划 2. 系统导入的周期 3. 系统导入的组织	1. 系统导入周期计划表 2. 系统导入步骤明细表 3. 系统导入常见问题手册
三大系统八大模块		全部落地工程	制度、表格、工具、方法、原理、软件、流程、方案

（上述咨询内容可根据实际约定内容修改）

2. 最终形成的项目成果，以电子版中文文档（文件格式为 Word、Excel、PPT）的形式体现。

二、人员安排

为便于项目的推进，甲、乙双方均须成立项目小组，乙方安排 2 ~ 3 名激励咨询师，根据项目进展和专业要求，分层次、分阶段组织人员入驻企业参与项目设计与实施。

三、项目实施流程

1. 项目安排（见附件一）。

2. 签订合同，确定咨询项目，以签订本咨询合同为准。

3. 项目调研：项目启动达成员工共识；结合对企业的调研及企业的实际情况，形成深度调研报告及解决思路，时间为 25 ~ 30 天，其中在企业现场工作不低于 4 天。以乙方向甲方交付《企业激励系统调研报告》为结束标准。

4. 个性化方案设计及导入实施阶段：个性化方案设计分为培训原理—甲方系统建设委员会做作业—共同研讨方案—召开导入启动大会，累计为企业提供相关培训咨询时间为 90 天，其中在企业现场工作不低于 16 天。以乙方向甲方交付《企业激励系统系列方案及导入计划书》为结束标准。

5. 后续跟踪辅导：跟踪企业激励系统导入情况变化，进行远程持续指导，直至合同期满。

6. 项目开始时间及项目日程由甲乙双方根据实际情况约定为准。

四、项目合作中双方的权利和义务

1. 甲方权利与义务

1.1 甲方应成立专门的项目小组，指定适当的管理层成员配合乙方小组开展工作，并及时向乙方提供完成项目工作所必需的各项真实、全面、准确的信息及资料。

1.2 甲方人员应投入精力全程参与，共同形成决议性方案。

1.3 按本合同第五条约定支付项目费用。

1.4 甲方有权了解乙方的工作进展情况。

1.5 未经甲方书面同意，乙方不得向任何第三方透露甲方的商业机密信息（保密范围如本合同第七条所示)。

1.6 甲方有权向乙方项目总监提出更换乙方项目组成员的要求。

2. 乙方权利与义务：

2.1 乙方应成立专门的项目小组，项目小组人员为 2～3 名，与甲方共同形成方案。

2.2 乙方有权要求甲方按约定的时间配合项目工作，并及时、准确、完整、真实地提供与项目有关的资料，以及做出相应的决策性意见。

2.3 若因甲方提供的资料不及时、不准确、不完整所造成的后果由甲方负责。

2.4 乙方有义务按照项目流程提交相应文件资料成果，并在项目进度时间内配合甲方完成合同约定的各项工作和成果。

2.5 乙方有义务妥善保管好甲方提供的相关资料，项目结束时乙方应如数归还所有甲方提供的纸质性文本和资料。

2.6 未经乙方书面同意，甲方不得向任何第三方透露本项目的任何内容，以及将项目成果向第三方企业输出。

五、项目费用及支付方式

1. 项目费用总额为：人民币 ×××万元整（￥×××××元）。

1.1 此费用包括：项目的调研诊断、方案设计、方案研讨、方案确认、方案培训导入辅导。

1.2 此费用不包括：项目期间的交通、食宿费用。

1.3 项目期间项目组成员往返企业交通费用及食宿费用由甲方承担。

1.4 付款方式：甲方应于签订合同后 3 个工作日内付清全款。

2. 在第三条项目流程的第二个阶段，即项目个性化方案设计阶段，出具《企业激励系统系列方案》后，甲方认为乙方提供的产品未达到预期期望，可以提出终止合同；同时，若经乙方评估，认为甲方不具备操作本项目的基础，乙方亦可以提出终止合同。

3. 在第五大条第二小条情况下终止合同，乙方扣除合同总价款的 50% 后，将余下的项目费用款，于 7 个工作日内返还甲方。

六、合同期限

为期一年，从首次进场之日起计算。

七、保密范围及原则

1. 为保障甲乙双方合法利益及项目正常运作，双方均应做好内部管控，履行好保密工作。保密范围包括：

1.1 所有未定稿的项目方案性文件和阶段性报告，仅在有限范围内沟通，不可作为传播性文件。若对外公布，需经双方保密审批，未经保密审批，文件不得以任何形式泄露或者公布。

1.2 项目成果、合作的具体内容以及相关资料信息，未经对方许可，不得以任何形式向任何第三方透露或者用于合同之外的其他目的。

2．甲方商业机密的范围

2.1 发展计划、开发渠道、市场分析预测、市场规划、营销策略等未公开的技术情报信息。

2.2 产品质量（服务）标准及检测手段、定价方法、销售方法、客户档案和名单等商业信息资料。

2.3 财务和统计资料、计算机数据资料，以及未公开的应用软件等。

2.4 按照法律规定和合同约定，甲方对第三方负有保密义务的第三方的商业秘密。

2.5 其他双方共同书面认定的内容。

3．乙方商业机密的范围

3.1 发展计划、开发渠道、市场分析预测、市场规划、营销策略等未公开的技术情报信息。

3.2 报告内容、合同文本、管理模型、市场研究数据、案例、计算机数据资料、软件和模型，以及未公开的应用软件等。

3.3 按照法律规定和合同约定，乙方对第三方负有保密义务的第三方的商业秘密。

3.4 乙方的专用技术模型、工具、表格、方法。

3.5 其他双方共同书面认定的内容。

八、违约责任及处理

1．由于不可抗力的意外原因造成本合同不能履行或不能全部履行，双方互不承担违约责任。

2．甲乙双方均应认真履行本合同，除因不可抗力因素外，任何一方违反本合同约定，对双方造成损失的，应承担赔偿责任。

3．甲乙双方如对合同条款规定的理解有异议，或者对与合同有关的事项发生争议，双方应本着友好合作的精神进行协商，如果协商不能达成一致，可申请××仲裁委员会或法院进行仲裁及裁决。该裁决为终局裁决，对双方均有法律约束力。

九、合同变更、补充、终止、效力

1．本合同自双方签订之日起生效，在合同到期后终止。

2．本合同未经双方书面同意，不得对此作任何修改。如有未尽事宜，经双方书面同意后，可签订书面补充合同。补充合同与本合同具有同等法律效力。

3．合同终止：合同到期或双方约定的终止事项发生时。

4．如果本合同的任何条款根据法律或由于其他原因被认定不能履行，本合同的其他条款仍保持完全有效。

5．本合同一式两份，双方各一份，双方代表签字盖章生效，具有同等法律效力。

〈以下无正文〉	
甲方：深圳××××有限公司	乙方：北京长贝控股有限公司
法定代表人：	法定代表人：
委托代表人：	委托代表人：
开户银行： 账号：	开户银行： 账号：
签订时间： 年 月 日	签订时间： 年 月 日

附件一：项目安排

项目阶段	工作内容	形式	周期
项目调研	该阶段主要通过问卷、访谈、历史制度资料分析、现场观察等深度了解企业管理现状，了解企业需求，分析企业现状并在此基础上与公司决策者商讨，并提供解决思路	1.企业调研 2.现场实地调研	25~30天，其中现场工作不低于4天
个性化方案设计及导入实施阶段	与企业激励系统建设委员会共同研讨和确定核心方案内容，完成激励系统方案设计，帮助企业掌握系统方案设计的核心原理、思想、工具和方法，分步骤实施推行方案，适时微调，以达到完整运行状态	1.方案设计 2.现场讨论方案 3.讨论及调整原理、工具、方法 4.培训 5.跟踪辅导	90天，其中现场工作不低于16天
后续跟踪辅导	跟踪企业激励系统运行情况	1.跟踪企业激励系统 2.进行远程持续指导	至合同期满

注：咨询合同签订时，可能存在无法完全细化的交付内容，可在合同中约定框架内容，细项的交付内容在项目开始后经双方讨论再敲定。

选择匹配的咨询师才最好

　　每位咨询师都有自己擅长的领域，尽管是老客户，在咨询项目发生变化的情况下，也需要根据实际工作内容调整咨询项目小组内的人员构成。比如为某公司做激励咨询时，第一阶段主要是激励系统 1.0 版本的方案设计及主导项目导入，需要咨询机构派出熟悉行业的咨询师；到了激励系统优化升级阶段，咨询工作难度上升，可能需要重新安排擅长公司经营、有全面管控企业经营的咨询师执行工作。

　　如果是新客户的项目，项目商谈阶段也是咨询机构和企业方相互了解的阶段，更是咨询师和企业方相互了解的阶段。咨询机构一般会派出沟通能力较强且业务能力更为全面的咨询师承担此项任务。在项目洽谈阶段，需要咨询师充分展示专业能力，去征服潜在客户，并让客户对机构和双方未来的工作产生信任感（见图 4-3）。

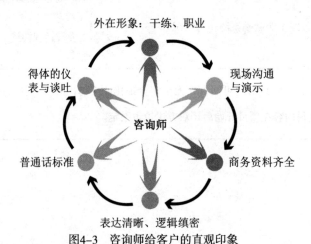

图4-3　咨询师给客户的直观印象

　　参与咨询项目洽谈的咨询师，需要对所供职的咨询机构和所在的咨询项目团队有足够了解，如机构的最强优势在哪里，团队的成功经验是什么，团队人员构成有什么特点等。咨询师进入工作之前必须有仪式感，比如出发之前检查所需的物品是否准备妥当，包括名片、演示 PPT、机构资料、合同文本、授权书等。咨询师不能仅在知道客户公司名称的情况下就进入商谈，而要提前做一些必要的准备工作，比如从介绍人或第三人处了解客户的基本情况，或者从公开信息渠道查询客户的股权结构、经营范围、注册资金、人员数量、年销售额、主营产品、行业特征、客户类型、管理现状、急需解决的问题等。

影响咨询师谈判成功的因素有很多，其中的关键因素有两点：①有没有精准把握客户的需求点；②有没有充分阐述咨询对客户的作用和价值。

对咨询师的商业谈判能力的评价，可分为如下四个等级。

◆专家水平：与客户建立"双赢"关系，树立个人信誉，维护咨询机构信誉。

◆高级水平：深刻理解咨询项目的影响和最终目的，根据工作具体内容和需要完成复杂合同的构建。

◆中级水平：在充分调研的基础上详细阐述己方观点，并与客户深入沟通，设身处地理解客户的困境。

◆初级水平：掌握谈判流程，表达己方观点，了解对方痛点，运用咨询机构的合同模板起草合同。

充足的前期准备事半功倍

如果咨询机构的营销和交付工作是由不同的团队执行，那么在咨询项目执行的过程中就存在项目交接的环节。鉴于客户的选择是建立在对咨询师信赖的基础上，因此客户更愿意选择与之商谈、签订咨询项目合同的咨询师交付咨询。

项目小组是咨询项目顺利运行的组织保障。不仅咨询机构要针对具体项目组建工作小组，企业方也需要组建一个对接咨询项目的工作小组，我们称之为"激励系统建设委员会"。

咨询机构项目小组的组建工作包括人员构成、岗位分工、劳务费分配等。

人员构成要考虑的细节是"男女搭配""以老带新""背景多样""属地原则"，目的是使团队成员既能融洽相处，又能高效完成工作。

岗位分工分为项目总监、项目经理、项目小组成员。

项目总监是一个项目的最高领导者，也是交付质量责任的最终承担者。有权根据实际情况修正交付计划，调整项目小组成员，对项目小组成员的工作绩效进行考核，决定项目小组成员劳务费的分配比例。项目总监一般不会全程参与项目交付过程，只在重要节点参与或者对重要交付文件把关，了解客户对交付情况的反馈。

项目经理是咨询工作的现场负责人和交付质量的直接责任人。这个角色不仅必须有专业能力过硬、沟通能力良好、工作作风严谨等基本素质，还要有很强的项目管理能力，对工作计划有很强的掌控能力。项目经理需要对交付环境的变化保持敏感，对客户的满意程度保持关注，毕竟项目交付时间一般在一年左右，时间跨度越长，企业内外部情况发生变化和企业老板想法、心态发生变化的概率就越大，如发现有足以影响交付工作的因素，项目经理需要及时同项目总监和客户方企业老板沟通在哪些方面调整交付计划。

项目小组成员的职责是在项目经理的领导下，按照工作计划完成交付工作。项目总监或项目经理在安排具体工作任务时，需要考虑小组每名成员的专长，并保证每名成员的工作内容轮换，为咨询机构培养"T"型人才。

项目小组成员的劳务费分配以岗位责任、工作量多少作为参考。通过给不同岗位赋予不同的分配系数，再以分配系数乘以项目交付劳务总额，在项目小组成员之间进行分配。项目小组应在组建之时将分配方式确定下来，并记录到首次小组会议纪要中。

咨询机构除了针对咨询项目组建项目小组外，还要指导企业方组建对接项目小组。企业方项目小组一般由企业一把手担任组长，由主管人资工作的副总经理、人资总监担任副组长。其他各部门负责人作为项目小组成员参与咨询工作，并且要满足一定的要求（见图 4–4）。

企业方项目小组成员的要求

- 在企业工作时间较长，对企业各方面情况比较了解。
- 愿意安排时间执行咨询方案中的内容。
- 心态开放，学习力强，沟通力好，理解咨询项目目标并愿意推动变革。
- 以全局性视角看待企业管理中存在的种种问题。
- 抗压力强，主动且有力地推行方案落地。

图4–4　企业方项目小组成员的要求

咨询机构项目小组和企业方项目小组都组建完成后，项目经理要与企业方进行电话沟通，告知项目小组的进场时间、人数、人员性别等，便于对方安排交通、食宿、工作必备条件等。下面是长贝咨询在某企业进行激励咨询时，通过正式文件通知企业需要做的准备，仅供参考（见表 4–4）。

表4–4　行前对接联络函模板

激励咨询联络函

发往：深圳××××有限公司	接收：董事长收
发自：北京长贝控股有限公司	发件人：×××
日期：××××年××月××日	编号：×××
主题：关于深圳××××有限公司企业激励系统优化升级咨询项目调研及战略方向确定工作的安排	

深圳×××有限公司：

长贝咨询项目专家组老师×人于××××年××月××日晚到达××，长贝咨询项目组预计开展为期×天（××–××日）的调研工作。

项目组成员：项目总监：×××；项目经理：×××；咨询师：×××，3 人组成。

企业准备工作：

需成立项目配合小组——激励系统建设委员会（高层、中层、基层优秀员工或人才梯队培养人选）。

项目组成员要求：

具有积极正向思维；

没有离职倾向；

在企业工作至少半年以上；

有抗压能力；

有承担和担当能力；

执行力比较强；

学习能力强。

在成员中安排一人负责与咨询公司对接项目安排、联络和沟通等事宜。

需准备的基本资料：

公司简介（人力资源部提供）；

公司现行组织架构（人力资源部提供）；

公司现行股权架构（财务部提供）；

员工花名册（人力资源部提供）；

项目小组成员联系方式（项目对接人）；

调研计划（项目对接人）；

各部门现有制度、流程、表单汇编（各部门提供）；

公司现行的各部门及岗位的职责（人力资源部提供）；

公司现行的绩效考核方案（人力资源部提供）；

公司现行的薪酬方案及制度（人力资源部提供）；

公司现行的福利制度（人力资源部提供）；

公司近一季度人力资源报告（人力资源部提供）；

公司各类薪酬成本分析（财务提供）；

公司股权激励方案及协议（若有，财务部或人力资源部提供）；

近三年股东会、董事会、总经理办公会会议决议及会议记录。

为保证项目进度和质量要求，企业方提供的资料需真实、准确。所有提供的资料均需经部门领导审批签字后交予咨询公司辅导老师；

上述资料××日准备好，由企业方项目对接人统一发到咨询公司项目组×××邮箱××××＠qq.com。

其他涉及调研和项目方案设计所需资料，根据项目要求再行提供。

启动会准备工作（见表4-7）。

　　根据公司实际情况和项目时间安排，为保证项目能够有效实施和落实，便于监督、监管和管控，企业方选出重点急需解决的业务板块进行重点辅导，其他公司可同时跟随咨询老师参与到项目中共同推进该公司的激励系统优化，待咨询老师审核通过后与董事长商定方可作为第二批推进落实试点企业。

　　企业方做好咨询老师酒店住宿及饮食方面的安排。（住宿安排：商务快捷酒店标准即可，阳面房间含早餐、干净整洁、有 Wi-Fi；餐食标准：员工餐即可；项目期间会议室准备三样水果。）

　　准备一个项目组临时办公室或会议室，需要配备：

　　有线或无线网络畅通；

　　办公用 A4 纸；

　　白板、白板笔；

　　打印机；

　　饮用水；

　　项目专用 U 盘 (32G) 一个。

　　调研及战略方向确定时间为：××××年××月××日至××月××日。

长贝咨询项目组　××××××××××××
×××××××××××
×××××××××××

　　项目小组除了要通知企业做好相应的准备外，还需要自行准备一份《行前准备事项备查表》（见表 4-5），写清楚所需清单，而通知企业做的准备也是来自该表，对于需要自行准备的内容则要在正式进驻企业前全部准备完毕。

表4-5　行前准备事项备查表模板

序号	准备事项清单	是否完成	执行人签字
1	协调公司实际控制人时间安排。项目初次启动日需要在场，咨询项目组离场前需要在场，工作期间安排2～3次见面时间		

2	协调公司管理层人员访谈时间。在项目执行期间，管理层成员需安排1~2个小时访谈时间		
3	准备咨询师查看公司业务现场的用具，如安全帽、工作服等劳保用具		
4	指定×××为咨询项目负责人。联系方式：×××××××××××		
5	指定×××为咨询项目小组业务联系人。联系方式：××××××× ×××		
6	安排咨询师往返交通事宜（订火车票或者机票、公司到酒店往返）		
7	安排咨询师住宿与伙食（订酒店、饮食上有无忌口）		
8	安排咨询师工作场所。需能容纳4~5人，有一定的隐秘性，便于访谈，有网络、电源		
9	安排会议场所。容纳30人以上，有投影设备、激光笔		
10	安排讨论工具，包括白板、白板笔、会议记录纸、即时贴		
11	准备公司股权架构		
12	准备公司组织架构图		
13	准备公司员工花名册		
14	准备人才盘点结果及员工胜任力分析表		
15	准备各部门现有制度、流程、表单汇编		
16	准备公司现行的各部门及岗位的职责		
17	准备公司现行的绩效考核方案		
18	准备公司现行的薪酬方案及制度（近一季度的工资表）		
19	准备公司现行的福利制度		
20	准备公司现行的激励机制方案		
21	准备公司近一季度的人力资源报告		
22	准备公司各类薪酬成本分析		
23	准备公司股权激励方案及协议		
24	准备公司近三年的业绩及利润表		
25	准备公司需要解决的问题清单		

　　为了咨询项目的顺利开展，企业方需要事先了解激励咨询师进驻企业后的具体安排，以便提前做好会务准备及人员安排。因此，在激励咨询师入场

前，一般要和企业的项目对接人沟通入场时间、具体的工作任务、相关负责人、工作地点、具体时间安排、阶段性形成的成果标志等，而这些都属于一个专门的工作表单的内容，该表单叫阶段性工作安排细则（见表4-6）。

表4-6　一阶段工作安排细则

序号	工作任务	负责人	地点	时间	成果标志
第一天 ××日	1.与X总、X总沟通本次工作内容、时间安排及工作方式和要求。 2.安排企业激励系统建设启动大会准备工作。 3.上午准备问卷调研资料。 4.14：00-16：30，激励系统建设委员会参与项目启动会。 5.16：50-18：00，激励系统建设委员会成员进行集中问卷调研	×××老师 ×××老师 ×××老师 激励系统建设委员会成员	××× 会议室	9：00-12：00 14：00-18：00	《联络函》 《工作计划表》 《各层级问卷调研表》 《启动会纪要》
第二天 ××日	1.三位老师走访生产车间或工作现场，对工作现场人员状况做调研。 2.三位老师分别对公司激励系统建设委员会的高层做访谈调研。	×××老师 ×××老师 ×××老师 激励系统建设委员会成员	××× 会议室	9：00-12：00 14：00-18：00	《现场观摩调研汇总》 《高层访谈调研汇总》
第三天 XX日	1.三位老师分别对公司激励系统建设委员会的中层、基层做访谈调研。 2.三位老师对公司历史资料做调研。 3.16：00-18：00，做项目调研结果展示报告	×××老师 ×××老师 ×××老师 激励系统建设委员会成员	××× 会议室	9：00-12：00 14：00-18：00	《中基层访谈调研汇总》 《历史资料调研汇总》 《调研结果汇总》

续表

序号	工作任务	负责人	地点	时间	成果标志
第四天××日	1.项目部分模块原理分享。 2.项目部分模块方案讨论。 3.一阶段工作总结。 4.二阶段工作计划	×××老师 ×××老师 ×××老师 激励系统建设委员会成员	×××会议室	9：00–12：00 14：00–18：00	《原理分享笔记》 《一阶段讨论方案初稿》 《一阶段工作总结》 《二阶段工作计划》

上述工作安排细则为笔者在实践中经常使用的表单，很有实用性，当然由于咨询公司大小不一、激励系统建设委员会成员多少不一、咨询公司所处的距离远近不一，上述具体工作时间、细则、咨询师人数都会做出相应调整，并非统一模板。

开好项目启动大会是基础

项目启动大会由咨询机构项目小组的项目总监、项目经理、项目小组成员，加上企业方老板、管理层以及咨询项目相关人员参与。因为参会人数较多，需要咨询机构项目小组与企业方对项目启动大会进行事前沟通。因此，在项目启动大会之前应先进行两次启动预备会，一次是咨询机构项目小组的内部会议，另一次是咨询机构项目小组与企业老板的小型沟通会议。

项目启动大会是咨询项目执行过程中的重要仪式，标志着咨询项目正式开始。

项目启动大会的时间可以安排在咨询机构项目小组入驻企业的第一天，在项目启动大会结束后，开始执行具体咨询活动。因此，为了把企业方人员召集齐，项目经理需要事先与企业老板做好沟通，确定项目启动大会召开的具体时间、需要参加的相关人员，便于企业方安排时间、人员与开会场所。

任何一场会议都需要提前做好周密的安排，为了项目对接人更高效地组织会议，长贝咨询激励咨询师一般会提前梳理出一个项目启动大会会务准备及具体物资清单（见表4-7）。

表4-7　会务准备及具体物资清单

具体要求	地点及会场形式	1.公司会议室； 2.桌椅摆放——岛屿式； 3.会场的条幅： 第一条前台或厂区欢迎横幅——【热烈欢迎××咨询专家老师进驻×××调研指导】 会议室横幅——【欢迎参加×××企业激励系统建设启动大会】
	物资	1.公司准备一台会务电脑、投影机、幕布、话筒、音响、电子笔
		2.电脑安装办公软件，视频及音频播放软件
		3.现场无线话筒至少两个，音频线两条（一条接咨询师电脑，另一条接音响师电脑）
		4.会议开始前测试音频、视频、投影机、电子笔的使用等
		5.准备好白板（白板纸）、白板笔
	会务人员	1.安排一位站白板人员
		2.一位主持人、一位音响师、一位讲师接待

提前准备激励系统建设委员会成员的聘书（每人一本），另加三本管理顾问聘书（与大家的有区别）。

聘书内容提前打印（盖公章）：

项目成员版：（列出公司激励系统建设委员会成员名单）

兹聘请×××先生/女士为深圳×××有限公司企业激励系统建设委员会小组核心成员，聘期一年。

深圳×××有限公司

二〇××年××月××日

咨询师版：（×××老师、×××老师、×××老师）

兹聘请×××先生/女士为深圳×××有限公司企业激励系统建设高级管理顾问，聘期一年。

深圳×××有限公司

二〇××年××月××日

　　为确保项目启动大会的顺利进行，明确不同角色在会议中的分工和职能，则事先需要设置流程表（见表4-8）。

表4-8　项目启动大会流程表模板

深圳×××有限公司企业激励系统建设启动大会流程表			
时间	主讲	内容	备注
14：00-14：05	主持人	暖场、引导	
14：05-14：20	×总致辞	咨询项目的目的、意义、展望	
14：20-16：00	×××咨询师	《赢在新思维·胜在好系统》培训会（含项目小组讲师介绍、项目开展及过程说明等）	
16：00-16：10	颁发聘书	公司领导先为长贝激励咨询师颁发"管理顾问"聘书 长贝激励咨询师为"激励系统建设委员会"成员颁发聘书	
16：10-16：20	×总总结	号召项目小组积极行动、配合咨询师工作	
16：20-16：25	合影留念	全体	
16：25	会议结束	主持人安排退场	

　　注1：参加人员为"激励系统建设委员会"全体成员（可根据企业实际情况确定时间、人数）。

　　注2：流程及安排由双方项目对接人负责完成。

　　注3："项目小组咨询师介绍、项目开展及过程说明等"这一项通常包含两个方面（见图4-5）。

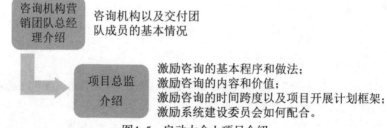

图4-5　启动大会上项目介绍

　　在项目启动大会上，咨询机构方面前来参加的人员通常包括营销团队

（销售伙伴、营销总经理）和交付团队（项目总监、项目经理、项目小组所有成员）；而企业方出席的人员则包括企业老板、中高层管理人员，以及与咨询项目直接相关人员。因为是激励咨询项目，则人力资源部门的所有员工都有必要参加启动大会。

如果企业方是首次聘请专业团队做咨询，项目总监则有必要在项目启动大会中阐述清楚如下问题：

◆咨询是什么；

◆咨询的作用；

◆咨询的特点；

◆咨询师是什么；

◆咨询价值的来源；

◆咨询的基本程序；

◆客户的常见顾虑；

◆咨询师的道德规范；

◆对咨询的正确看法；

◆项目启动大会的议题；

◆培训及知识转移方法；

◆咨询项目的成功因素与要求；

◆咨询项目的质量如何进行保障；

◆本次咨询项目的目标以及大致流程；

◆企业方项目小组成员的要求是什么；

◆企业方项目小组成员各自的职责是什么；

◆激励咨询包含的内容及带给企业的价值是什么。

在项目启动大会上，项目经理应当着重强调咨询是"能力交付"的过程。咨询要达到的效果是咨询师离开企业后，企业人员能够利用从咨询师那里学到的知识、技能去处理新的问题。因此，企业方项目小组成员的学习能力、学习态度非常重要。咨询要取得好的效果，除了需要咨询师尽心尽力地培训、演示、制作方案外，更需要企业方人员全心投入的学习、实践。

全方位的调研才有话语权

项目小组正式入驻企业后的调研和初步调研是不同的。初步调研的目的是发现企业真正的需求点，阐述企业需求的紧迫性、严重性，促使企业和咨询机构签订咨询合同。项目小组进场之后的调研，是为了找出企业存在的问题以及产生问题的原因，为制定咨询方案提供方向和目标。我们称正式进场之后的调研为项目调研。

项目调研可分为全面调研和专项调研。项目调研所使用的方法一般为：人员访谈、资料审阅、现场观察、问卷调查。通过这四种方法得到资料和信息后，还要进行资料整理与问题总结。

1. 人员访谈

人员访谈能使咨询师在短时间内获得大量信息，从而使咨询师能够对企业现状形成初步判断。但是，在这个过程中咨询师需对访谈对象提供的信息有清醒的认识，因为受限于访谈对象的职务、立场和经历不同，每一个访谈对象所提供的信息都是片面的，或多或少都会带有主观色彩。所以，咨询师不仅应关注事实，摒弃主观意识，还需结合其他方式收集到的信息，从而来判断和了解企业最真实的一面。

可以访谈的对象既包括企业的老板、股东、管理层人员、基层员工，也包括企业的客户、供应商、企业聘请的其他顾问等，只有扩大访谈对象的范围，才能全方位了解企业的实际情况。

人员访谈流程包括以下七个步骤。

（1）确定访谈对象、日期及起止时间。如果访谈对象参加过项目启动大会，对咨询的目的、方式有一定了解，不需要另外解释访谈目的。如果访谈对象没有参加过项目启动大会，为尽可能消除访谈所带来的压力，可由企业方管理层人员出面解释访谈目的，以达到良好的访谈效果。

（2）准备访谈提纲。咨询机构一般都会有常用的访谈提纲模板，每次根据项目内容、调研目的，以及访谈对象的职务、个人特征，对访谈提纲模板做个性化修改（见表4-9）。

表4-9　激励咨询访谈提纲模板

模块	序号	问题
在职情况		请您简要介绍一下您的个人情况和目前在公司的任职情况
目标规划	1	公司今年的业绩目标是多少？清晰？截止到现在，公司今年目标的完成情况怎样？完成了多少？有比去年同期提升吗？过去两年的销售额分别是多少
	2	每年公司的目标对各部门有分解吗？分解后有考核及与奖惩挂钩吗？怎么挂钩的
	3	您认为公司未来3～5年的发展方向、目标是什么
	4	公司的定位，愿景、使命、价值观分别是什么？清晰吗？落地效果如何？员工归属感与凝聚力您认为如何
	5	公司重点事项的决策如何进行？有哪些人员参与决策
	6	公司召开年度、半年度、季度或月度会议吗？各部门有制订与提交工作计划吗？存在的问题是什么
组织架构	1	公司有基于未来发展的组织架构吗？请您介绍一下公司目前的组织架构，您认为哪些方面需要优化
	2	公司人权、财权清晰吗？各级是否有清晰的授权
	3	各部门跨部门协作中是否有扯皮现象？严重吗？都体现在哪些方面
	4	公司每年有清晰的人力资源规划吗？各部门是否有固定的人员编制？您认为合理吗
岗位权责	1	公司各岗位有清晰的岗位权责书吗？对员工现实的工作帮助指导性大吗
	2	请您评价一下公司其他高管的职责分工，以及胜任情况，有何期望和要求
	3	如果有岗位权责书的话，公司都在哪些方面有应用？指导性大吗？如果没有岗位权责书，员工是按怎样的标准工作的？效率是高还是低呢

续表

模块	序号	问题
绩效考核	1	公司绩效考核是如何运行的？您认为都存在哪些问题
	2	对一线员工是如何考核的
	3	您认为绩效考核重要吗？您是如何看待绩效考核的
薪酬福利	1	各部门的薪酬标准是如何设计的？有激励性吗？您认为存在的问题是什么
	2	员工入职与晋升有标准吗？平时是如何调薪的？是固定调薪还是个性化调薪？您认为存在的问题是什么
	3	公司都有哪些福利措施？分别是什么
招聘管理	1	您认为公司现在缺少人才吗？公司选用人才的标准是什么
	2	公司员工月平均流失率大吗？是多少？您觉得流失的原因是什么
	3	公司招聘的完成及时性如何？您认为存在的问题是什么
晋升降级	1	公司各部门有清晰的晋升通道与标准吗
	2	员工平时的晋升都是怎么进行的？您认为存在的问题是什么
股权激励	1	公司对员工有发年终奖吗？发放的形式是什么
	2	公司对中高层除了薪酬，还有其他的激励方式吗？是什么？您希望接下来怎么完善
	3	公司有实施过管理分红或者股权激励吗？大致方案为何？实施效果如何
培训管理	1	公司有入职培训、在职培训与晋升培训吗？培养员工的方式是什么
	2	您觉得培训重要吗？公司在员工培训方面做得如何，在哪些方面亟须提升或加强
企业问题	1	您认为企业目前最急需解决的三个问题是什么
	2	请您简单地评价一下您的上级（包括但不仅限于管理风格、品行、能力、对团队的支持、与其他部门的配合情况等）
项目期待		您希望这次激励系统建设能得到哪些方面的改善？您最关心的模块有哪些
已访谈		
未访谈		

（3）确定访谈咨询师人选。在访谈过程中，咨询师必须明确分工，一名咨询师负责提问，另一名咨询师负责记录。如果其他咨询师需要了解情况，

也可以参加访谈。如需录音，应在访谈开始前告知受访者。

（4）确定访谈场所。应在受访者熟悉的环境内进行，避免容易让受访者紧张的环境；应在单独房间内进行，避免受到干扰。一般在企业办公室或会议室进行。

（5）确定访谈形式。对于企业老板、股东、管理层，访谈应单独进行，且由项目总监或项目经理主持提问。对基层员工的访谈，可以单独或多名员工一起参与，既能减轻受访者的心理压力，也能提高访谈效率。

（6）访谈实施及注意事项。一共有如下八点。

①访谈对象就座后，咨询师向访谈对象说明访谈目的，告知访谈内容的保密原则，打消访谈对象的顾虑，这样有利于访谈对象提供更多信息；

②记录人应及时做好访谈内容的记录，有必要时，可让访谈对象复述，或者采用录音方式；

③主问人应控制谈话方向，让访谈对象围绕主题回答，在非必要情况下不要打断受访者的叙述；

④主问人不能提出诱导性问题，也不能发表自己的看法；

⑤控制访谈时长，一次访谈不宜超过两个小时；

⑥访谈结束时，负责的咨询师应做总结，避免理解误差；

⑦访谈结束时与受访者确定需要补充的书面资料，并明确给付时间；

⑧向访谈对象表示感谢，并留下联系方式。

（7）整理访谈记录。访谈工作结束后，咨询师要及时整理访谈记录，形成书面总结。总结记录的基本框架大致包括四个方面的内容（见图4-6）。整理访谈记录时，还要注意检查与审核，而这包括如下三个方面的工作。

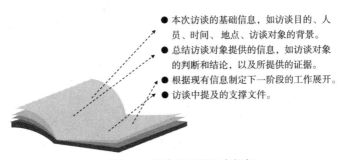

- 本次访谈的基础信息，如访谈目的、人员、时间、地点、访谈对象的背景。
- 总结访谈对象提供的信息，如访谈对象的判断和结论，以及所提供的证据。
- 根据现有信息制定下一阶段的工作展开。
- 访谈中提及的支撑文件。

图4-6 访谈记录的基本框架

①查漏补缺——是否有遗漏的重要问题，或者遗漏访谈对象；

②相互印证——对不同访谈对象提供的信息进行相互对比印证，所有矛盾之处都需要进一步收集资料；

③完善提纲——对提问技巧、记录方式进行总结，提高咨询工作能力。

2. 资料审阅

咨询机构项目小组会给企业方发送需要准备的资料清单，下面以资料清单中列示的资料所反映的企业情况进行分类。

第一类是反映企业基本情况的资料，如工商档案。

第二类是反映企业治理、管理情况的资料，如管理制度、业务流程汇编、股东会／董事会／总经理办公会会议记录及决议，公章使用登记簿，人力资源报告等。

第三类是反映企业业务经营的资料，如人力资源情况、最近的经济合同、各类政府补贴／奖励／处罚等。

第四类是反映企业激励系统状况的资料，如企业目标规划、组织架构图、岗位权责书、绩效考核表、薪酬标准及福利制度、股权激励机制、其他临时性激励机制等。

接下来，对上述四类资料的审阅分别进行介绍。

第一类：企业基本情况资料

审阅此类资料的目的是了解企业的发展历史、主要业务范围、股权结构的历史及现状等，有助于咨询师建立起对企业的整体认识。尽管激励咨询项目有咨询合同明确约定的服务内容，并不一定会涉及股权变更、经营范围调整等事项，但企业的整体状况一定会对企业的业务活动、人员管理产生影响。

中小企业因为不太重视档案管理，企业自己保留的工商档案并不完整，甚至会出现同一份文件多个版本相互矛盾的情况，此时就需要去工商行政管理部门打印工商内档。

工商内档是最权威、最有效的法律文件，反映了企业法律上的股权结构状况。但是，中小企业的例外情况非常多，股权代持、虚假出资等屡见不鲜，有的甚至都没有签订股权代持协议等书面文件。要想搞清楚真实情况，除了查阅工商档案外，还要结合对企业创始人或实际领导者以及所有股东的访谈记录，多方印证，综合分析，查证核实。

咨询师审阅企业工商资料之后，要形成审阅记录。其中，简要描述企业历次股权变更情况、各股东实际出资情况；重点描述现有的、实际的股权架构情况。再结合企业发展战略规划、税务筹划、员工激励等多方面目的，初步判断有无调整股权架构的必要。

第二类：反映企业治理、管理情况的资料

笔者从多年咨询工作总结得出，中小企业基本不存在企业治理的概念。股东会、董事会、监事会的名单以及所谓的会议决议，都是为了能在办理工商登记手续时过关，按照固定格式模板编造出来的，与企业的实际权力运行状况毫无关系。正因为缺乏企业治理的理念与操作技能，大多数中小企业还是以"家庭档"的经营模式为主。

企业管理方面的资料，能够反映出企业的定位、愿景、使命、价值观和企业文化，还有发展战略、组织结构、部门职能、管理制度、业务流程等。在企业管理现状调研过程中，"看到的"往往比"听到的"更为真实，因为资料是过往一系列经营的累积，审阅资料更容易发现问题。比如激励咨询师比较关注各类单据是否连续编号，因为连续编号是保证业务能够被不重复不遗漏记录下来的重要技术保证，但很多企业的管理人员、一线员工并不知道编号有什么用，也就不会关心是不是连续编号了。再比如在仓库管理工作中，必须及时、准确填写物料流转卡才能动态地反映库存情况，但在实际工作中，仓库主管可能根本不知道物料流转卡是什么，或者仓库管理员并不理解为什么要填写物料流转卡，所以要么没有填写，要么随便填写，因此及时性、正确性都无法保证。

咨询师在收集、审阅企业业务留痕的书面资料时，需要做好书面记录，如果是重要的发现，还需要复印原始文件或者对工作现场拍照，这些将是在项目调研报告中证明问题存在的依据。

因为中小企业在管理制度和业务流程建设方面做得比较差，极大可能出现收集不到某方面书面资料的情况。咨询师要做的绝不是放任不管，而是做好记录和总结，努力通过其他形式和其他途径了解企业真实的业务进行状况，哪些管理制度是企业必须要有但实际却没有的，哪些岗位是业务运行中必须存在但实际也没有的，在设计方案时都要考虑进去。

第三类：反映企业业务经营的资料

经济合同与激励咨询实施工作息息相关，但中小企业普遍存在合同不完善的状况，谈判、签订合同比较随意，没有做适当的权限分离，这也是中小企业老板不得不任用亲属担任关键岗位的原因。此外，因为签订人员并不具备必需的法律常识，导致很多合同因触发法律法规的硬性规则而成为无效合同。还有一种情况是，一些交易甚至没有合同，仅仅凭着私底下口头协定就执行完成了。

中小企业的信息沟通也存在很多问题，合同签订之后就被锁在文件柜里，既没有形成合同台账，也没有与有关的部门、人员信息共享，合同的执行监控、事后评价都无从谈起。

咨询师在审阅企业的人力资源资料时，要注意现有管理人员、关键岗位人员的学历层次、知识结构、工作经验等信息，判断他们的学习能力、理解能力、判断能力，便于后期在制订培训计划时更有针对性。

第四类：反映企业激励系统状况的资料

在中小企业激励咨询的过程中，我们经常发现很多企业的制度比较零散，制度的变化性非常强，企业现行的制度很难有统一的归档，往往一个部门执行的薪酬标准会出现在多个文档中，还有很多附加或者补充文件，甚至还有部门负责人与企业老板的对话截图也作为一项制度在执行。

在笔者过往的咨询经历中，也经常发现有的企业制度很多，例如员工手册写得有近百页，其实真正企业的执行情况与制度约定是两张皮；有些企业考虑到员工待遇的隐私性，大多数激励机制保存在少数人的手里，前期企业项目对接人提供的资料里不一定完整；有些企业也存在制度经老板签字后正式颁布了，后来可能在执行过程中存在一些问题，便有了临时更改的新机制或者老板口头宣布的新机制。这些现象都会让激励咨询师在调研的过程中不能全面、及时地掌握公司的情况。正是因为这种个性化或者机制不科学，才是中小企业一定要做激励咨询的原因所在。

3．现场观察

在初步调研中，限于时间和调研目的，咨询师对企业各类经营活动现场的观察往往是走马观花，看到的情况多停留在表象。到了项目调研阶段，需要咨询师对企业各类经营活动现场进行深入观察、分析和研究。

现场观察也称为"透明鱼缸工作法"，顾名思义咨询师要像观察透明鱼缸里面的鱼一样，完全以旁观者的身份去观察企业人员是如何执行业务流程的。反过来也是一样，咨询师要把自己当成"透明人"，让企业人员觉察不到有人在观察他们，以获取到更客观的信息。

在现场调查中，咨询师与被调查对象是有互动的，而且可以分为如下四种互动方式。

①"穿行测试"——咨询师要求被调查对象重新执行某一业务流程；

②实地测量——咨询师现场测试被调查对象完成某一动作所需的时间、消耗的物料等；

③先查后问——咨询师查阅被调查对象在工作现场完成的文件资料，再在工作现场向被调查对象提出问题，如查看仓库管理员正在登记的台账，后根据台账数据提问；

④沟通谈心——咨询师与被调查对象现场交流，因为可以结合工作场景，咨询师能了解到更为细致、真实的工作内容。

咨询师执行现场观察程序的目的是了解企业的经营活动，例如：观察营销团队的工作开展方式是通过电话营销，就得顺藤摸瓜，进一步了解。针对的客户画像是什么？客户资源从哪里来？打电话的话术是统一标准还是个性化的？每天拨出多少通电话？有多少个意向客户？主要通过电话销售什么产品？成交率有多少？客单价有多少？如何下订单？承诺的交期是多长时间？一般客户对公司的产品销售都会提出哪些抗拒？……这些对激励咨询师将来设计业务员的岗位权责书、绩效考核表、薪酬结构表都会有非常大的帮助。

此外，对企业管理活动的观察也非常重要。通过现场观察企业的管理活动，可以直观感受企业的管理水平，发现企业管理中存在的问题。

其实，通过现场观察能得到什么样的信息，与被观察者无关，而是与观察者有关。比如，红灯亮了，正常的成年人会停下来，不懂交通规则的儿童不会停下来。有时，现场呈现的信息是一样的，但对信息的反应却不同。咨询师的经验、知识结构决定其在观察现场能够收集到怎样的信息和对信息有怎样的反应。

需要注意的是，调查时被调查者的做法可能恰好与其平时并不一样。因此，为了得到更全面的信息，咨询师需要增加观察次数。

现场获取的数据会成为制定决策的依据，因此必须提高数据质量。数据质量取决于两个方面：①抽样方法的运用——需要使用统计学上的抽样技术；②测量手段的选择——需要在产出和投入之间平衡。

4. 问卷调查

咨询师可以用问卷调查的形式收集员工对某项服务及管理制度的感受，或是对企业文化、经营目标的评价等。咨询师把需要了解的问题设计成单个的容易回答的选择题或判断题，请被调查对象以书面形式做出回答，然后咨询师对答案进行统计、分析，从中收集信息。

问卷调查需分层级（高层、中层、基层）、分部门（财务、销售、生产等），甚至分岗位（核心、一般）分别展开，通过这样的方式得到的问卷信息才能更有针对性。下面针对不同类型的调研对象进行调研问卷的展示。

企业老板是一企之主，对公司的整体状况比较熟悉，所以企业基本情况表（见表4-10）必须由老板亲自完成。

表4-10　企业基本情况表

企业基本情况表		
请您认真如实填写如下内容，以便我们收集到准确信息，对贵公司进行辅导，谢谢您的支持，愿我们共同成长！ 请用正楷字填写。 填写时请尽量理性真实地反映数据。 请认真提供尽量多的信息，以便对企业情况更精准地分析。 我们承诺为您完全保密。 特殊问题在表格下方会有该栏目填写的说明。 企业网站：		
企业全名		
企业法定代表人	成立的时间	
企业性质	□独资　□合资　□民营　□国企　□股份	

企业规模及优势	行业地位 □行业领先地位　　　□行业中等地位 □行业追随者地位　　□初进入行业 无形资产 □优秀的品牌形象　□良好的商业信用 　□积极向上的企业文化 □完善的内部管理　□企业资源及背景 □具吸引力的薪酬福利政策 其他：＿＿＿＿＿＿＿＿＿＿
	有形资产 □先进的生产流水线　□现代化车间和设备　□充足的资金 □拥有丰富的自然资源储存　□企业的规模/资质等硬件条件 □完备的资料信息　□母公司或集团公司的支持 其他：＿＿＿＿＿＿＿＿
企业注册资本	现注册资本金： 注册资本是否曾出现增资：　　　□有　□无 增资情况说明：＿＿＿＿＿＿＿＿＿＿＿＿＿＿ ＿＿＿＿＿＿＿＿＿＿＿＿＿＿＿＿＿＿＿
企业股东结构及在企业内任职情况	股东人数：＿＿＿＿＿人 最大股东股权占比：＿＿＿＿％ 在企业内任职情况：
企业财务状况	是否有银行贷款　　　　　　□有　　　□无 　　　　　　　　　　　　　占企业总资产比例是＿＿＿＿％
	流动资产周转率（次） =主营业务收入/[（期初资产总额+期末资产总额）/2]
	应收账款周转率（次） =销售收入/[（期初应收账款+期末应收账款）/2]
	毛利润率 =（销售收入–销售成本）/销售收入 ×100%
	库存周转率 =该期间的出库总金额/该期间的平均库存金额×100%
企业人员情况	

续表

总人数	管理人员	营销人员	生产人员	研发人员	技术人员	其他人员

员工年龄分布					
20岁以下	20～25岁	26～30岁	31～35岁	36～40岁	40岁以上
公司管理层是否有亲人在公司任职	□有 任职情况：□管理岗 □普通员工岗 □无			员工流失率（上年度流失率）	

目前企业阶段	□资本积累阶段　　□战略调整阶段 □成熟和维持阶段　　□业务重新定位阶段　　□其他
企业销售额	202×年
	202×年
	202×年
	202×年至今销售总额
企业的产品及商业模式	公司的产品简介（请罗列出产品系列及详细介绍）
	产品消费者群体定位
	公司营销的各种方式

公司的产品简介（请罗列出产品系列及详细介绍）

产品：
_____
_____
_____
企业提供的产品与竞争对手的主要差别体现在哪些方面？
_____
_____

产品消费者群体定位

□个人消费者　□代理商　□企业
□批发商
具体细化是哪些？
_____
_____

公司营销的各种方式

国内销售
□主动营销　　□自然营销
□渠道销售　　□会议营销
□专家式营销　□资源关系式营销
□互联网营销

企业的产品及商业模式	公司营销的各种方式	国际销售 □对等贸易　□展会销售 □加工贸易 □补偿贸易　□技术贸易 □第三方平台销售
	对销售的技术要求	□技术性销售　□无技术性销售 □一般技术性销售 □其他＿＿＿＿＿＿＿＿
	企业收入资金回笼的方式	□现结现付　□欠款式营销　□先款后货 其他方式＿＿＿＿＿＿＿＿ ＿＿＿＿＿＿＿＿＿＿＿＿
	企业现在稳定的合作关系	□第三方广告公司　□第三方服务公司　□长期合作的供应商　□长期合作的经销商　□行业战略同盟 其他方式＿＿＿＿＿＿＿＿ ＿＿＿＿＿＿＿＿＿＿＿＿
	企业近3年内费用成本的主要投入方面	A.固定资产投资（如扩大厂房、增加设备） B.产品研发投资（增加产品更新速度） C.市场推广投入（含广告投入） D.人才储备/培养投入（包括培训费用、扩大编制所带来的人员成本） E.跨行业投资投入（如房地产投资、进入全新的行业，进行多元化战略） （请选择成本投入中占比最大的前三个并排序） 其他投入＿＿＿＿＿＿＿＿ ＿＿＿＿＿＿＿＿＿＿＿＿

企业的经营模式	产业链中的位置： □销售型　□代理型　□生产（代工）型　□设计型　□销售+设计型 □生产+销售型　□设计+生产型　□设计+生产+销售　□服务型
	企业的业务范围： □单一化经营模式　□多元化经营模式
	企业实现价值的方式： □成本领先模式　□差别化模式　□集中客户目标模式
企业的实际经营业务范围	
请描述企业目前的业务流程（写出为完成企业商业活动，由不同的人分别或共同完成的一系列活动）	

注：

1.管理人员指部门负责人及部门负责人级别以上的人员，即中高层管理人员；营销人员指一线的销售人员、销售部门辅助人员（包含销售内勤等）。

2.员工上年度流失率=上年度流失的员工人数/上年度平均的员工人数×100%

其中，上年度平均员工人数=（年初员工人数+年末员工人数）/2

3.营销模式中主动营销指以销售人员主动开拓客户、寻找客户为主，自然营销指以等客户上门为主的自然销售模式；无技术性销售、技术性销售指业务人员销售时是否需要专业的产品技术。

4.几类企业不须填写"应收账款周转率"：第一，季节性经营的企业；第二，大量使用分期收款的结算方式；第三，大量使用现金结算的销售；第四，年末大量销售或年末销售大幅度下降

作为公司最高决策者，对整个公司未来的发展规划（见表4-11），需要有清晰的表达，以便激励咨询师及时掌握公司的发展规划，精准地设计激励方案，以保障公司战略目标的达成。

表4-11 企业发展规划调查表

企业发展规划调查表
备注：请公司决策者填写，只要求填写一份。
表一：企业详细发展史
企业成立及企业发展的过程
（包含内容：主要体现企业在发展脉络、发展过程中在行业的品牌形象、资质认证、里程碑事件、社会资源优势、产品或服务优势、渠道优势、团队优势等）
企业过往是否有过重大变革，如有，请详细说明
表二：企业今年详细目标
（包含销售额目标、成本目标、成本控制目标、利润目标、市场占有率目标、品牌形象塑造目标、生产产值目标、管理体系及制度完善目标、人才规划及储备目标、技术研发目标等）
表三：企业3～5年内的发展规划是
（包含企业品牌战略、企业经营战略、企业市场战略、企业管理战略、人才战略等）

任何一家公司的成功都有其做得对的关键要素，找出企业关键成功因子（见表4-12），并且放大优势，补齐短板，才是一家企业快速发展的必由之路。激励咨询师通过此项问卷调查，可以掌握企业运营的关键密码，从而将企业资源最大化地发挥出来。

表4-12 企业关键成功因子测评

企业关键成功因子测评
此测评非常重要，需要对公司有相当了解的人来参加打分。
此测评，需要至少三个人（此三人组成员中一人为企业决策人，另两人为企业高层管理者）参加打分，得出三个结果。
此测评为企业组织机构图与企业战略的指导测评。
请回答下面问题（请把得分打到题号的前面）：

1. 消费者在面对很多同样产品的情况下，选择你公司产品的概率有多大。

☐ 0：30%　　☐ 1：50%　　☐ 2：70%　　☐ 3：80%

2. 公司的产品是与别人同质化还是技术领先。

☐ 0：追随型产品或服务　　　　　　　☐ 1：与优秀产品或服务平衡

☐ 2：提供专利性产品或服务，并取得成效　☐ 3：采用产品或服务领先策略并实现

3. 公司提供的产品附加值或服务，其他公司根本没有实力或能力追随。

☐ 0：基本没有提供产品附加值或服务　☐ 1：附加值或服务大众化，无差异

☐ 2：优秀产品附加值或服务的提供者　☐ 3：优秀产品附加值或服务的创造

　　　　　　　　　　　　　　　　　　　　　者及引领者

4. 产品消费者的重复消费能力。

☐ 0：本公司多是新客户　　　　　☐ 1：本公司多是老客户

☐ 2：本公司多是固定客户　　　　☐ 3：本公司多是客户推荐客户

5. 现在的营销团队能完成任务的基本情况。

☐ 0：销售团队能完成任务的80%以上　☐ 1：销售团队能完成任务的90%

☐ 2：能完成任务的100%　　　　　　☐ 3：超出想象地完成

6. 公司的销售模式与别的公司销售模式有多大区别。

☐ 0：本公司销售与同行业完全一样　☐ 1：我公司客服有特点

☐ 2：我公司销路有特点　　　　　　☐ 3：完全改变了传统销售

7. 202X年销量达成与目标任务比较情况。

☐ 0：70%以上　　☐ 1：80%　　☐ 2：90%　　☐ 3：100%

8. 去年的销售增幅百分比。

☐ 0：20%　　☐ 1：40%　　☐ 2：60%　　☐ 3：70%

9. 公司决策方式是什么。

☐ 0：个人做决策　　　　　☐ 1：少数人感觉型做决策

☐ 2：工具型分析决策　　　☐ 3：战略分析，调查信息化科学决策

10. 建立ERP系统，并运用后产生巨大效果。

☐ 0：没有上企业资源管理系统　☐ 1：已开始上，但刚开始实施

☐ 2：已建立两年　　　　　　　☐ 3：已建立三年

11. 人力资源制度完整性：企业人才任免完全按照人力资源制度执行并不低于两年。

☐ 0：个人用人决策为主　　　　　　☐ 1：流程化招聘，结构化面试

☐ 2：有人才战略规划报告，结构化面试　☐ 3：招聘人才用人力资源制度完全任免

12. 公司是否有职位说明书。

☐ 0：没有系统的职位说明书　　☐ 1：有职位说明书，但效果不明显

☐ 2：有职位说明书，效果好　　☐ 3：已有职位说明书，效果好，达两年

　　　　　　　　　　　　　　　　　　　以上

13. 员工工资与本市同行业比较情况。

☐ 0：工资与同行业平衡　　　　　☐ 1：高于同行业 110%

☐ 2：高于同行业 120%　　　　　☐ 3：高于同行业 130%

14. 公司员工福利满意度。

☐ 0：福利性一般，福利开支少　　☐ 1：福利占工资开支的 20%

☐ 2：福利占工资开支的 30%　　　☐ 3：员工对福利满意度为 100%

15. 公司的上班基本情况。

☐ 0：本公司需要周六日加班　　　☐ 1：本公司每天工作需要超过八小时，但无须加班

☐ 2：按照节假日作息　　　　　　☐ 3：每周上四天半班每天六小时

16. 管理人员有分红制度与否。

☐ 0：没有分红　　　　　　　　　☐ 1：有，分红不低于 10%

☐ 2：有，分红不低于 15%　　　　☐ 3：有，分红不低于 21%

17. 公司的产品品牌影响力。

☐ 0：品牌力弱，尚未形成强大知名度　☐ 1：在行业有一定知名度

☐ 2：在商界有一定知名度　　　　☐ 3：商界第一，行业首选

18. 核心产品知名度。

☐ 0：产品与品牌知名度低　　　　☐ 1：产品知名度一般

☐ 2：产品在行业非常知名　　　　☐ 3：产品商标就是行业代名词

19. 公司的品牌的价值。

☐ 0：5000 万元以下　☐ 1：1 亿元以下　☐ 2：1.5 亿元以下　☐ 3：2 亿元或以上

20. 品牌对利润的帮助有多大。

☐ 0：对利润还未有大帮助　　　　☐ 1：帮助利润提升 10% 以上

☐ 2：帮助利润提升 20%　　　　　☐ 3：帮助提升利润 20% 以上

21. 公司现在现金与注册资本数比例是多少。

账户现金为注册资本的：

☐ 0：100% 以内　　☐ 1：达到 100%　　☐ 2：200%　　☐ 3：300%

22. 正常开支情况下，如果没有回款，公司能正常运营多长时间。

☐ 0：从此时起没有回款，能经营 3 个月　☐ 1：6 个月

☐ 2：9 个月　　　　　　　　　　☐ 3：12 个月

23. 公司发货就回款，没有欠款的情况，回款率为多大。

☐ 0：发货回款率为 70%　☐ 1：80%　☐ 2：90%　☐ 3：100%

24. 投资回报额：已全部收回投资，公司进行良性运作。

☐ 0：刚投资，回收额占 50% 以内　☐ 1：回收额占 80% 以内

☐ 2：已回收　　　　　　　　　　☐ 3：数倍于回收，良性运作

25. 员工年流失率为多大。

□0：员工流失率 15% 以上 □1：员工流失率 12% □2：8% □3：8% 以下

26. 员工与高管销售比。（此比例为员工的销售额）

□0：员工销售利润占 60%，总经理及高管占 40% □1：70%

□2：80% □3：100%

27. 员工的主动性情况。

□0：员工积极性已成问题 □1：员工属于安排工作再完成，主动性差

□2：员工主动完成工作，例外情况征求意见 □3：完成工作，汇报结果

28. 员工发展能力：员工培养可能性强，潜力大。

□0：员工无学习主动性 □1：员工有学习意识，并自费学习

□2：员工成长力强 □3：公司员工适应战略的发展，进步性强

29. 公司是否有书面有效的愿景。

□0：公司并无文字性愿景 □1：公司文化推动力效果明显

□2：公司文化已是员工工作成长的核心动力 □3：公司文化先进，促进公司战略性发展

30. 公司员工品格表现情况。

□0：有部分报假账现象 □1：以前有部分，现在杜绝了

□2：公司财务监管较严格 □3：从未出现假账、回扣等现象

31. 员工的积极性情况。

□0：员工为工资而干活 □1：公司主动性强

□2：狼性作用明显 □3：超出目标期望值

32. 企业文化标准化系统。

□0：企业没有 CIS 系统 □1：企业有 CIS 系统，但效果一般

□2：企业有 CIS 系统，与企业一致 □3：得到社会高度认同

类型	编号	分数	项目	编号	分数	项目
各分数相加	1～4		（一）	17～20		（五）
	5～8		（二）	21～24		（六）
	9～12		（三）	25～28		（七）
	13～16		（四）	29～32		（八）
合计						

企业激励系统运行得是否顺畅，团队对整个激励系统模块是否了解，是

激励咨询师衡量未来激励咨询工作量与方案设计的重要依据，所以设计企业激励系统调查表（见表4-13）旨在对公司的管理成熟度进行摸底，对整个激励系统的完整诠释进行调研，对企业人员管理现状进行全方面了解。

表4-13　企业激励系统调查表

企业激励系统调查表

填表注意事项：
1. 本表由企业最高领导者及各部门负责人填写。
2. 请认真、完整填写所有内容，这将决定着本次激励系统咨询的收获。
3. 本表需要大量的电子版附件资料，与本表一起视为统一的调查表。

一、企业文化

企业定位、愿景、使命、价值观

①是否有企业定位、愿景、使命、价值观?　　是□　　否□

②如果有，实施现状是：一年以上□　　刚启动□　　筹备中□　　无□

③如果有，则

企业定位是：_____

企业愿景是：_____

企业使命是：_____

企业价值观是：_____

二、企业目标规划

1. 是否有牵引公司发展的企业目标规划?　　是□　　否□

2. 利润最大化

①企业销售额三级目标是：

保底目标：_____万元；平衡目标：_____万元；冲刺目标：_____万元

②企业当前市场布局是：

一级市场：_____

二级市场：_____

三级市场：_____

③企业当前的成本构成是：

_____

_____

3. 管理成熟度

①企业的客户定位是：低端客户□　中端客户□　高端客户□

②企业的人才布局是否完备？　CEO□　CMO□　CTO□　CFO□　CHO□
COO□

③企业目前都建立了哪些系统？

战略系统□　产品系统□　营销系统□　供应链系统□

激励系统□　财务系统□　品牌系统□　文化系统□

请列出目前企业目标规划的工作难题与改进希望：

_____

_____

注：以上内容，如有，请务必以附件形式一并发送。

三、组织架构布局

1. 是否有现阶段组织架构图？　是□　否□

2. 现阶段组织架构合理度（可多选）：

①架构合理，各项业务流程简洁、清晰，部门间责、权、利划分明确，各项任务在规定时间内有条不紊地运行。　是□　否□

②常规性工作执行较顺畅，出现的新业务、新产品的内部流程上有不顺畅现象发生，可能需要调整组织架构图以进一步实现新功能。　是□　否□

③内部工作流程较复杂，时常有工作衔接不足、扯皮现象发生。　有□　无□

3. 是否有五年规划组织架构图？　是□　否□

请列出目前组织架构布局的工作难题与改进希望：

_____

_____

注：以上内容，如有，请务必以附件形式一并发送。

四、岗位权责书（职位说明书/部门职责说明）

1. 是否有岗位权责书？　是□　否□

2. 在贵企业中，是否由于各部门职责不清发生工作协调不畅的现象？

经常发生□　发生较多□　一般□　发生较少□　几乎不发生□

请列出目前岗位权责方面的难题与改进希望：

_____

_____

注：以上内容，如有，请务必以附件形式一并发送。

五、目标绩效考核

1. 是否有绩效管理制度与考核表格？　　是□　否□

2. 如果有，采取的是何种考核方式？

_____

_____

3. 考核实施频率为？　　一月一次□　一季度一次□　一年一次□

4. 企业的奖惩机制是否与业绩考核体系相匹配？

根本没有□　部分奖惩与业绩考核挂钩□　能有效结合□

请列出目前目标绩效考核的工作难题与改进希望：

_____

_____

注：以上内容，如有，请务必以附件形式一并发送。

六、股权激励设计

1. 是否设计过基于内部激励的股权管理分红？　　是□　否□

2. 是否设计过基于外部融资的股权架构模型？　　是□　否□

3. 是否有过融资行为？　　是□　否□

4. 是否设计过合伙人机制？　　是□　否□

5. 是否把核心干部吸引为公司股东，做过内部股改？　　是□　否□

请列出目前股权激励设计的工作难题与改进希望：

_____

_____

注：以上内容，如有，请务必以附件形式一并发送。

七、薪酬激励设计

1. 是否有薪酬方案？　　是□　否□

2. 工资标准的制定依据是否建立在岗位价值评估之上？　　是□　否□

3. 工资构成包括（如果所有岗位工资构成一样，则写一条）：

例如：岗位类别：_____　　工资构成：_____

①岗位类别：_____　　工资构成：_____

②岗位类别：_____　　工资构成：_____

③岗位类别：_____　　工资构成：_____

④岗位类别：＿＿＿＿＿＿＿　　　　工资构成：＿＿＿＿＿＿＿＿

⑤岗位类别：＿＿＿＿＿＿＿　　　　工资构成：＿＿＿＿＿＿＿＿

⑥岗位类别：＿＿＿＿＿＿＿　　　　工资构成：＿＿＿＿＿＿＿＿

⑦岗位类别：＿＿＿＿＿＿＿　　　　工资构成：＿＿＿＿＿＿＿＿

请列出目前薪酬激励设计的工作难题与改进希望：

＿＿＿＿＿＿＿＿＿＿＿＿＿＿＿＿＿＿＿＿＿＿＿＿＿＿＿＿＿＿＿

＿＿＿＿＿＿＿＿＿＿＿＿＿＿＿＿＿＿＿＿＿＿＿＿＿＿＿＿＿＿＿

注：以上内容，如有，请务必以附件形式一并发送。

八、职业生涯规划

1. 是否有员工生涯规划图？　　是□　否

2. 是否有晋升（降级）标准？　　是□　否□

3. 晋升（降级）与绩效考核是否挂钩？　　是□　否□

请列出目前职业生涯规划的工作难题与改进希望：

＿＿＿＿＿＿＿＿＿＿＿＿＿＿＿＿＿＿＿＿＿＿＿＿＿＿＿＿＿＿＿

＿＿＿＿＿＿＿＿＿＿＿＿＿＿＿＿＿＿＿＿＿＿＿＿＿＿＿＿＿＿＿

注：以上内容，如有，请务必以附件形式一并发送。

九、招聘系统

1. 是否有招聘计划、标准及流程？　　是□　否□

2. 常采用的招聘方式是什么（可多选）？

内部推荐□　行业推荐（如论坛等）□　招聘会□

网络招聘□　人才猎头□　校园招聘□

3. 临时性招聘发生频率如何？　　频繁□　偶尔□

请列出目前招聘系统方面的难题与改进希望：

＿＿＿＿＿＿＿＿＿＿＿＿＿＿＿＿＿＿＿＿＿＿＿＿＿＿＿＿＿＿＿

＿＿＿＿＿＿＿＿＿＿＿＿＿＿＿＿＿＿＿＿＿＿＿＿＿＿＿＿＿＿＿

注：以上内容，如有，请务必以附件形式一并发送。

十、培训系统

1. 企业是否有培训计划、培训方案、培训制度等？　　是□　否□

2. 请说明目前都开展了哪些类型的培训。

培训类别	频率	方式

3. 培训后是否有技能达标考核？　　是□　　否□

4. 培训效果转换是否满意？　　是□　　否□

请列出目前培训系统工作难题与改进希望：

_____

_____

注：以上内容，如有，请务必以附件形式一并发送。

十一、补充调查

1. 企业之前是否做过管理咨询？　　是□　　否□

请说明以往开展的管理咨询主要针对哪些方面，设计了哪些方案，实施情况如何。（可以以附件形式提供）

_____

_____

2. 企业之前是否请过专家顾问？　　是□　　否□

请说明以往所请专家顾问主要针对哪些领域，实际过程和结果如何。

_____

请选出目前企业亟待解决的模块。

企业文化建设□　　企业目标规划□　　组织架构布局□　　岗位权责梳理□

目标绩效考核□　　薪酬激励设计□　　股权激励设计□　　阿米巴经营模式□

职业生涯规划□　　人才招聘系统□　　人才培训系统□　　财务系统建设□

判定一个组织发展得是否健康，需要对组织进行多维度调查。有些公司自认为各方面做得很好，但是存在员工的积极性依然不高、公司的效率低下、浪费较大、员工流失率高等现象，这就要求激励咨询师对一个组织进行全方位的调研（见表4-14），摸清员工的核心需求是什么，从而便于激励方案的设计。

表4-14　组织健康与满意度调查表

组织健康与满意度调查表

说明:
1. 此问卷调查对象包括:(1)企业部门负责人及以上级别人员;(2)核心岗位人员;(3)普通员工按10%～20%的比例抽取一部分填写;
2. 问卷总体发放数量不少于20份,不多于50份

		A	B	C	D	E	
1	我很明确企业的使命与价值观	非常同意	同意	不确定	不同意	很不同意	
2	公司为了完成既定的使命与价值,制定了明确的策略与政策	非常同意	同意	不确定	不同意	很不同意	
3	我觉得公司有鲜明的企业文化	非常同意	同意	不确定	不同意	很不同意	
4	我认为公司对文化建设很重视	非常同意	同意	不确定	不同意	很不同意	
5	能成为企业的职工,我非常自豪	非常同意	同意	不确定	不同意	很不同意	
6	我非常愿意为企业终身服务	非常同意	同意	不确定	不同意	很不同意	
7	为了完成公司目标,我很明确自己的责任	非常同意	同意	不确定	不同意	很不同意	
8	我认为公司目前业绩良好的原因(可多选)	A 母公司的支持及公司规模	B 先进的管理	C 客户资源	D 技术产品质量	E 人员素质	其他:_____

续表

序号	题目	A	B	C	D	E	其他：
9	我认为公司目前最主要的优势	母公司的支持	管理	客户	产品、技术	人员	___
10	我认为公司如果要保持竞争中的优势最需要发展的方面	公司策略	管理	客户资源	技术	人员	___
11	当竞争优势机会出现时，我们会迅速行动，抓住机会	非常同意	同意	不确定	不同意	很不同意	
12	企业所有员工目标一致，共同取胜的愿望很强	非常同意	同意	不确定	不同意	很不同意	
13	我们公司的工作效率及生产力都很高	非常同意	同意	不确定	不同意	很不同意	
14	在我们公司低劣的工作效率将受到严厉的惩罚	非常同意	同意	不确定	不同意	很不同意	
15	我认为公司在未来三年里，仍能在销售额和利润增长方面有一个质的飞跃	非常同意	同意	不确定	不同意	很不同意	
16	相对同行业，我们公司的设备很先进	非常同意	同意	不确定	不同意	很不同意	
17	相对同行业，我们公司员工的素质很高，包括经验、学识、品格、职业道德等方面	非常同意	同意	不确定	不同意	很不同意	

续表

		A		B		C		D		E	
18	我认为公司的员工综合能力在全行业中是最高的	A	非常同意	B	同意	C	不确定	D	不同意	E	很不同意
19	我认为公司目前的招聘流程合理	A	非常同意	B	同意	C	不确定	D	不同意	E	很不同意
20	我认为公司的招聘非常公正	A	非常同意	B	同意	C	不确定	D	不同意	E	很不同意
21	我觉得公司新进员工的稳定性比较强	A	非常同意	B	同意	C	不确定	D	不同意	E	很不同意
22	我认为新进员工的整体素质较高	A	非常同意	B	同意	C	不确定	D	不同意	E	很不同意
23	我认为公司为员工提供了发展空间	A	非常同意	B	同意	C	不确定	D	不同意	E	很不同意
24	我认为公司目前的内部调动制度合理	A	非常同意	B	同意	C	不确定	D	不同意	E	很不同意
25	我认为公司目前的晋升制度合理	A	非常同意	B	同意	C	不确定	D	不同意	E	很不同意
26	如果我努力工作，会有晋升的机会	A	非常同意	B	同意	C	不确定	D	不同意	E	很不同意
27	我认为公司目前的工作时间安排及加班制度很合理	A	非常同意	B	同意	C	不确定	D	不同意	E	很不同意
28	我认为我的工资收入很合理	A	非常同意	B	同意	C	不确定	D	不同意	E	很不同意
29	加薪与我的工作表现直接相关	A	非常同意	B	同意	C	不确定	D	不同意	E	很不同意
30	我对公司奖金的计算与给付很满意	A	非常同意	B	同意	C	不确定	D	不同意	E	很不同意

续表

		A 非常同意	B 同意	C 不确定	D 不同意	E 很不同意
31	我认为公司的整体薪酬与同行业相比具备竞争力	A	B	C	D	E
32	我认为公司福利制度很完善	A	B	C	D	E
33	在公司，嘉奖很及时也很明确	A	B	C	D	E
34	我认为，公司对违纪的处理很合理	A	B	C	D	E
35	我认为，公司的奖惩之间有很好的对应性	A	B	C	D	E
36	我很清楚公司对我工作的考核目标和考核要求	A	B	C	D	E
37	我很赞成公司目前的考核频率	A	B	C	D	E
38	我很认可公司对员工绩效考核的结果	A	B	C	D	E
39	我认为绩效考核对员工起到了正面的激励作用	A	B	C	D	E
40	我在公司接受了所有我认为必要的培训	A	B	C	D	E
41	公司实施的培训针对性很强	A	B	C	D	E
42	公司实施的培训效果很好	A	B	C	D	E
43	我越是努力工作，我所能得到的培训机会就越多	A	B	C	D	E

续表

		A	非常同意	B	同意	C	不确定	D	不同意	E	很不同意
44	培训对我的实际工作能力确实有很大帮助	A	非常同意	B	同意	C	不确定	D	不同意	E	很不同意
45	我觉得公司的职位体系设计严谨、科学	A	非常同意	B	同意	C	不确定	D	不同意	E	很不同意
46	我很明确自己的工作职责与目标	A	非常同意	B	同意	C	不确定	D	不同意	E	很不同意
47	我实际的工作与我的岗位说明书是一致的	A	非常同意	B	同意	C	不确定	D	不同意	E	很不同意
48	在实际职责范围的工作，我都有权力负责	A	非常同意	B	同意	C	不确定	D	不同意	E	很不同意
49	我觉得公司组织架构的设置很合理	A	非常同意	B	同意	C	不确定	D	不同意	E	很不同意
50	我觉得公司主要业务流程很合理	A	非常同意	B	同意	C	不确定	D	不同意	E	很不同意

在企业管理的过程中，管理者想了解员工对公司的满意度，但是不知道从哪些维度以及如何设计问卷，长贝咨询作为一家成熟的咨询机构，多年的咨询经验积累了大量的调研问卷。其中《员工满意度调查表》（见表4-15）是公司与员工之间交流的平台，在这里员工可以站在独立客观的视角上，回顾在公司工作生活的点滴，为公司的发展提出建议与措施，给咨询师中肯的意见或建议；而咨询师也能从中可以了解到各部门、岗位上员工的工作状况、学习内容、生活感受，以及在各方面的需求。

表4-15 员工满意度调查表

员工满意度调查问卷

问卷说明：

1.本次调查的目的旨在通过员工对公司各方面进行评价，诊断公司存在的潜在问题、分析现存主要问题的原因及确定解决措施、评估公司组织架构变化和公司各项经营管理制度对员工的影响，进而为制定并落实有效的改进措施提供信息，以期增加员工对公司的认同感、归属感，不断增强公司的向心力、凝聚力。

2.本次调查实行记名方式，请员工畅所欲言，如实地反映自己对各项问题的观点。

3.本次调查涉及五大方面，共包括50道选择题以及两道开放式问答题。采用五点计分法对题目进行计分，5分为最高分，1分为最低分。请在分数下面的方框中标记"√"即可，每个题目只能选1个分数。具体说明如下：

非常同意或者满意	比较同意或者满意	一般同意或者满意	比较不同意或不满意	非常不同意或者不满意
5分	4分	3分	2分	1分

一	员工对工作回报的满意度						
序号	题目	分数分布					满意度不高的原因（4分以下请填写）
		5	4	3	2	1	
1	公司的职位晋升制度明确、公平、合理						
2	单位所执行的各项奖惩制度是公平的						
3	公司和所在部门的培训能够满足我工作的需要						
4	工作做得好，我非常有成就感						

续表

5	公司的薪酬福利制度政策公平合理，能够代表广大员工利益，有竞争力						
6	根据我在工作中的付出情况，我得到了合理的奖励和报酬						
7	我对目前公司提供的薪酬表示满意						
8	工作成绩出色时，我能够得到公司的各种褒奖						
9	公司给予的福利保险措施得当						
10	公司提供的假期安排让我满意						
二	员工对工作本身的满意度						
1	工作流程科学合理，使我可以高效地完成工作						
2	我的职位、责任和权力是对应的						
3	我很喜欢我现在的工作						
4	我可以在工作中不断提高自己						
5	分配给我的工作量在工作时间内都能完成，并未给我造成压力						
6	这个岗位让我觉得游刃有余						
7	工作过程中，我不需要做本职工作以外的事情						
8	工作中需要的工具设备和劳保用品能够得到保障						
9	对工作的意见和提议能够有效地得到反馈和落实						
10	我的工作和生活很少产生冲突						
三	员工对工作群体和工作环境的满意度						
1	公司职能部门工作人员的专业水平很高						
2	各部门之间目标明确，合作融洽，职责分明						
3	部门之间沟通方便快捷，信息传递准确及时						
4	同事之间团结一致，凝聚力很高，有较高执行力						

5	我很认可其他同事的工作方式，他们也认可我，合作起来很愉快					
6	工作中遇到困难时，领导和同事会及时给予我支持和帮助					
7	公司安排的业余生活丰富多彩，有益身心健康					
8	我的工作场所温度宜人，光线明亮，干净整洁，让我感到舒适					
9	公司周边的交通设施让我满意					
10	公司食宿情况让我满意					
四	员工对管理关系的满意度					
1	公司决策层和部门管理层和谐一致，积极进取					
2	公司内部沟通和反馈措施方向明确，流程合理					
3	公司人际关系积极向上，透明通畅					
4	部门领导与员工关系融洽愉快					
5	部门领导能够公平地分配工作，并进行公平的考核					
6	上级能发现我在工作上的进步，并能在精神上或物质上给予激励					
7	我的上级在管理方面表现出很强的人格魅力					
8	公司领导和部门领导关心员工，能深入一线，有亲和力					
9	我和领导经常沟通，我们相互了解，他知道我在工作上的一些看法					
10	能理解公司领导和部门领导的管理理念和思路					
五	员工对企业本身的满意度					
1	从公司形象而言有很强的竞争力					
2	我很了解公司的管理体制，并充分地认同					

续表

3	我很了解公司的企业文化，并具有认同感和归属感					
4	公司的决策非常快捷，不会影响工作效率					
5	公司的各项管理制度能够得到有效的落实					
6	公司的制度能够积极促进业务的发展，并达到准确的控制					
7	公司对每位员工都表现出充分的尊重和理解，公平对待每一位员工					
8	公司提供的各项条件，有利于留住人才					
9	我知道公司在未来几年的战略规划					
10	如果有朋友在找工作，我愿意向他推荐我们公司					
六	开放问题					
1	如果您还希望针对这份问卷中以上五大模块中相关话题发表其他见解，请将您的意见写在以下空白处，请说明是针对哪一条					
2	您认为公司目前存在哪些问题？其中最迫切需要解决的三件事情是什么					

俗话说："路遥知马力，日久见人心。"但企业用人不会给太多的时间去试错。在人才合作过程中，企业若识错人则可能给企业带来巨大的损失，例如：将不合适的人放在了重要的岗位上，长时间不出结果导致公司发展受阻。但现代化管理强调使用科学的工具，人才价值需求测评表（见表4-16）就是这样的一个工具，它通过对人才的八大核心需求进行快速捕捉，进而深度分析，将员工放在合适的岗位上，给予精准的培养，令其快速成长为一名优秀的员工。

表4-16　人才价值需求测评表

请把所得的分，填到题号的前面。					
请回答下面问题：完全如此，请打2分；基本符合，请打1分；完全不是，请打0分					
序号	测评内容	打分	序号	测评内容	打分
1	我满脑子想的都是创业，并有所行动		33	我与别人谈话是为了影响或控制别人	

续表

序号	测评内容	打分	序号	测评内容	打分
2	我会理财，让钱能生钱		34	我没有对别人进行过情感性的打分	
3	我比其他朋友或同学的收入相对较高		35	我不会拍马屁	
4	我有独特的项目并形成了行动力		36	我能控制混乱的局面	
5	我对未来的事情分析较准		37	我喜欢人力资源管理胜过研究与技术	
6	我为团队成功可以得罪人		38	我想做管官的官，让下级为此而快乐	
7	我善于交际		39	我喜欢哲学，并了解宗教	
8	我经常做而不是经常说		40	我认为能处理好下级的分配问题，让他们没有怨言	
9	我吃饭很在意营养而且并不多吃		41	我喜欢物理	
10	我一天睡眠平均不少于七小时		42	我有特殊的创意，并尝试有效果	
11	我看待钱很平淡		43	我有专利或专利级的产品或技术	
12	我时常忘记苦恼的事情		44	我学习力强并精通某一方面	
13	我几乎没有仇人，我不恨别人，并不抱怨社会制度		45	我不在意工作对我的回报，而在于兴趣	
14	我每周都运动，不少于两小时		46	我经常思考或工作得不知时间	
15	我可以为了身体停下工作		47	我爱看科普类栏目	
16	我明白不良的习惯对身体的危害		48	我逻辑力强	
17	我认为生命是艳丽的，我可以着装与众不同		49	我认为家是第一位的	
18	我没有手机简直不能生活		50	我工作不是为了钱，而是情感	
19	我知道很多种时尚品牌		51	我不说假话	
20	我经常参加娱乐活动		52	我为了爱人失去了很多	
21	我身上至少有两件饰品，包括美丽的包		53	我认为承诺比生命更重要	
22	我对一件物品动情即买之		54	我会因为情感而放弃工作或生活的城市	
23	我经常没钱，并借钱，一年至少一次		55	我时常想起初恋	
24	我对度假与玩有兴趣		56	我发现爱情对我的激励作用很大	
25	我想有更多的压力，只要事业可以更好		57	我经常原谅别人	
26	我强调付出，从不强调收入		58	我认为我身后有追随者	
27	我认为只要是为公司着想，突破制度也有必要		59	我认为我有品位，而从不说脏话	

续表

序号	测评内容	打分	序号	测评内容	打分
28	我想一生都不停地工作		60	我是一个项目的专家，并培训别人为胜任力者	
29	我常常为公司的发展写出报告或文字		61	我出席各级名流活动	
30	我经常谈我对公司发展的看法		62	我决不拿不属于自己的东西	
31	我没有吃过回扣等公司严防的事情		63	我教他们做好事	
32	我经常做家务或公司事务，在别人并没有要求的前提下		64	我赞同现行的规则，并主动提出见解而不是抱怨	

姓名			职位		
题目	结果	得分	题目	结果	得分
1~8	一		33~40	五	
9~16	二		41~48	六	
17~24	三		49~56	七	
25~32	四		57~64	八	

现实管理中，经常有很多管理者因为意见不合、理念不同、风格不一而产生内耗，殊不知这是因为管理者不了解自己的同事，不了解自己的团队。具体来说就是不了解与自己平时打交道的同事到底是属于什么类型的角色，不知道要用什么样的方式与对方沟通才能达到理想的状态，也不清楚团队之间如何优势互补才能达到完美配合的状态。团队优势搭配表（见表4-17）刚好帮您解答这些问题。

表4-17　团队优势搭配表

请把所得的分数，填到题号的前面。					
请回答下面问题：完全如此，请打2分；基本符合，请打1分；完全不是，请打0分					
序号	测评内容	打分	序号	测评内容	打分
1	我基本都在市场一线		13	公司的产品是我主导研发的	
2	公司大客户是由我直接成交的		14	我对本行业的理论体系与技术体系精通	
3	我喜欢设计本公司的营销模式		15	职业生涯规划中我是从技术专业做起的	

续表

序号	测评内容	打分	序号	测评内容	打分
4	我专注改造公司的特色服务模式		16	我一直在本行业专注于具体的产品设计工作	
5	我是公司直接的利润创造者		17	我喜欢关注行业产品的创新技术	
6	我喜欢与市场一线的客户打交道		18	比起交际，我更喜欢思考产品如何才能制胜	
7	我能制定聘用人才与人才选择的精确标准		19	政府关系的处理是我的长项	
8	我喜欢按流程办事情，我的工作风格是精确化的		20	我能与各种人沟通，并以我为主导	
9	训练别人提升胜任力是我的长项		21	我因为抓住机会的能力强而创造了公司价值	
10	我每年都会对职业经理人做标准化的考核		22	我喜欢投资并从中获得价值	
11	我设计并学习薪酬机制，从而提高了绩效		23	我的协调能力与调动能力较强	
12	我组建过大型的管理团队		24	我善于处理社会人际关系	
姓名			职位		
题目	得分		题目	得分	
1~6			13~18		
7~12			19~24		

　　问卷调查的优点是成本低廉，占用时间短，覆盖人数多。如果是网络问卷调查，因发放、收集的速度更快，其优势效应也将倍增。为了获取更多更深层的信息，建议采用匿名问卷调查，以减轻被调查对象的心理负担。

　　问卷调查的不足之处在于格式固定，咨询师需在设计问卷内容时尽可能考虑周全，才能覆盖被调查对象所有可能的反馈，这对问卷设计人的综合要求非常高。

　　为提高问卷被调查对象回答的意愿度，题目一般采用选择或判断，因此问卷调查适合收集被调查对象的态度和看法，不适合收集事实。

问卷调查存在样本代表性问题。如果填写问卷的被调查对象不是需要调研对象的总体，那么填写问卷的这部分人是否可以代表总体，需要咨询师在设计问卷、发放问卷和统计数据时综合考虑。

虽然大部分常规调研都有可供参考的问卷模板，但为了使问卷更简洁、更有针对性，咨询师在设计问卷时应遵守以下原则：

（1）整个问卷答题时间不能太长，建议在30分钟以内。

（2）题目要具有常规性、代表性和深入性。

（3）题目要便于收集整理和统计数据。

（4）题目应围绕主题，紧扣调研目的，但要具有隐蔽性，不能让被调查对象察觉到出题者的意图。

（5）一个题干下不要有两个或两个以上的问题。

（6）不要有诱导性问题。

（7）问卷结构体系完整，可以通过问卷获得全面的信息。

（8）所提问题要对个人信息的收集降到最低，以免引起被调查对象的反感。

在进行问卷设计时还要注意问卷设计的流程。从确定调研主题到最终定稿，问卷设计分为以下五个步骤。

第一，确定调研主题。调研主题决定问卷内容、调查对象。

第二，了解调查对象。调查对象的知识结构、文化背景、生活环境、工作能力、理解能力等各方面因素影响他们对问题的回答。

第三，设计调研问题。按照调研目的，对需要收集的信息做结构化拆分，细化为一个个具体问题，以保证收集信息的完整性和全面性。还要控制好题目数量和表达方式，尽量不用专业术语。

第四，小范围试问征集选项。仅靠出题者单独设计选项会不够全面，应该多找几个人共同参与，特别是与被调查对象接近的人，采用头脑风暴法征集更多的题目和选项，提高覆盖面。

第五，定稿。确定初稿后，咨询师应先在项目小组内部逐题讨论，查漏补缺，完善问卷。再与企业方就问卷内容进行沟通，最终达成一致。

5. 资料整理与问题总结

咨询师通过人员访谈、资料审阅、现场观察与问卷调查后，需要对所收集的资料进行整理、分析，以便从中发现问题，具体来说有四个步骤。（见图 4-7）。

图4-7　资料整理步骤

第一，为所有资料排建目录。从不同来源、以不同方式获取的资料数量多、形式多。有企业方提供的，也有外部单位提供的，还有咨询师自己记录的；有访谈记录，也有各类报表，还有工商档案。来源不同，其证据力就不同；形式不同，其可信度也不同。在进一步地整理之前，必须将所有资料排列清楚，建立目录，既方便快捷发现问题，又便于未来随时查阅。

第二，在项目小组内部交流所获取的资料，以达到查漏补缺的目的。交流过程需与工作计划相对照，查漏补缺，看看是否还有未进行的调研工作，是否需要补充其他资料。

第三，对获取的资料标记类别标签。比如，根据资料来源分类，分为外部资料、企业方提供资料、咨询师背景调查资料；根据资料性质分类，分为定性资料与定量资料；根据资料是否经过加工分类，分为原始资料与二手资料。给资料分类的目的，同样是为了管理、查询资料更加方便。

第四，从勾稽逻辑上检查所获取的证据是否足以证明企业存在的问题。这一步需要考虑三点：①所获取的证据和所要证明的问题之间，是否存在因果关系；②所获取的证据是否能形成完整的证据链，所谓"孤证不立"，没有形成证据链的证据是没有证明力的；③所发现的问题是否具有普遍性，是否值得企业花费资源去解决。

能否从经过收集、整理之后的资料中发现问题，并抓住问题的本质，是衡量一名咨询师能力高低的重要标准。咨询师认识世界的基本逻辑是"大胆假设、小心求证"，在深度调研阶段，项目小组应根据小组成员各自的经验，以"头脑风暴"的方式，罗列出企业可能存在的问题，并根据"MECE 分析法"（Mutually Exclusive Collectively Exhaustive 的缩写，即"相互独立，完全穷尽"）对罗列出来的、可能存在的问题进行分类、归纳，形成拟调查问题清单。

MECE 分析法是麦肯锡思维过程的一条基本准则，是把一个工作项目分解为若干个更细的工作任务的方法。主要有两条原则：完整性（无遗漏）和独立性（无重复），并组成四个象限。下面将"人"做 MECE 分析分类，以便更好理解该方法（见图 4-8）。

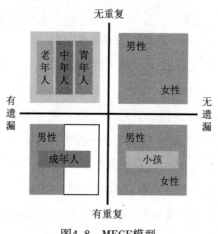

图4-8　MECE模型

收集与整理资料的工作完成后，咨询师的工作重点是将论据与论点之间建立关联，用论据去证明论点。如果能够使用收集的证据，逻辑严密地证明假设的问题是确实存在的，那么项目小组问题诊断的工作就基本告一段落。

优秀的方案都是磨出来的

方案是咨询开始后，对前半段工作的总结，也是对后半段工作的计划。优秀的方案必须满足两个要求和两个原则，分别是：可行性要求和有效性要求；详尽性原则和易懂性原则。

在问题调研阶段，咨询师的思维比较发散，收集的资料也比较多，这样的做法可以帮助咨询师扩展思维边界，将问题考虑得全面。而在形成方案的阶段，则是思维收敛期，要求咨询师将思维集中在重点上，方案设计要紧紧围绕咨询目标，由一点（咨询目标）辐射全面（咨询效果）。因此，在开始设计方案之前，项目小组内部必须再次回顾咨询目标。

在制定方案阶段，项目小组内部集中进行的绝非回顾咨询目标这一项工作，还有对企业问题类型的划分、企业现有人员执行能力的分析、方案中关键环节的推敲。

从未做过咨询、经常不做咨询或不进行正规咨询的企业，通常问题都有很多，但并非所有问题都属于（本次）咨询服务的范围。当项目小组在回顾咨询目标时，需要把所发现的问题与咨询目标建立对应关系，圈定哪些问题是为了实现咨询目标所必须要解决的，从而才能做到有的放矢。

而余下的问题，则要分类对待。

（1）对于那些会影响咨询目标的实现，但不在本次咨询项目服务范围内的问题，咨询师有必要与企业老板沟通，要求企业调用其他方面的资源或者授权项目小组（需另外洽谈报酬）解决此类问题。如果企业方不想采用任何方法解决，则咨询师必须要与企业老板明确说明不解决某项问题的必然后果和可能后果，咨询机构不承担相关责任。

（2）对于那些既不影响咨询目标的实现，也不在本次咨询项目服务范围内，但咨询师判断可能会影响企业战略规划和未来经营的问题，咨询师首先要明确自己的任务边界，不能过多涉及。咨询师可以与企业老板就此类问题进行沟通，但要让企业方明白，只是额外提醒，不属于咨询合同范围。

（3）对于那些既不影响咨询目标的实现，也不在本次咨询项目服务范围内，并且对企业的战略规划和未来经营也不会造成阻碍的问题，咨询师可以直接忽略。

通常中小企业会来做咨询，主要是老板一个人的决策，但不管老板的决心有多大，最后具体的工作还是要基层员工去执行。这就要求咨询师在设计和实施方案时，必须将企业现有人员的理解能力和执行能力考虑进去，在方案中将能力培养放在首位，培训时间的安排放在其他交付活动前面。

鉴于每个企业都有自己的独特性，所面临的情况各有不同，员工的能力范围也不相同，在这里笔者简单介绍几种对开发员工能力有帮助的工具，以便咨询师和企业在进行员工能力培养时可以借助工具提高效率。

（1）GAPS 模型。该工具的运用对象是企业培训部门。通过这个工具，企业培训部门可以单独对业务需求进行分析、诊断，找出绩效问题，也可以在咨询项目小组的帮助下对企业的业务活动进行更深入的分析、诊断，找出包括绩效在内的更多问题，并且根据具体内容设计具体培训项目，确保学习活动与业务能力提升相匹配（见表 4–18）。

表4–18 GAPS模型表单

流程	明确目标（1） ——Goal	分析现状（2） ——Analyze	探求差距原因（3） ——Problem	选择学习项目（4） ——Sloution
主要任务	提出应当是什么问题 （去确定）	提出现状是什么问题 （去澄清）	提出原因是什么问题 （去确定）	提出该如何解决问题（去选择学习项目）
	业务目标	当前的业务结果	组织内部因素	非培训解决方案
	绩效目标	当前的绩效结果	个人能力因素	正确的学习项目

（2）SWOT 模型。该工具可以应用于企业或个人，由优势（Strengths）、劣势（Weaknesses）、机会（Opportunities）、威胁（Threats）组成。将与研究对象密切相关的各种主要内部优势、劣势和外部的机会、威胁，通过调查列举出来，并依照矩阵形式排列（见图 4–9）。无论是企业还是个人，时刻都处在竞争的环境中，都需要了解自己的优劣势，才能更好地扬长避短和取长补短。

	S优势 ① ② ③	W劣势 ① ② ③
O机会 ① ② ③	O–S ① 发挥优势 ② 把握机遇 ③	O–W ① 抓住机遇 ② 克服劣势 ③
T威胁 ① ② ③	T–S ① 利用优势 ② 消除威胁 ③	T–W ① 减少弱点 ② 避免威胁 ③

图4–9 SWOT模型

（3）SMART模型。在长期的咨询经历中，笔者发现不少企业的员工不是缺乏能力，而是缺乏将能力发挥出来的方法，比如缺乏目标性，工作的数量和质量都在下限徘徊。遇到这种情况，培训的设计要从端正员工工作态度开始，确定工作中的目标原则，通过SMART模型引导员工脱离散漫状态（见图4-10）。

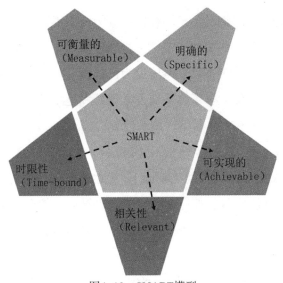

图4-10　SMART模型

任何团队和个人在制定目标或接受目标时，都要参考SMART，避免不切实际的目标拖累团队进度，影响企业的整体规划。虽然目标设定不能离谱，但也不能太松弛，比如条件中的"可实现"绝不是躺着就能实现的，而是"跳一跳"才够得到的；时间限制也不能无限延长，需要有紧迫感。

以上就是咨询机构在实际工作中常用的对员工能力培养的几种工具，其实在现实中工具不限于上述三种，咨询师或企业可根据具体情况分析确定采用哪一种或哪几种工具。

接下来是项目小组对方案中关键环节的推敲，类似于团队决策模式。小组成员必须针对关键环节阐述自己的观点，即便是赞成，也须明确表态。根据心理学原理，人们更愿意执行和兑现自己说出来和赞同的内容，对于自己不认同且被别人指令要求做的事情则持排斥态度。咨询方案的制定是项目小组对企业的交付，必须做到内部意见一致，才能在未来的实施中排除困难，坚持将方案执行彻底。其实，实施方案的难度要大于制定方案的难度，因为这等于是一伙人在让另一伙人改变从前的工作习惯，变成另一种状态，其间将会遭遇的阻力必然很大，若是没有坚定的决心和负责任的态度，是很难实施到位的。

同理，因为企业的情况不同、咨询服务的内容不同，每一个咨询方案都有独特之处，每个项目的关键环节都不相同，所以，为了更好地设计出适合企业的方案，在这里笔者不以具体项目为例，授人以鱼不如授人以渔，还是从方法、工具切入，使大家了解咨询方案设计和呈现的底层逻辑和方法。其中最为关键的工具是 6W2H 模型，即八何分析法。

6W2H 的核心在于：选择的任何目标（Which），都一定存在原因（Why），都可以对目标的功能（What）、场地（Where）、时间（When）、人物（Who）四个价值要素，进行剔除、减少、增加、创造（How to do）四个动作，并围绕如何提高效率（How much）的主题进行整合，以确定最佳目标和最优路径（见图 4-11）。

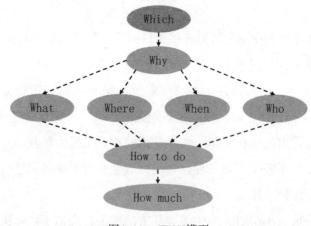

图4-11　6W2H模型

对于咨询方案来说，6W2H 不是只对关键环节的执行目标梳理一遍，而是要进行反复推敲，不断问"为什么"，层层递进，且给予回答（见表4-19）。经得起"为什么"反复拷问的，则可以证明关键环节是所有预选方案中最合理的，即便在执行中会有微调，也不会对方案整体造成影响。

表4-19　6W2H层次表

6W2H	第一层	第二层	第三层	第四层	结论
Which	选择哪一个目标	为什么是这个目标	现目标是否合理	有备选目标吗	确定选择该目标的理由
Why	为什么要做	为什么是这个方案	现方案有无漏洞	有更合适的方案吗	确定如此实施的原因
What	做的是什么	可不可以不做	现方案的目标性是否正确	有可替代方案吗	确认目标性正确的理由
Where	什么地点进行	为什么是这个地方	现方案中的地点是否存在变动的可能性	有更合适的地点吗	确认实施地点的合理性理由
When	什么时间进行	为什么是这个时间	现方案的时间规划是否正确	有更合适的时间吗	确认时间的合理性理由
Who	由谁负责	为什么是此人/此团队	现方案确定的人选是否正确	有更合适的人选吗	确认人选的合理性理由
How to do	应该如何进行	为什么采用这个方法	现方案确定的方法是否存在不足	有更合适的方法吗	确认具体方法的理由
How much	做到什么程度	为什么要达到这个程度	现方案中的方法是否支持达到预计程度	是否存在影响执行达到程度但仍未被发现的因素	确认执行程度可达到的理由

　　方案可以看作实际操作的说明书，由咨询机构项目小组出具该说明书，并指导企业人员按照方案一步一步执行。如此才是真正的"能力交付"，让企业人员能够从不懂到懂，从不会到会。

　　大企业咨询是"从1到N"的过程，中小企业咨询是"从0到1"的过程，越是缺少根基就越要夯实根基，咨询机构须本着"医者父母心"的态度，将很可能是企业首次咨询或首次正式咨询做到趋向完美，向企业提供足够优秀的方案。

关于激励系统建设咨询项目方案的设计，笔者经常强调不能照搬照抄或者套模板，更不能会什么做什么，而是应从企业战略的高度、经营的维度、企业实际发展现状出发，精准地匹配激励机制。一套与企业现状和未来发展相匹配的激励方案，一定是咨询机构项目小组与企业方项目小组经过多次讨论、反复打磨而出的，才能实现双方共赢的目标。

再好的机制也需要试运行

虽然方案是经过反复推敲磨出来的，但并不代表可以立即投入运行，毕竟理论和实践还是有一定差异的，为了抹平看不见的差异，需要在正式实施前进行试运行。因此可以说，发现方案中可能存在的问题，是试运行的唯一目的。不过，现实中也存在试运行后未发现问题的情况。长贝咨询机构在过往咨询工作中，多次出现试运行后未发现问题的状况，但这并不意味着试运行的工作白做了，只能说方案的质量高，在制作阶段就排除了全面问题，而这样的试运行能让正式实施后更加高效。

为了试运行工作的顺利开展，项目小组需确定试运行的开始时间和结束时间、试运行的方式以及企业方应给予的配合。

开始时间通常在方案确定后的 3 ~ 5 天，给企业留出准备的时间。结束时间可以事先确定，也可以根据试运行的情况而定，但试运行的整体时长一般不超过两个月。所以，试运行的时长应设置合理，因为太短起不到效果，太长则会消耗员工的耐心。

一些整体非常庞大的项目，可能会采用分段试运行的方式，将大项目切割成数段，分段对项目方案进行检测。

确定试运行的方式尤为重要，通常分为以下三种方式。

（1）全部参与模式：企业全体员工或咨询项目涉及的全部成员共同参与试运行。优势是能通过整体性运作，深入全面地对方案进行测评，便于测出不易察觉的问题；缺陷是涉及面太广，调动的资源太多，给企业造成的冲击较大。

（2）部分成员参与模式：企业某个部门整体参与或者某些关联性较强的岗位参与试运行。优势是涉及面较小，只在少数岗位上发生了变化；缺陷是收集数据渠道较窄，对问题反映的程度不够，可能会存在被遗漏的问题。

（3）小范围模拟：企业内很少的一部分人通过模拟其他岗位的形式参与试运行。通俗地讲，就是将企业缩小，由极少数人模拟各部门、各岗位的工作情况。优势是涉及人数很少，与企业经营完全撤开，且能通过模拟看清企业运作的全貌；缺陷是模拟的效果如果不好，则会影响试运行质量。

试运行期间，企业务必要根据试运行的模式组织好参加的人员，并设定参加人员的管理制度，应当含有奖惩条例，以确保试运行顺利实施。

若因企业方原因导致试运行终止或失败的，企业方应承担重启试运行或重新试运行的损失，且不得擅自取消试运行。咨询师必须向企业老板阐述清楚，方案试运行是为了保护企业的利益，不能让带有问题的方案在企业内部长期而全面地铺开。

如果在试运行期间出现只需要对方案进行小改动的问题，则试运行不停止，方案修改后，由咨询师指导相关人员对改动处重新实施。

如果在试运行期间出现必须对方案进行大修改的问题，则咨询师应视情况决定是否叫停试运行。若不需叫停，项目小组必须紧急商讨应对措施，并嫁接进方案中，边试运行边修正。若需要叫停，则向企业说明情况，试运行延后，待应急措施制定完成后重新启动。

长贝咨询机构截止到现在，还未出现试运行后紧急叫停的情况，需要紧急商讨应对措施的情况也是少之又少，这一切都是建立在长贝咨询独特的标准化咨询的基础上。虽然咨询方案各不相同，但长贝的咨询师具备从不同的方案中提炼共通之处并总结规律的能力，自然也能轻松应对各种不同的情况。

就激励系统咨询而言，优秀的方案设计思路是在咨询服务内容的范围之内的，最终将各个内容模块呈现为一套闭环的管理模型，以长贝咨询在这方面的标准化模型为例展示（见图4-12）。

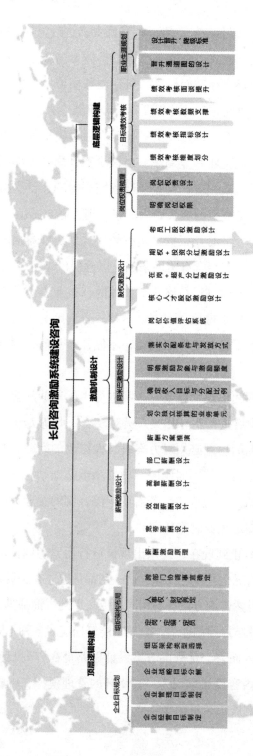

图4-12 激励系统建设咨询标准化模块

系统的方案需要坚持执行

项目方案在试运行结束后，如果效果得到企业认可，即可进入实施阶段。因为试运行时已经解决了方案中存在的问题，在正式运行后再出现问题的概率是非常低的，但也不能确保百分之百，所以也要随时做好出现问题就去解决问题的准备。

在项目方案实施的过程中，需要项目小组对企业人员进行辅导，以保障最终取得预期的目标。实施方案，组织保障是螺旋桨，考核、激励是发动机，财务数据是船体，培训是起锚机。做好这几项工作，企业这艘大船才能快速航行。

1. 组织保障

企业的组织保障工作就像螺旋桨一样需要时时刻刻转动起来，不能卡壳。但中小企业的组织机构一般不够健全，一人多岗、岗责不清的状况很常见，而且人员能力参差不齐。仅从这一点上，中小企业咨询项目的实施难度就要比大型企业复杂得多。因此，方案实施的第一阶段要考虑：某些关键岗位是否需要重新招人？

从常规意义上理解，按照咨询师的要求招聘进来的新员工，更容易接受新的思想、新的工作方式。但是，也会带来新的问题：①新员工不熟悉企业情况，进入工作状态需要一段时间；②老员工不愿配合新员工，甚至合伙排挤，"办公室政治"突出；③一些中小企业老板任人唯亲，不愿将关键岗位交给社会招聘的员工，尤其是财务工作。

上述三点问题的存在，导致企业的组织保障能力下降，但为了项目的顺利进行，仍然需要咨询师去打破坚冰。对于关键岗位上能力不符合的员工，换人是最快的解决方法，需要同企业老板沟通情况，只有具备能力的员工才可能让企业经营更上一层楼，否则再好的方案实施效果也会打折扣。咨询师在方案实施中也要注意换人的力度，不能大量换，更不能全换，人员动荡太大同样会导致方案的执行效果下降。

2. 考核、激励咨询项目执行人员

我们将考核、激励员工比作发动机，将人比作螺旋桨，是因为人的转动是需要动力支持的，发动机的动力输出多大，螺旋桨的转动强度就有多大。

换人可以看作非常手段，若能保留现有人员不动，还能让现有人员尽量提升能力，发挥出更大价值，同样可以保证咨询项目的实施。

但是，为了实施咨询的项目方案，在管理强度上必会有所提升，这就意味着企业人员的工作量会增加，对工作的精细度、准确性、及时性的要求也会提高。按常理而言，工作多了，要求多了，薪资也要水涨船高。但中小企业的矛盾点恰恰在这里，什么多了都可以，就是薪资不能多，有些企业是无关条件的不能增加，有些企业是受条件所限的不能增加。于是，员工产生了抵触情绪，工作都做不好，还何谈配合咨询项目呢！

如果将是否换人看作方案实施过程中咨询师遭遇的第一个难点，那么让企业形成考核、激励机制就是第二个难点。设立考核绝不是为了抓员工的一朝之错而惩罚之，而是要通过"考核 + 激励"的双重机制提升员工的工作积极性，其实根本还在于薪资提升。

提供有竞争力的薪资，才有机会招入综合能力强的员工；有多劳多得、少劳少得的奖惩机制，才能激发员工的工作热情，使其充分发挥能力；员工有了充分发挥能力的意愿，才可能升级成为人才；有了更多的人才辅助，企业才有可能做强做大。这是企业内部挖潜和成长壮大的必然规律，咨询师需要让企业老板从内心深处意识到企业真正的发展路径，是从对员工负责开始的。

3. 财务数据与支撑系统

笔者在培训课程中经常说这样一句话："一家企业算清账才能分好钱。"如果企业是一本糊涂账，很多数据都是靠大概估算，那么这就对激励咨询师设计激励机制带来了很大的阻力。笔者就遇到过这样的情况：一家企业是以销售额为基数计算提成的，具体方案就是按照业务员每月产生的业绩乘以 2% 计算提成。甲、乙两个业务员每月都是做 100 万元的业绩，提成都是 2 万元，但是甲业务员销售的产品毛利率是 20%，乙业务员销售的产品毛利率是 10%，久而久之甲业务员觉得高价难卖，而其他人卖低价也不影响拿提成，所以也开始低毛利销售。其间公司也出台了多种管控毛利率的政策，但都被业务员的各种理由躲避掉了，时间久了大家都发现公司的产品销售毛利率越来越低，而业务员却漠不关心，只关注销售额。

后来，笔者提出了按照毛利润计算提成，但是企业财务表示核算不出来毛利润，觉得太复杂，公司现在的财务系统支撑不了。出现了这种现象，自然要寻求别的支援途径，好在我们长贝咨询机构有财务咨询的业务，专业的财务咨询师进场后，我们一起理清楚了这家公司的核算账，才顺利地导入了新的激励机制，帮助公司解决了员工不关心毛利润的问题。

所以经营企业就像经营一个家庭，如果想要把日子过好，家庭财务状况必须是健康的，各种财务数据核算要准确。同理，企业的财务状况也必须健康，且财务的表现形式必须清晰，数据核算准确、及时。这是我们将财务数据比作船体的原因，如果船体有漏洞，这艘船就是人们眼中的破船，无法为船上的人遮风挡雨。

4. 培训

如果一艘船的螺旋桨、发动机和船体都存在问题，该怎么办？正确的做法是下锚停船，待修理完毕后，再起锚扬帆。

做企业和开船差不多，有了大问题，就要修理。当然做企业和开船也有不同，就是企业不可能完全停下来，但也要有锚——培训，为企业随时再发力提供动力。因此，如果企业的现状是人不能换、薪酬也不能涨，咨询师想要推进项目的唯一办法是加大培训力度。在中小企业激励咨询项目中，培训的工作量一般要占整个交付工作量的 50% 以上。

培训的形式包括咨询师讲解、演示；小组研讨、演练；实践操作 + 个别辅导；参观学习等（见图 4–13）。培训的内容包括对咨询方案的认识与理解、各部门间的协调、各岗位间的配合、可能出现的困难等。培训的对象包括各部门负责人、人力资源部门全体员工、基层核心岗位员工。

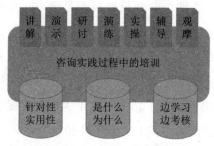

图4-13　咨询过程培训

与学校教育更注重体系完整性不同，企业内部培训更注重针对性和实用性。培训内容除了实用的操作技巧外，还包括认知层面的内容，即"是什么""为什么"两个方面。

考虑到成年人的学习能力会因为各方面的现实因素而下降，咨询师需设计相应考核。每次培训之后，对参加培训的人员进行考核，根据考核结果，决定下一阶段的培训工作内容。建议企业老板、高层管理人员也要适当参加培训与考核。

咨询师跟踪辅导来保驾护航

按方案流程一步步实施完成后，并不意味着咨询工作的结束，项目小组的工作仍然在继续，要定期跟踪回访，为企业解决其独立执行项目内容时出现的问题。对于这个阶段的工作，长贝咨询机构的咨询师们做到了"人离开，但心不离开"，这也是长贝咨询机构始终坚持的工作态度。

为什么一定要坚持对企业进行跟踪回访呢？核心是出于对企业的担忧，怕企业在没有咨询师在旁教授、督导的情况下，发生懈怠，又被旧有的习惯拉回原点。那样不仅是企业的失败，更是咨询机构和咨询师的失败，合格的咨询机构和咨询师是断然不会让这种情况发生的。旧系统是企业长期经营的结果，无论其中蕴藏着多少弊端，都难以轻易改掉。但新系统想要入驻，就必须要割除旧系统，犹如近战厮杀，不能有丝毫退让。所以，在项目方案实施完毕后，咨询师必须定期跟踪回访，甚至要参与企业的月度经营会议，对存在的问题及时解决，帮助企业上下将新系统夯实。

为了做好定期跟踪回访的工作，也为了让企业人员能更直观地体会到新系统在企业内部运转的高效率，项目小组必须重视以下内容。

（1）每一次的跟踪回访之前和完毕之后都要与企业老板确认。

（2）每一次跟踪回访所发现的问题和解决的问题，也要与企业老板确认。

（3）跟踪回访要设置时间里程碑，把每个里程碑需要实现的目标标记清楚。

（4）对于执行难点做重点记录，有必要时可做加时培训。

跟踪回访可分为定期和不定期两种。定期跟踪回访是与企业事先约定或写入合同。不定期跟踪回访属于抽查，以约定次数为准。无论定期或不定期回访，都要使企业内各模块与主讲咨询师联系。主讲咨询师的跟进方式分为电话、微信、上门三种，每次上门跟进，都要与企业方项目对接人签字。项目跟踪回访需要以项目跟踪记录表的方式进行记录，便于清晰了解企业的项目执行情况（见表4-20）。

表4-20 项目跟踪记录表

序号	时间	沟通内容	发送人	方式	联系对象	重点工作	完成情况	未完成情况	存在的问题	项目阶段	备注
1											
2											
3											
4											
5											
6											
...											

定期总结与评价以持续优化

咨询项目完成以后，咨询机构项目小组和企业方都需要对项目成果进行验收与评价。项目评价的方法有如下几种。

（1）可以量化交付成果。在一些咨询合同里，会明确约定交付成果，比如需要做哪几个方案、制订哪几个业务流程、多少个员工培训学时等。这些指标非常明确，容易检验，是项目小组和企业方最容易确认的交付成果。

（2）员工工作态度的转变。通过考核、问卷调查等方式，对员工工作态度的变化做出评价。虽然工作态度的转变不能直接体现在业绩上，但会从日常的精神面貌中表现出来。

（3）员工知识和能力的提升。企业的绩效是由员工来实现的，员工的综合能力得到提升，企业的业绩也将提升，同样也是很容易看得见的成果。

（4）员工效率的提升。咨询师可以记录调研时企业的人效，在项目导入后可以定期地统计企业的人效，人效的提升就是激励方案转化为员工动力和产生价值的衡量标准。

（5）公司业绩或利润的提升。以长贝咨询总结的过往激励系统建设咨询项目为参考，我们发现大多数的企业经过咨询后，业绩和利润都有大幅度的提升。

（6）企业的管理成熟度明显提升。在导入激励系统建设咨询项目之前很多老板每天忙于具体的事务中，就像一个消防员，导致公司的内耗较大，而员工工作总是扯皮、踢皮球。但通过激励系统建设咨询之后，公司的责、权、利更加明确，老板也从繁忙的事务中脱离出来，管理变得更加轻松。

（7）项目目标成果。咨询项目中的项目成果大部分是可以明确辨认和清晰量化的，以长贝咨询模块化咨询项目的目标交付成果为例（见图4-14）。

企业目标规划	目标清晰，快速发展——千斤万担人人挑，人人头上有指标
组织架构布局	架构科学，减少内耗——定岗、定编、定员，工作不再扯皮
岗位权责梳理	岗责清晰，责任到人——公司实现人人有事做，事事有人做
目标绩效考核	考核精准，提高效率——提升个人胜任力及团队综合执行力
薪酬激励设计	薪酬激励，全员发力——让员工自动自发，降低人员流失率
职业生涯规划	晋升有路，降级有法——构建能者上庸者下的职业生涯规划
阿米巴分红制	划分单元，定向激励——形成以利润中心为单元体的分红制
股权激励设计	股权激励，激活团队——打造核心关键人才，凝聚行业精英
系统导入进程	经营有序，导入有方——明确权责利体系，提高管理成熟度

图4-14　长贝咨询的激励系统建设咨询各模块交付成果

总之，咨询项目实施效果，既有可以定量的交付成果，也有定性的评价，更多的是对企业的长期影响。这些实施效果往往都取决于企业决策人的主观评价。

项目总结是咨询机构内部在完成项目交付后，对咨询项目的一个整体总结，也是咨询机构积累经验、提升能力的必备手段。

项目总结可以按照"KPT"的框架进行："K"是"Keep"，提炼项目做得好的地方，在以后的项目中继续保持；"P"是"Problem"，项目执行过程中出现的问题及原因，在以后的项目中如何避免；"T"是"Try"，项目小组成员从项目整体进度中收获的灵感，在以后的项目中加以尝试。

项目总结可以着眼于以下三个方面。

（1）项目管理质量总结。项目管理质量决定项目交付质量，包括项目是否按照既定计划推进，项目小组成员之间是否配合顺畅，项目成本是否超过预算，各咨询师的分工是否恰当、是否胜任等。

（2）客户关系管理总结。从取得项目到项目总结评价的整个流程中，客户关系管理存在哪些不足，又有哪些亮点；客户的最终满意度如何，哪方面最满意，哪方面不满意及原因；客户是否有续费或转介绍的想法。

（3）咨询内容总结。在项目交付过程中形成创新性的咨询方案、培训效果好的教案课件与视频资料、通用的业务操作流程、某行业或某领域的咨询业务流程指南等文件，都值得整理存档后成为咨询机构的知识财富。

第五章
咨询质量控制与评价

　　十万元卖掉一辆奔驰谁都可以做到！只管咨询过程，不管咨询结果的咨询，哪家机构都能做，但又管咨询过程，又对咨询结果负责的机构就寥寥无几了。企业需要的是能够从深度和广度这两个维度去提出解决企业实际问题的方案，并能落实。关键在于落实之后，还能保障质量。

衡量咨询质量的标准

咨询是智力服务产品，和常见的实物产品不同，没有可见的实体进行衡量。咨询没有量化性标准可依，做到什么程度是好，做成什么样子是不好。但咨询并非就没有办法进行评定，我们的建议是根据咨询项目的特点，从客户续约率、客户流失率、客户转介绍三个方面进行咨询质量的评定。

1. 客户续约率

在市场经济中，消费者手中的钞票就是对产品或服务的信任票。产品的性价比高，消费者的买单率就高；产品的使用效果好，消费者的复购率就会上升。因此，复购率是衡量消费者重复购买的比率，是判断消费者忠诚度的指标（见图 5-1）。

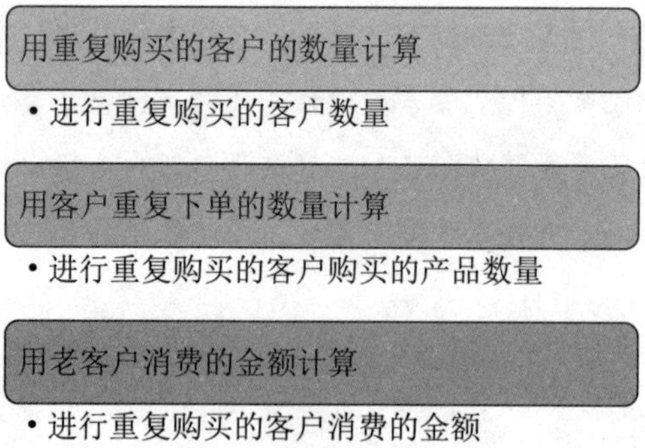

用重复购买的客户的数量计算
• 进行重复购买的客户数量

用客户重复下单的数量计算
• 进行重复购买的客户购买的产品数量

用老客户消费的金额计算
• 进行重复购买的客户消费的金额

图5-1　复购率的计算方法

上述三种方法里，根据对"重复购买"的不同定义，可以计算得出三个不同的复购率指标结果。

如果将两次或两次以上的消费行为定义为"重复购买"，某咨询机构2022 年共有 531 家客户的消费记录，其中 349 家客户在 2022 年之前有过消费记录，该咨询机构 2022 年的复购率是 66%（66%=（349 / 531）× 100%）。

如果将订单数量作为计算依据，虽然该咨询机构 2022 年有消费记录的客户量是 531 家，但很多客户有多个订单的记录，假如有 120 家客户在 2022 年下单两次，200 家客户下单三次，211 家客户下单一次。2022 年之前下过订单的 349 家客户中，在 2022 年下单一次的是 110 家，下单两次或三次的是 239 家。

根据上述数据计算出该咨询机构 2022 年的订单总数是 1051 个（120×2+200×3+211×1）。这些订单中，非重复消费的是 101 个（2022 年的 211 家一次消费的客户，减去其中 110 家在 2022 年之前消费过的客户数量），重复消费的是 950 个，根据订单数量计算该咨询机构 2022 年的复购率是 90%（90%=950 / 1051×100%）。

根据消费金额计算复购率的方法与根据订单数量计算的方法类似，只是需要将订单数量换成每个订单的金额即可，在此不再赘述。

2．客户流失率

计算客户流失率也有不同的方法。但首先要定义哪种类型的客户是"流失客户"。

A 客户在 2021 年消费过，在 2022 年没有消费，在 2023 年又下订单。那么，在统计 2022 年度的流失客户时，A 客户算流失客户吗？如果在 2022 年度将 A 客户统计为流失客户，那么在统计 2023 年数据时，A 客户就是新客户。这种统计方式的结果，2022 年度的客户流失率会比较高，而 2023 年的复购率会比较低。

如果将连续三年没有下订单的客户定义为"流失客户"。则 A 客户在 2022 年的统计数据中就不是流失客户，在计算 2023 年复购率时，A 客户的订单也会被认为是复购订单。这种统计方式较第一种得出的结果，2022 年的客户流失率会降低，2023 年的客户复购率会提高。

3．客户转介绍

长贝咨询的激励系统建设咨询项目有 40% 的业绩来自老客户转介绍，正是这种高付出与高回报促使我们的激励咨询师需要服务好老客户，提高老客户的满意度，进而才能让老客户毫无顾虑地将身边的企业家朋友转介绍给我们。试想，如果我们的激励系统建设咨询项目交付的质量很差，客户不满意，转介绍也就无从谈起了。

综上所述，在衡量咨询服务质量时，不建议用客户满意度打分这类型的主观性指标，而是使用客户复购率、客户流失率和客户转介绍三个相对客观的指标。只是在计算时，要注意保持定义及计算方法的一致性。

咨询质量全过程管控

咨询机构需要建立一整套的组织体系和工作流程，对咨询项目交付过程进行控制，保证交付质量达到预定目标。

必须成立"咨询项目交付小组"，并实行三级管理，分别是项目总监级别、项目经理级别和基层成员级别。项目小组全体成员在知识结构上应当互补，主要成员都要具备执行项目内容的相关知识和经验储备。小组成员在提交交付文件时，必须经过充分讨论，保证内容准确。

1. 项目总监级别

项目总监是咨询项目交付小组的最高领导，对项目质量最终把关。

项目总监的审核要点是咨询方案和实施过程是否能实现咨询目标，客户对项目实施的反馈意见有没有得到处理。

2. 项目经理级别

项目经理应具有项目管理经验，负责评估项目风险，跟踪项目实施，参与项目评估，汇报项目状况等。

项目经理要审核项目小组每一份对客户报送的交付资料，从技术上确保交付资料不会违反国家禁止性规定，并具备可行性。

3. 基层成员级别

基层成员在知识结构上应当互补，具备执行项目的知识和经验，以及具备在任何情况下都要完成项目的决心。

基层成员在非必要时不能更换，但在十分必要时，如项目出现重大变动、成员自身的问题等，可以进行人员调整。

除了咨询项目交付小组对咨询项目质量承担责任外，咨询机构还应设置专门的质量控制部门，主要负责制定质量控制的标准和流程、审核重要项目的"里程碑交付文件"、调查客户对项目交付过程的反馈、抽查项目交付其他文件、对所有项目的交付质量进行评价，以及对出现交付质量风险的项目拟订应对方案并监督实施等。

项目双方总负责人制

在企业内部有这样的共识，任何项目都必须有明确的负责人，才能确保执行到位。无论是研发项目、销售项目、生产项目、开拓项目等，都需要确立项目负责人，然后由负责人带领成员完成项目所需的全部工作。企业管理工作更是如此，每一项具体工作都有专门的责任人，才能执行到位。

将项目的范围拓展到企业外，拓展到由咨询机构帮助企业进行激励系统升级改造的大项目，就更需要项目负责人。而且负责人不能是只来自咨询机构或企业方，而是双方都要确定最高负责人，即项目双方总负责人制。

我们知道，咨询机构和企业都会成立咨询项目小组，前者负责咨询项目的具体实现，后者负责配合咨询项目的实现。通常情况下双方项目小组的最高领导者就是项目的总负责人。

咨询机构方项目小组的项目总负责人一般是项目总监。咨询机构项目小组是最接近一线的人，只有小组成员最了解企业的状况，而小组的最高领导者是项目总监，对整个项目负最高责任。但有例外情况，就是为大企业做体量庞大的大项目时，需要咨询机构的高层管理人员，甚至最高领导者出任项目小组的组长（名誉），为项目负最高责任，但具体执行的最高负责人仍是项目总监。

企业方项目小组的组长一般由企业老板担任，自动成为企业方的总负责人，对项目的配合与完成工作负最高责任。但也有例外情况，当大企业的老板不宜直接出任企业方项目小组组长时，由主管人资工作的副总经理或人资总监担任组长。这种情况下，谁出任企业方项目小组的组长，谁就是企业方项目的总负责人，为配合与完成项目负最高责任。

通常情况下，项目双方总负责人需要在合同正文或合同附件中予以体现，一则为项目实施打下良好的权力基础，二则可以通过确认双方总负责人而向企业员工传递咨询项目的重大意义。

交付方案共识与管控

咨询项目方案书有四种文件格式，一是 PPT 格式，用于现场演示；二是 PDF 格式，供企业老板和项目小组阅读；三是 Word 文档，如形成的各种方案与制度，供企业直接使用；四是 Excel 表单，如绩效考核表、薪酬方案表、薪酬测算表、股权激励测算表等，供企业长期使用。

咨询项目方案书交付时，必须有基本情况标注，包括项目名称、客户（企业）名称、文档编制人及编制时间、文档审核人及审核时间等。其中，项目名称和客户（企业）名称是不同的，项目名称是本次项目的名称，客户（企业）名称是客户（企业）自身的名称，如"深圳××××有限公司"，或是企业简称。因为一个企业可能同时执行多个项目，如激励系统建设咨询项目、财务系统建设咨询项目，所以必须把项目基本情况标注出来以示区别。

在项目方案形成的过程中，会有很多数量、类别不同的文件，如项目计划、会议纪要、沟通备忘录、项目调查报告、培训课件、执行指导等。如果其中的重要文件属于项目方案书的组成部分，需要以附件形式一并交付（见图5-2）。

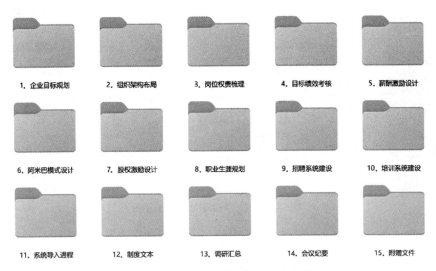

图5-2 激励系统建设咨询方案文档

咨询项目方案书属于企业的商业机密，需要妥善保管，咨询机构应在一个项目启动时，就建立档案管理制度。不仅要保存项目方案书，也要保存方案形成过程中的所有资料，并制定对资料范围、格式要求、必备要件、保存时间、借阅流程等方面的规定。完善的项目资料保管工作还要达到以下要求。

（1）所有的业务活动、业务流程都应当留痕，形成项目文档。文档形式不限，可以是纸质文件、电子文件、录音文件等。

（2）每份文档的基本信息必须完整，建立索引与目录，便于查找和引用；电子文档同样需要形成清晰的目录结构。

（3）引用的外部资料和数据，应当注明来源；注意不能侵犯第三方知识产权。

（4）在项目完结后，所有项目文档移交咨询机构档案管理部门保管。

长贝咨询为此专门设计了一套CRM系统，并将关于客户的所有合作轨迹——客户基本信息、消费产品、交付进展、项目文档、劳务分配等记录在册（见图5-3）。

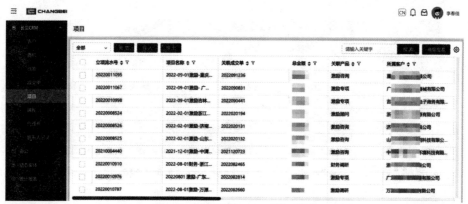

图5-3　长贝咨询CRM系统示例

第六章
企业目标规划咨询

　　企业在制定目标时，要做充分以及多维度的思考，这些维度包括企业定位、企业文化、企业愿景、企业使命及企业价值观等。定位决定了企业的战略部署，文化规范了企业的精神信仰和行为习惯，愿景回答了"我们要成为怎样的企业"，使命明确了企业的根本性质，价值观是企业日常经营和管理行为的内在依据。

　　结合上述五点，制定出最能反映企业精神层、制度层、行为层、物质层与发展层的总体目标。因此，目标的制定不是简单的一个或一组数据，而是将企业的长期战略进行统一呈现。战略是企业发展的方向，目标是企业奋斗的指南针，方向对了，付出的努力才会得到应有的回报。

企业经营目标的制定

企业的经营目标也是企业发展战略的体现，是企业全体员工要为之奋斗的目标。好的战略规划衍生好的经营目标，可以统领全局，凝聚干部、员工的责任心和归属感，在协同的基础上注入团结的基因。

没有战略规划的企业如同无头苍蝇，飞得越快，死得越惨！

中小民营企业有没有长远的战略规划，能否衍生出有利于企业发展的经营目标，直接关系到企业未来生存发展所要面对的一系列重大问题。

笔者从多年企业的咨询辅导经验中得出，很多企业家从内心深处并不重视企业的战略规划，只是看到其他成功企业一直在做，就觉得自己的企业也必须要有，至于究竟该怎么做、该做些什么，则是处于迷茫状态，导致最终只是围绕"战略"这个词做一些表面文章、写几句口号了事。

很多老板每天忙于具体的事务，也是公司最大的"业务员"，具体的业务操作能力获得极大提升，但企业规划能力却始终停滞不前。

成功的企业老板必须是战略规划师，懂得做战略规划，而不能让自己变成具体事务的执行者。企业老板需要考虑的是企业的定位、愿景、使命以及企业从上至下的价值观的确立等，而不是将员工闲置一旁，自己却整日埋于琐碎的具体事务中，那样公司是不会有发展的。

下面简明介绍企业定位、企业文化、企业愿景、企业使命、企业价值观。

企业定位是在综合企业环境、企业领导、企业文化等因素的基础上形成的企业经营战略的一部分，是企业营销定位战略的最终阶段。企业定位要在分析企业环境和消费者需求的基础上，从企业特色入手，为企业树立良好的形象，并建立企业在市场竞争中的优势地位，使企业获得社会及公众的认可和接受（见图6-1）。

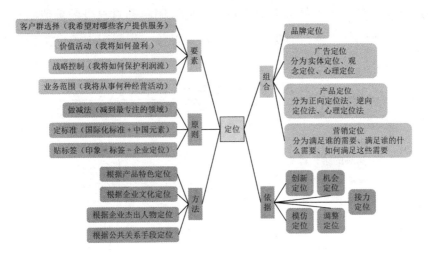

图6-1 企业定位

企业文化也称为"组织文化",用以解决现代企业管理中的"软"问题。企业文化是企业在长期生产经营实践中形成或创造的为大多数员工所认同的、自觉遵循并付诸实践的、带有本企业特点的一系列企业价值理念(精神信仰)、行为方式及物质表现的总和(见图6-2)。

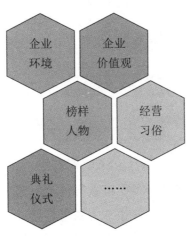

图6-2 构成企业文化的主要因素

企业愿景是企业的长期愿望及未来图景的感性陈述,体现企业决策层的信心和意志,是对"我们希望成为怎样的企业"的持久性回答。企业愿景不专属于企业决策层,而是企业内部每名员工都应参与构思制定,透过制定企业愿景，员工能极大增强对企业的认同感和对自身的价值感（见表6-1）。企业愿景必须具有振奋人心、远大宏伟、步骤清晰和可实现性四项原则。

表6-1　企业愿景设定的维度

行业规律	发展野心
本行业 从事的第一行业 核心的业务规则	领导者 做得最好 最受尊敬 第一名/第二名 杰出 主导者 标准制定者

企业使命是企业在经济社会发展中所承担的责任和义务，是企业存在的理由，说明企业的经营领域、经营思想，为企业目标的确立与战略的制定提供依据。企业使命明确了企业的根本性质，代表着企业的发展方向、奋斗目标、基本任务和指导原则（见图6-3）。

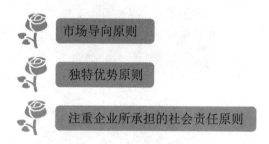

图6-3　企业使命设定的原则

企业价值观是一种主观的、可选择的关系范畴，是企业所有员工共同持有的、长期积淀的产物，是企业经过理性倡导和有意识培育的结果。企业价值观是企业中占主导地位的管理意识，能够规范企业老板和员工的行为，减少内部摩擦，降低沟通成本，更快地在具体问题上达成共识（见表6-2）。

表6-2　企业价值观的维度和原则

常见维度	三大原则
品质	尊重社会原则
顾客	敬畏客户
员工	凝聚员工
社会责任	
诚信道德	
市场	

　　在简要了解企业定位、企业文化、企业愿景、企业使命、企业价值观后，再来讨论企业经营目标的制定，会更加的有的放矢。因为企业经营目标的制定需要结合上述几点，也就是经营目标要能实现企业定位、融入企业文化、体现企业愿景、对接企业使命、服务企业价值观。通过将员工的个人理想与企业目标相结合，激励企业员工积极进取，拼搏向上；通过将企业目标与社会目标相联通，促使组织力量极大化发挥。

　　总之，制定企业经营目标，是必须做且要做好的，很多企业老板也想做，但苦于不会做，手下也没有人能做，不知道制定的原理、方法、工具，所以就只能做一名"孤勇者"，在商海中撞运气。孤胆英雄是可敬的，但不一定可行，为了做好企业经营和管理，我们需要从制定企业经营目标开始，逐步建设好企业的根本管理系统之一——企业激励系统。

　　企业经营目标规划可以看作一个大系统，其中包含四个分支目标，每个分支目标又包含若干个子目标（见表6-3）。

表6-3　企业经营目标系统

分支目标	子目标	具体解释
市场目标	产品目标	包括产品组合、产品线、产品销量和销售额等
	渠道目标	包括纵向渠道目标，即渠道的层次；横向渠道目标，即统一渠道成员的数量和质量目标
	沟通目标	包括广告、营销推广等活动的预算和预算效果
创新目标	制度创新目标	对企业资源配置方式的改变与创新，使企业适应不断变化的环境和市场

分支目标	子目标	具体解释
创新目标	技术创新目标	包括原材料、能源、设备、产品等有形的创新目标，也包括工艺程序的设计、操作方法的改进等无形目标
	管理创新目标	涉及经营思路、组织结构、管理风格和手段、管理模式等多方面的内容
盈利目标	生产资源目标	提高每个投入单位的产量，在单位产量不变的情况下，成本降低意味着利润增加
	人力资源目标	包括提高人力资源素质，建立良好的人际关系等目标
	资本资源目标	在资金来源及运用方面制定各种目标，一方面确定合理的资本结构，另一方面通过资本的运作来获得利润
社会目标	公共关系目标	这一目标的着眼点在于企业形象，企业文化建设，通常以公众满意度与社会知名度为保证、支持性的目标
	社会责任目标	企业对待环境保护、社区问题、公益事业时所扮演的角色和所发挥的作用
	政府关系目标	目标的达成往往会给企业带来无形的竞争优势

最后强调一点，制定企业经营目标必须从市场因素（增加或减少）、客户因素（增加或减少）、资金因素（增加或减少）、人才因素（增加或减少）、产品因素（增加或减少，老客户新产品，新客户老产品）、商业模式因素（保持不变或优化升级）、软硬件因素（投入或减少）、管理因素（效率高或低）、政府宏观调控（国家政策、地方政策、行业政策是否对本公司有影响）等九个方面考量。对于多元化发展的企业，是否再次进入新的领域，以及制定新的市场策略等，也是企业制定经营目标需要考量的因素。

企业经营目标的制定必须以理性的、数据化的方式来表现，而非感性的、文字性的方式。我们总结出企业经营目标制定的两种方法：正推法和倒推法。

1. 正推法定目标

根据企业主营业务所在行业的发展情况，以及企业的新增投入、人才投入、项目投入进行递增累计计算。适用的条件有以下四项。

（1）短期目标 1 ~ 2 年。

（2）度过生存期的企业。

（3）竞争环境相对稳定的企业。

（4）历史增长率相对稳定的企业。

参考的指标主要包括企业已有产品正常增长率、企业新产品预测增长率（预测增长率参照同质化产品）、企业新市场销售增长率（参照过去新市场增长率）、新事业部产品预测增长率、增加团队人数所带来的业绩增长率。我们据此预测长贝控股 2023 年度目标设定。

◎已有产品：财务系统工具包 + 财务思维 + 财务通 + 财务系统班 + 财务咨询 + 财务猎头 =5 亿元。

激励系统工具包 + 团队激活 + 激励通 + 激励系统班 + 激励咨询 + 人资猎头 =1 亿元。

预计按 30% 增长，则为 7.8 亿元。

◎新产品：精益咨询 + 文化咨询 + 营销咨询 + 企业内训 + 商业逻辑 + 长聚年度会员卡 + 总经理训练营 + 财务成长营 + 财总研习社 =2 亿元。

◎新市场：开 20 家新公司，每家按 600 万元 / 年计算，则为 1.2 亿元。

◎增加团队人数：每家公司由 20 人增加至 30 人，现有 2000 人，年底增加至 3000 人，按照目前人均人效 60 万元 / 年推算，新员工入职不能尽快出业绩，需按 50% 计算人效，则预测增加业绩 3 亿元。

以上四项年度目标合计为 14 亿元。考虑到新增市场、新增团队人数、新增产品之间具备一定的重叠性，集团在合计目标的基础上按 70% 计算，最终确定集团目标为 9.8 亿元。

2. 倒推法定目标

根据企业已制定的经营既定目标，如需在三年内上市、达到收购要求或对赌要求、达到行业第一或品牌性目标、由于行业本身具备的资质性要求、为吸引资本的扩张性目标要求等进行倒推。适用的条件有如下五项。

（1）中长期目标的设定。

（2）具有特殊的机会和优势。

（3）快速增长的企业。

（4）战略调整的企业。

（5）具有大量可以整合资源的企业。

如果说正推法是聚零为整，那么倒推法就是化整为零，其制定步骤是先定整体，后分具体（见图6-4）。为了确保目标能够顺利完成，可以通过三级目标的方式，确保保底，实现执行，尽量冲刺。

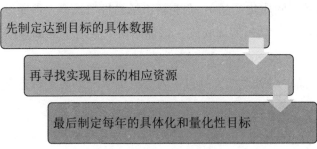

先制定达到目标的具体数据

再寻找实现目标的相应资源

最后制定每年的具体化和量化性目标

图6-4 倒推法的步骤

（1）保底目标：即企业达到持续利润平衡点的目标或最基本必须达成的目标（也可以将去年的实际达成作为保底目标）。

（2）执行目标：即企业内部有60%以上的员工能达到的目标（即正推法所推演的预测性目标），为企业的常规化目标。

（3）冲刺目标：即企业内部优秀员工业绩进行累加的目标，通常只有10%～20%的员工能达到的目标，需要加倍努力冲刺才有机会达成。

企业管理目标的制定

企业下属各层次组织和人员之间的联系，必须围绕企业的经营管理目标，高度协调、统一步调，形成企业整体的优势，确保企业经营管理目标的实现。

管理学家和企业家们都致力于企业管理目标的研究，如何提高工作效率、如何降低综合成本、如何增加销量、如何拉升利润等，综合而言，企业和企业领导者追求的终极管理目标应该是"效率"。

提到效率，第一想到的就是经济收益，企业强大了，可以赚到更多的钱，实现更多目标。但企业强大的受益者不仅包括企业和企业的创立者与管理者，还包括在企业工作的员工。员工的受益不仅体现在经济报偿上，还体现在工作本身带来的成就感和满足感，以及因为在工作中不断成长而产生的愉悦感和幸福感。工作生活质量直接影响到个人的人生质量，在"以人为本"和强调"人性化管理"的时代，企业的管理目标制定必须关心员工的工作生活质量。

根据投资人（老板）成立企业的本意，以及企业发展的一般规律，投资人（老板）最关心的核心是：企业的经营利润以及企业的风险管理。因此，企业的管理目标必须与企业经营活动目标相一致。企业活动分解为管理和操作两种概括行为，管理是对操作提供引导作用的行为，而操作是运用技术制造出实际结果的行为。管理在于令操作结果符合经营目标需要，有什么样的管理就有与之相对应的操作发生。管理透过计划、领导、控制三个职能发挥对操作的引导作用（见表6-4）。

表6-4　管理的三个职能

计划	目标元素	根据现实条件，按照目的要求，设定出可行的预期构想	计划具有前瞻性引导作用
	规划元素	对实现目标的操作过程的事前构思，包括内容、方法和流程	
领导	决定元素	对如何进行操作做出指示	领导具有当前性实施作用
	推动元素	促使操作按照决定发生	
控制	反馈元素	透过反馈掌握操作的进展情况和出现的变化	控制具有后援性保证作用
	调整元素	通过对操作内容、操作方式、操作环境、操作条件等进行调整，保证操作所产生的结果符合目标要求	

管理目标的制定需要从企业管理成熟度的角度去考虑，所谓"企业管理成熟度"就是企业在运营管理中达到成熟及卓越的效果（见图6-5）。

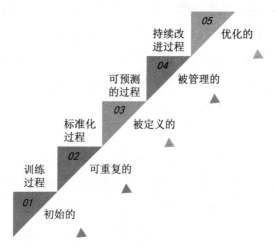

图6-5　企业管理成熟度的梯级模型

在此，我们总结出企业管理成熟度目标包括三大类目标：企业的产品目标、人才配备及胜任力目标、管理机制优化目标。

1. 产品目标

公式是：企业幸福力 = 企业产品力 + 企业营销力 + 企业财力。

优秀的企业一定要会设计自己的产品，因为优秀的产品会自己说话，营销可以事半功倍。产品目标包括产品标准化和产品分类、年度新产品的研发（见表6-5）。

（1）产品标准化：将所有产品进行标准化和文字化，包括产品的技术标准、交付标准、操作标准、服务标准、法律标准。产品标准化就是把口头的变成书面的，把模糊的变成清晰的，把个人的知识变成企业的智慧，把感觉变成标准的量化。

（2）产品分类：不同的企业有不同的产品分类模式。优秀的企业，产品应该划分为前端产品与后端产品，形成联动与反哺关系。

◆前端产品：企业用于开发新客户，便于让初级业务员销售出去的低利润产品。其客户满意度高，可树立客户对企业的品牌印象，为客户持续消费企业中、后端的更高利润产品做铺垫。其目的在于增加客户量和客户满意度，提高客户对企业品牌的忠诚度。

◆后端产品：企业的高利润产品，追求满足客户期望值。其客户黏性强，可树立企业在中高端客户群体中的形象，拉升企业在行业中的地位。其目的在于解决客户的深度需求，同时让企业获得更多利润。

（3）年度新产品研发：优秀的企业每年都会投入巨资进行新产品研发，增加科研、营销能力。

表6-5　某公司产品目标表

	精准产品 分类	一个事业部只有一个产品作为最核心的销售产品
产品 分类	前端产品	用于开发客户数量； 增加两个前端产品，用于新客户开发，新客户开发量较上年增长100%
	后端产品	用于增加销售额与利润 增加4个后端产品，用于提高利润与销售额，销售额增长150%、利润增长150%
	解决方案与 交钥匙工程	企业为客户提供从整体产品交付到系统安装、使用培训、增值服务等一条龙解决方案式产品系统
	工程招标 产品	搜集客户、分析有效客户、评估客户决策人、个性化公关、进行招标与成交、产品交付与培训、服务与转介绍的过程
新产 品研 发	步骤	①客户需求与战略分析 ②产品策划与测算 ③方案即销售文案 ④试销与正式形成方案
	新产品销 售比	新产品总销售额占所有产品销售总额的销售比例要求：新产品开发不低于7个，不低于20%的占比
产品标准化		是将产品说明、文字、合同、标准手册、宣传文档，均进行标准化的过程；一年时间内完成公司所有产品的标准化工作
产品专利与著作权		对公司的产品技术进行专利申请，对商标进行著作权申请。 公司每月申请专利不少于1个，商标每年不低于5个

2. 人才配备及胜任力目标

人才是企业最重要的资源，企业要确定核心人才的岗位及编制，且需大力培养，让人才在企业中发挥最大能效，贡献价值。人才配备及胜任力目标通常包括企业核心岗位、人才编制、渠道来源、核心知识及技能、人才培养等。

（1）企业人才目标制定须遵循如下六项原则。

①根据企业定位，确定用人标准；

②根据企业的目标规划与扩张规划（含销售额、成本、市场三项重要指标）决定企业关键人才岗位名称及人数；

③确定各个岗位人员编制；

④根据岗位特点，决定培养还是引进；

⑤安排培训计划和关键人才快速培养计划；

⑥组织人员培训及岗位考核，并将人才培养实行责任人分工制（人才的三种出路：晋升、特长生、支持生）。

注：企业的技术人才靠挖，管理人才靠培养，企业 80% 以上的人才要由企业自身培养。

（2）企业人才培养要建立在七个原理的基础上。

①企业人才来自对管理人员的培养；

②一个管理干部一年只能培养两个人；

③企业人才的多少取决于人才培养的基数大小；

④人才的任免与使用，应按照关键指标数据，而不能基于感情；

⑤企业的关键技术人才，以引进为主；

⑥企业的关键管理人才，以培养为主；

⑦榜样企业与卓越企业培养的人才，可作为本企业扩张的储备干部。

（3）企业人才培养可以按寻找、量化、定标、编写、训练、复制、通考、任用八个步骤进行（见图6-6）。

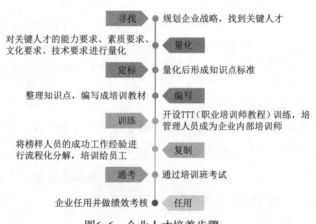

图6-6 企业人才培养步骤

3. 管理机制优化目标

企业要想完成销售目标，必须优化企业的管理系统。企业需要构建和优化的管理系统包括：战略系统、产品系统、供应链系统、销售系统、财务系统、激励系统、品牌系统、文化系统等。

其中，销售系统、财务系统、激励系统是企业走向成功的核心系统，也是企业家必须完成的核心使命。

企业年度目标的分解

在企业发展的规律中，没有利润是企业最大的风险。企业想要确保利润，除了有强大的管理能力，还要有明确的利润目标。

目标既是计划实施的主要内容，也是制订计划的基本依据。目标按照时间性可分为战略性的长期目标、战术性的中期目标、指向性的短期目标（年度）和具体性的执行目标（季度或月度）。

企业年度目标规划，用来明确企业年度发展的目标，确定企业年度的工作方向。清晰的年度目标规划，有利于规划企业各部门及各级管理人员的"责、权、利"，有利于企业内部实现"五统一"（见图6-7）。企业年度目标规划是企业老板必须具备的一个基本管理能力。

图6-7 企业的"五统一"

　　企业利润是企业在一定时期内生产经营的财务成果。结合企业年度目标规划可得出公式：企业利润＝企业年度销售目标－企业年度成本目标。

　　企业年度销售目标是企业年度经营目标的核心组成部分。企业年度销售目标包括年度销售额、年度预收款、年度应收款、年度预付款、年度应付款、年度销售比（单一产品占总销售额的比例）、年度呆账额、人均销量或人均产量等。

　　企业年度成本目标是企业为实现年度销售目标要付出的成本，也是企业年度经营目标规划中的核心组成部分。企业年度成本目标包括固定成本和变动成本两大类，具体可进行如下划分。

　　（1）销售成本：因销售产生的公关、日常差旅报销等相关成本。

　　（2）管理成本：因日常运营所产生的正常开支。

　　（3）办公成本：房租、固定资产投入及运营资产等费用。

　　（4）生产成本：因生产所产生的人员工资、物流、仓储、厂房、机械设备等费用。包括成本分摊和产品分摊。

　　（5）原材料成本：生产产品所用原材料的费用。

　　（6）折旧成本：固定资产与低值易耗品按照企业内部的规定进行相关折旧的费用。

　　（7）税金成本：根据相关规定，约定考核的税销比。

　　（8）约定服务费用：为防止客户退款、后续服务而产生的额外费用而提前预提的销售额费用，如销售额的1%。

　　（9）工资成本：团队人员的固定工资。

　　（10）销售提成成本：销售成功后支付给团队的奖金。如服务业在21%以内、快消品在13%以内、工业品在11%以内、代理业在7%以内等。

　　以上成本指标的要求，企业应结合过往历史数据、行业数据、资源状况、企业特性等进行制定。另有一些企业必须要压缩甚至要归零的成本，如由于不信任或流程不到位而产生的监督成本；为防止员工差错而付出的防范性成本；生产老旧的成本（含投资无用的固定资产），需要付出更高成本；增加无价值的管理成员而付出的成本；因为绩效考核及评估而产生的额外成本。

由以上说明可知，企业年度目标并非整体一块，而是分部门、分流程地"各自为战"。如果不能理解这一点，就会出现每到年底都无法落实年度目标的情况，原因就是不会做企业年度目标分解。其实，分解企业年度目标没有想象中困难，不要为一组组的数据和一项项的任务所遮蔽，不要直接拆分工作，而是要通过拆分工作表呈现，也就是说将年度目标细分到一张具体的工作表中（见表6-6）。

表6-6　某企业某部门的年度目标分解表

202×年×××公司年度战略目标分解表（×××部门）											（单位：万元）
考核分类	考核指标	计划目标分解（P）			达成措施与方法（D）			结果反馈（C）			改进措施（A）	
		时间（月份）	计划目标	占比	达成措施	内外部资源与支持	配合/协调部门	实际完成情况	实际目标达成率	目标达成情况分析	改进措施	责任人/跟踪人
		1										
		2										
		3										
		4										
		5										
		6										
		7										
		8										
		9										
		10										
		11										
		12										
	合计											

企业年度培训计划的内容

年度培训计划是每年度企业制订的员工培训计划，本质上属于作业计划，需要形成年度培训计划书。执行主体是企业各个责任部门，目的是保证全年培训管理工作及业务工作的质量。

年度培训计划的内容是各类作业计划的组合，包括培训组织建设、项目运作计划、资源管理计划、年度预算、机制建设等。其中，项目运作计划非常关键，必须考虑组织及员工两方面的要求、企业资源条件与员工素质基础、人才培养的超前性及培训效果的不确定性，确定项目培训的目标，选择培训内容及培训方式。

优秀的年度培训计划必须能回答：企业培训做什么？怎么做？何时做？谁来做？需要多少资源？预算是多少？会得到什么收益？

高质量的年度培训计划书主要考虑：培训需求调查、年度培训计划的制订、年度培训计划的组织实施、培训总结、培训效果评估等。

年度培训计划的内容通常包括培训目的、培训对象、培训课程、培训形式、培训内容、培训讲师、培训费用等，各部分都能保质保量实施，才能保证年度培训计划的总体实现，更可以为下一年度提供参考，或者按照某种速度递增模式发展。

（1）培训目的：每个培训项目都要有明确的、简洁的、可操作的、能衡量的目的，以便检验相关人员的培训效果和进行培训评估。

（2）培训对象：确定哪些人应该成为主要培训对象。根据二八法则，20%的员工是企业的重点培训对象，通常包括中高层管理人员、关键技术人员、营销骨干及业务骨干等。培训开始前应根据培训内容对培训对象进行分组，把同样水平的人分在一组，以提升培训效果。

（3）培训课程：年度培训课程要区分重点培训课程、常规培训课程和临时培训课程。其中，重点培训课程是针对企业的共性问题和发展大计，或者针对重点对象进行的专业度更高的培训；常规培训课程是企业年度培训的重头戏，针对企业年度经营实际问题和目标，面向企业内部大部分人员的培训；临时培训课程针对企业内部的突发性问题和临时任务，面向的对象是解决突发问题的人员或临时雇用人员。重点培训做得好可以极大提高企业的竞争力，因此需要集中企业的人力、物力来保证。

（4）培训形式：分为外训和内训。外训包括外部短训、MBA 进修、专业会议交流等；内训包括集中培训、在职辅导、现场教学、交流讨论、个人学习等。其中企业中高层管理人员、技术人员的培训以外训为主，普通员工以内训为主。

（5）培训内容：涉及管理实践、行业发展、企业规章制度、工作流程、专项业务、企业文化等课程。ADDIE 模型应用于培训课程开发阶段，为确定培训内容和实施培训提供系统化帮助（见图 6-8）。

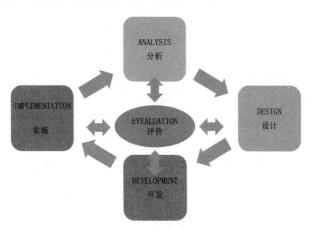

图6-8　ADDIE模型

（6）培训讲师：分为外部讲师和内部讲师。涉及外训或者内训中关键课程以及企业内部培训师能力不及的，就聘请外部讲师；涉及年度培训计划时要先确定讲师的甄选方向和范围，然后再根据具体培训的内容挑选最适合的讲解。

（7）培训费用：预算分配不能实行人均制，而应采用倾斜制，向高层管理人员、中层管理人员、销售骨干和技术骨干倾斜。经费预算的方法可根据销售收入或利润百分比确定。

注：以上七项内容不是每个企业实施培训都必须包含，也不是每个企业实施培训的所有项目，各企业应根据实际情况制订更有针对性的培训计划。在企业制订的年度培训计划中，通常要列出培训课程、培训时长、培训形式以及培训要求（见表6-7）。

表6-7　某企业年度人才培训计划表

	员工心态类	不少于12期
	执行力类	不少于12期
	职业化素养类	不少于4期
	沟通技巧类	不少于4期
	商务礼仪类	不少于4期
年度培训课题	领导力类	不少于4期
	公司制度类	不少于12期
	专业知识类	不少于12期
	产权知识类	不少于12期
	营销技巧类	不少于12期
	企业文化类	不少于4期
培训形式	□早会　　□夕会　　□总经理会议　　□专项培训训练营 □管理会议　□榜样培训　□网络会议　　□其他形式	
培训要求	①确定培训主题　②确定培训讲师　③确定培训对象　④确定培训时间 ⑤确定培训教材　⑥确定通关方式　⑦确定培训预算	

年度培训计划的最终形成和实施整体上是自上而下，再自下而上，最后又自上而下的过程，由企业下达或企业各部门主动形成培训流程。

第一步：各部门或下属机构根据自身需求情况制订初步的部门级年度培训计划（体现员工需求和部门需求两个层次）。主要方法有员工访谈调查、直线经理考核、改进意见采集等。

第二步：总部培训部门需要明确分析组织层面的需求，以作为年度培训计划的方向。具体方法是根据总部人力资源策略衍生出的培训规划进行培训计划分解，过程中注意排除个人意见干扰。

第三步：总部培训部门综合各部门和下属机构的年度培训计划，进行评价论证与协调，最后制订出企业年度培训计划。

第四步：各部门或下属机构根据企业通过的年度培训计划，完善本部门或本机构的年度培训计划，并提交总部培训管理部门备案，然后实施。

对于培训效果的评估，可以用柯氏四级评估模型（见图6-9）。在开展培训评估工作的过程中，培训管理者往往会遇到类似的问题点，如不能明确评估培训效果，没有找到可行的方法；很难证明绩效的改善是培训的功劳，也就是很难将培训的效果剥离出来；企业培训预算低，却希望培训有亮点，且能让利益各方认同等。其实，这些痛点基本上都可以从柯氏四级评估中得到启发。

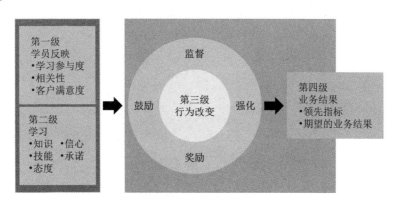

图6-9　柯氏四级评估模型

第七章
组织架构布局咨询

　　组织架构布局是企业激励系统建设的重要一步，企业家必须以发展的眼光为企业打造坚实的基础，并在此基础上延伸建设企业激励系统的其他模块，以确保整个企业激励系统建设科学有效。

　　随着企业激励系统每一模块由基础到完善，再到整体完成，亦是企业发展过程中内部管理需求的不断提升。组织架构布局融入了企业家对企业未来的规划与方向，因此企业必须设计组织架构图，且关系企业发展的关键人员都要参与其中。

组织架构设计原理

组织是由人组成的，为实现共同目的，按照正式程序建立的一种权责结构。组织具有四个必须——即必须具有共同的目标、必须有分工与合作、必须适应环境、必须有不同层次的权力与职责体系。

组织架构（Organizational Structure）是企业对于工作任务如何分工、分组与协调合作的基本形式，是承上启下的纽带。

承上：是企业战略规划得以实现的载体。

启下：是企业各部门权责关系的分解器。

组织架构的设计必须根据企业的管理模式、目标导向、行业特点、股份结构等因素，要具体体现组织内每个人所处的位置、承担的职责、拥有的权力范围。

组织架构的作用体现在以下六个方面。

（1）企业愿景的表现形式，清晰的愿景可激发员工的斗志。

（2）厘清管理思路，控制经营风险。

（3）让员工清楚自己的能力定位与职业方向。

（4）明确企业内部各岗位间的相互关系，即岗位在组织内部的位置、权力、责任、作用等。

（5）梳理工作流程，保证资源和信息流通的有序性与精简性。

（6）提升资源使用的效率和作用。

企业必须要有组织架构，就像国家政府必须要有各部委设置，这是企业成熟运作的标志。有架构才能搭建系统，有系统才会产生分工，有分工才能形成合作。

进行组织架构设计必须从以下四个方面综合考量。

（1）紧密围绕战略规划及现有业务设计。

（2）最大化发挥企业愿景与员工激励作用。

（3）根据企业不同发展时期和重点阶段设计组织架构，形成动态化管理。

（4）对各职能部门在企业中的位置，既要突出重点，又要保持整体平衡，切忌顾此失彼。

所有企业都具有组织架构，这是企业创立时就自带的属性。在这一点上不分大企业和小企业，不分独角兽企业还是快倒闭的企业，不分一人独资企业还是多人合伙企业。但并非有了组织架构就意味着万事大吉，有些企业的组织架构非常棒，在企业腾飞的路上起着极大的助力作用，也有些企业的组织架构非常差，一直在拖企业发展的后腿。例如某企业以生产中心为主，企业重点主要集中在生产上，没有销售部门进行业务拓展。这样的被动销售模式对企业未来的业绩增长极为不利，因此必须进行组织架构的二次设计。具体做法是：在突出生产中心重要性的同时，开设营销中心，改变以往的被动销售模式，保证企业的产销平衡性。

作为生产企业，居然一直不设立营销部门，变主动为被动、等待别人给幸福的组织架构非常不利于企业的发展。改变，是唯一的出路。但改变不是简单地缺什么补什么，需要对组织架构进行深入诊断，既要盘点企业现状，也要展望企业未来。在此我们推荐有"组织星盘"之称的六盒模型（见图7-1），将组织架构融入领导/管理、使命/目标、关系/流程、奖励/激励和帮助机制中综合调整。

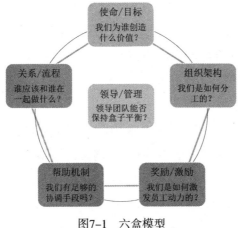

图7-1　六盒模型

高质量组织架构与一般组织架构对企业的支撑作用完全不是一个量级的，高质量的组织架构可以上通企业文化，下达员工生涯规划，贯通于企业经营的各个角落。对于组织架构的具体应用进行以下说明。

1. 用于吸引人才

优秀的企业要懂得以梦想、愿景来吸引人才，尤其是对企业核心人才的引进，要有清晰的企业愿景与个人前景、规范的组织架构与生涯规划、完善的薪酬标准与考核制度等，其中最重要的就是企业的愿景与个人的前景，这也是组织架构的作用之一。

2. 用于员工培训

组织架构图描绘了企业的发展方向，展示了企业的愿景，主要体现在企业文化培训和新员工入职培训上。企业应反复向员工宣讲，要对企业的前景、行业的前景做深入的价值塑造，方能由上至下达成共识，达到为完成企业目标与个人目标而共同努力的效果。

3. 用于企业文化

企业文化体系包括了企业的定位、使命、愿景、价值观，这些都是互相嵌套、互为依托的。但若是不将企业文化切实落地，就会形成口号性的空话，而组织架构是企业文化的形式体现。机构/部门设立合理、权责明确、岗位清晰、流程明确，企业文化就会像大师弹琴一样自然地表现出来。

4. 用于人力资源规划

完善的组织架构系统，可以从中清晰了解企业的用人现状与人员需求计划，可按阶段列明企业内各岗位目前的定岗、定编、定员计划，包括现已确立的机构/部门，正在建的机构/部门，以及未来将要开设的机构/部门，可为战略规划的实现提前储备好人才。

5. 用于岗位权责梳理

优秀的组织架构一定会列明企业内部各机构/部门的职责和权限范围以及它们之间的关系、各机构/部门内所有岗位的职责和权限范围以及它们之间的关系，为清晰界定各部门/机构的权责体系与各岗位的职责权限提供了依据。

6. 用于员工生涯规划

组织架构体现了企业内部各部门/机构以及下属各岗位的横向和纵向关

联关系，员工不仅能准确地为自己定位，还能从所在部门的纵向通道关系中描绘出自己的生涯规划通道图。即便员工自己不做，生涯规划企业也会本着挖掘内部人才潜力的目的帮助员工做好。

组织架构设计示例

为保证企业战略目标的实现，在充分了解企业现有条件和资源的基础上，还需建立匹配的组织架构图。组织架构图是以图示的形式对组织架构的直观反映，是最常见的一种表现岗位、员工、上下级关系的规划图，形象地反映了组织内各机构、各岗位上下左右相互之间的关系。

组织架构图的制定根据企业的资金实力、管理模式、目标导向、行业特点、股份结构等，还需充分调研产品特性、产品价格、销售模式、员工素质及胜任力、市场的空间、竞争环境的分析、国家政策研究、区域客户需求、抗风险能力等因素，对部门设置要做到合理安排，分工明确。

组织架构图是企业管理的指导和辅助工具，既体现人事权和财权的相对制约，又能兼顾部门之间的协调性与统一性；既可以让客户看到企业的组织形式和发展蓝图，又可以让员工看到企业未来的发展方向。

组织架构设计时既要严谨，又不能规定过死，需具有弹性空间，能适应新情况的变化，尤其是要适应企业战略规划的变化。通常在设计组织架构时，优先考虑设计未来一年的组织架构图，再根据企业未来3～5年的战略方向与市场因素，设计未来3～5年的组织架构图。也就是说，企业在设计组织架构图时，可能要设计2～3张组织架构图。

◆一年架构图：对企业现行职责进行优化调整。

◆三年架构图：激励系统导入基础完成，实现基础完善时对应的架构图。

◆五年架构图：结合和对应企业愿景所设计的架构图。

组织架构图的设计主要围绕"纵横两条线 + 总分支三个阶段"来设计。

◆纵向线——各岗位纵向层级关系（上下职级），体现了上下级之间的权属关系。

◆横向线——各部门、各岗位之间的横向协调关系（平行职级），体现了企业内部的工作流程。

◆总——确定组织架构类型。

◆分——进行各部门职能设置。

◆支——进行各岗位设计。

企业发展的各个阶段存在不同的权力架构，通常分为集权式、授权式和规范式。权力架构不同决定了组织架构设计也不同。

◆集权式：企业的管理权和决策权集中在决策层，老板参与实际经营，管理范围广。通常为创业期企业采用，以弥补管理人员不足和管理人员胜任力欠缺的问题。

◆授权式：是一种分权式管理模式，有职责划分和考核要求。企业决策层主要掌控重大事件（主要是人事权和财权），仍保留较强控制权。

◆规范式：按制度进行管理，将各岗位的人为影响降到最低，适合于成熟期的企业，该阶段企业盈利能力较强，员工职业化素质较高，管理机制健全。

组织架构设计的目标是建立本企业或本部门 / 机构的组织架构图，并详细说明组织架构图建设的先后顺序和职权顺序，因此必须在设计前进行四项准备，并在设计时运用五个步骤。

四项准备：

（1）了解本企业股东构成（有限责任公司、股份有限公司、个人独资企业、个体户、独立核算机构）。

（2）了解企业组织形式。

（3）了解总公司与分公司、子公司的关系。

（4）了解企业现有人力资源关系。

五个步骤：

第一步：选定一种组织架构形式。

第二步：依据选定的组织架构形式，选择本企业组织架构类型。

第三步：依据组织架构类型，设定各部门／机构的级别及名称。

第四步：依据各部门／机构类型，设定部门内各岗位的级别与名称。

第五步：结合行业特性进行完善。

在设计组织架构时，应着重从产品（研发、制造、采购）、营销（销售、交付、服务）、运营（人事、行政、财务）三个方面进行综合考虑，根据企业自身情况与行业特性有侧重地进行设计，同时兼顾各方面的平衡关系。

1. 产品

通过对产品的分析并结合战略规划，企业可以规划出组织架构的大致方向，是以利润中心统一生产经营为主，还是以事业部制各产品独立核算为主。

（1）研发：以技术领先为战略规划的企业，更偏重于产品、技术的研发，其特点是企业拥有自主研发技术，多以创新、专利、品牌等为企业利润的来源点。

技术领先型企业在设计组织架构时，必须考量技术研发在企业中的重要程度，关注研发团队的打造，对研发型岗位的设置应趋向全面，如技术岗、检验岗、品控岗、新品研发岗、技术升级岗等，还应考虑研发型人才的储备与引进，以提升企业技术水平。

创立于 1968 年的美的公司，由成立之初的街道小厂，到以家电业为主的大型综合性现代化企业集团，其组织架构经历了四次战略性变革，从创业阶段并不完善的集权式架构，到单一业务时的直线管理架构，再到多元化产品事业部制架构，到后期的事业部制再度改造。美的公司始终以技术领先为主导，目前旗下已拥有十余个知名品牌、众多产品事业部，产品种类齐全。自 2000 年进行事业部制改造至 2021 年年底，美的公司全年销售额已突破3142 亿元人民币，实现了十年增长数十倍的奇迹。

（2）制造：以生产制造为导向的企业（OEM 型企业属于此种导向），通常拥有规模化生产基地与生产团队、先进的生产设备，以及标准化和流程化的工艺流程，这种企业不一定拥有领先的核心技术，但可以实现快速、批量生产，多以工艺成熟度为企业利润的来源点。

制造型企业应在组织架构中重点设置生产中心，包括生产部、仓储部、物流部、设备部、质检部等，并着重考虑一线生产人员的招工与流失问题。

富士康集团作为制造型领军企业，是全球最大的电子行业制造商，始终以制造为导向，以"两地研发、三区设计制造、全球组装交货"的全球布局策略为指导进行组织架构设计，以达到批量生产、快速化、高品质、工程化服务、成本控制的目的。目前旗下已拥有众多制造基地，在华南、华东、华中、华北等地创建了八个主力科技工业园区，为大中型企业提供各种零部件批量化生产加工。

（3）采购：以低成本为核心竞争力的企业，其采购成本的高低直接关系到企业的利润空间大小，尤其是代理型企业和零售型企业多以采购为核心利润部门。

越是低成本领先的企业，越应着重对采购中心进行设置，包括各产品采购部、仓储部、物流部、质检部等，同时重点完善采购供应商资料体系。

某五金制造企业，总的材料成本占产品成本达60%，在一些同质化严重的细分产品领域，材料成本的占比更大。正因如此，该企业早就意识到降低材料成本对企业利润的重要性，其组织架构设计以采购中心为核心，全面实现了采购成本控制、库存成本控制、采购材料质量控制等核心部门的管理与配备。

2. 营销

从营销方面分析，前期进行充分的市场需求调研，并以市场需求为依据，生产和销售适销对路的产品以获取利润。

（1）销售：主要侧重于依据企业战略目标，制定销售模式、打造销售团队、拓宽销售渠道、增加市场占有率、提升销售额等。

在设计组织架构时应以市场策划为基础，重点建立完善的各级销售团队，并建立客户备案机制，主要部门包括销售部、市场部、策划部、客服部等，以及根据企业情况决定是否建立网络销售部。

1998年，安利中国打破海外安利将近40年的经营传统，对全国上百家机构进行统一管理，形成了一个规模性的全国销售服务网络，以为主店直销、铺货为辅的经营模式，广泛布局全国。各省设立销售分部，下设区域性销售部门，通过战略性扩张，从只有四人的团队发展成拥有数十万名员工、销售额达百亿以上的跨国企业。

（2）交付：销售之后是产品交付和后续服务阶段，在这一阶段企业应结合自身产品特性，完善交付流程，努力提高客户满意度。

在设计组织架构时，应以产品或项目的交付流程为主线，关注交付型技术人才的培养与引进，并重视客户服务与管理，以完善的交付流程与后期服务增加客户满意度，促进重复消费与客户转介绍。其组织架构包括技术部、客服部、项目交付部、技术培训部等。

克丽缇娜美容连锁机构，通过对以连锁加盟店的统一化管理模式为基础，以国际一流的研发技术团队为核心，注重对营销与技术交付团队的打造，已拥有全国性布局的分公司与众多加盟门店。前期销售部门主要负责营销售卡，后期以美容技师为主要交付者，客服部为主要客户服务者，并在交付与服务中产生后续消费，从销售、交付，到后期服务，形成了分工明确、流程有序的营销组织架构体系。

（3）服务：以服务为主的企业，应提升客户体验，以提升企业知名度，增加客户的重复消费和转介绍。

以服务为主的企业，可能没有核心的技术交付、没有丰富的营销模式，但在设计组织架构时应将重点放在服务团队的打造上，其组织架构包括客户服务部、员工培训部等。

海底捞以其丰富、细致的服务赢得了众多客户的青睐，形成了他人无法复制的客户服务体系，打造了企业核心竞争力。在组织架构设置上，将权力充分下放，使每位员工都有主人翁意识，并注重对服务团队的打造与激励，同时强化人员培养，形成了以服务为招牌的独特的企业文化。2012年根据人们生活习惯的改变，海底捞调整经营策略，实现了24小时外卖服务。不断完善的服务体系使海底捞的业绩不断增长，成为人们喜爱的餐饮品牌之一。

3. 运营

运营部门肩负着企业的日常管理、风险管理、人员管理等重要职能，是企业发展不可或缺的重要助推器。

（1）人事：负责完成企业内部的人员管理、薪酬核算、绩效考核、职业生涯规划、人才培养、外部人员的引进与招聘等。人资部门的架构设置根据企业规模的不同而不同，主要有人事专员、招聘专员、薪酬绩效专员、培训专员、劳动关系专员、社保专员等。

（2）行政：主要负责企业内部所有运营工作以及基本外联工作。行政部门的架构设置主要包括行政岗、前台接待岗、后勤保障岗、司机等。

（3）财务：主要负责企业内部财务风险管控、日常财务管理、账务核算、税务筹划、预算管理、内控管理等工作。财务部门的架构设置同样根据企业规模的不同而不同，主要有出纳岗、各类会计岗、分子公司会计管理岗等。

接下来探讨组织架构图的类型。常用的企业组织架构类型有有限公司制、事业部制、集团制、连锁制等，将做详细介绍。另有分公司制、子公司制，可自行了解。

第1类——有限责任公司

有限责任公司又称有限公司，是最常见的组织架构形式，是由符合法律规定的股东出资组建、股东以其出资额为限对公司承担责任、公司以其全部资产对公司的债务承担责任的企业法人（见图7-2）。按《中华人民共和国公司法》的规定，有限责任公司的股东人数为2人以上，50人以下。

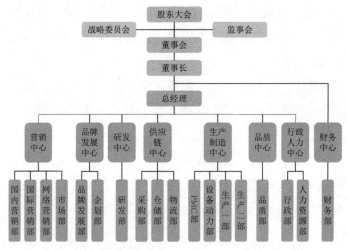

图7-2　有限责任公司组织架构图示（生产制造公司）

第2类——事业部制

事业部制是指以某个产品、地区或客户为依据，将相关的研究开发、采购、生产、销售等部门结合成一个相对独立单位的组织架构形式。各事业部有各自独立的产品或市场，在经营管理上有很强的自主性，实行独立经营和独立核算，是一种分权式管理架构（见图7-3）。事业部制的优点是独立性强，利益驱动清晰；缺点是重复建设，资源浪费。

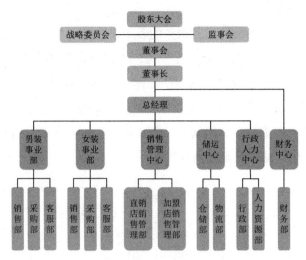

图7-3　事业部制组织架构图示（服装销售公司）

第3类——集团公司制

集团公司是为了一定目的组织起来共同行动的团体公司，是以资本为主要联结纽带、以母子公司为主体、以集团章程为共同行为规范的，是由母公司、子公司、参股公司及其他成员共同组成的企业法人联合体。

企业发展到一定阶段，通常会建立集团公司制。因此，集团公司多指拥有众多生产、经营机构的大型企业。一般都经营着规模庞大的资产，管辖着众多生产经营单位，并且在其他分公司、子公司中拥有自己的权益（见图7-4）。

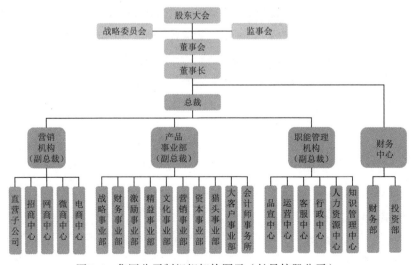

图7-4　集团公司制组织架构图示（长贝控股公司）

第4类——连锁制

连锁制是指经营同类商品或服务的若干个企业，以一定的形式组成一个联合体，在整个规划下进行专业化分工，并在分工基础上实施集中化管理，将独立的经营活动组合成整体的规模经营，从而实现规模效益（见图7-5）。连锁制具有统一的产品、统一的领导、统一的制度、统一的文化四个特征，广泛运用于餐饮、零售、休闲娱乐、教育培训、生活服务、医疗健康、汽车服务、房产家居、酒店等服务类行业。

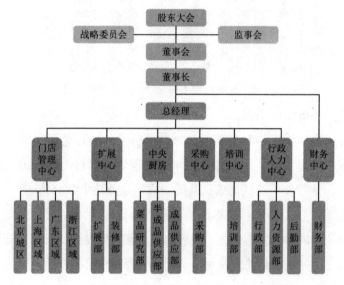

图7-5　连锁制组织机构图示（餐饮连锁公司）

注：企业在实际制定组织架构图时，可能存在各种类型的组合，比如事业部制＋有限公司制，事业部制＋连锁制等。尤其是集团公司制的企业，一般都是多种类型组织架构的结合。

人事权和财权界定表

很多企业将人事权和财权混在了一起，认为方便管理，很显然是没有划分清楚人事权和财权。虽然人事权和财权有交集之处，但两者权力范围的界定还是比较明显的，尤其是企业各级领导者在人事权和财权的界定上更为明确。下面用表格的形式进行呈现（见表7-1）。

表7-1 人事权和财权界定表

类别	项目	标准/范围	各部门负责人	总经理	董事长
制度管理	基本制度	人事、资产、财务、安全、生产、经营等	审核	批准	
	具体规章	实施细则、一般制度和流程		批准	
人力资源	组织机构	内部机构设置方案	拟定	审核	批准
	重大人事政策	工资、福利、奖惩政策	拟定	批准	
	人员任免	总经理、财务负责人		提名	批准
		副总经理、各部门负责人	提名	审核	批准
		中层及以上岗位	按照"三重一大"有关规定执行		
		其余人员（一般岗位）	审核	批准	
	定薪与奖惩	总经理、财务负责人		拟定	批准
		副总经理、各部门负责人	拟定	审核	批准
	其他	其余人员（一般岗位）	按分管权限进行审批		
		劳动合同	法定代表人或其授权人签订		

续表

类别	项目	标准/范围	各部门负责人	总经理	董事长
财务管理	内部经营指标	年度内部经营考核指标的确定和调整	审核	批准	
	资金预算、决算	年度资金预算、决算	拟定	审核	审议
		月度资金预算、决算	拟定	批准	
	资金支付	捐赠		审核	批准
		月度预算内资金支付		批准	
		年度预算内资金支付		批准	
		预算外和超预算资金支付		审核	审批
		10万元以内的报销项目		批准	
		10万元及以上的费用报销项目		审核	批准
		预算外费用报销		审核	批准
合同管理	经营类合同	10万元及以上		审核	签订
		10万元以下		签订	
	物资采购类合同	10万元及以上		审核	签订
		10万元以下		签订	
		涉及招标的，按照招标管理办法执行			
	基建工程类合同	5万元及以上		审核	签订
		5万元以下		签订	
	融资合同	融资合同		审核	批准
销售管理	销售政策	销售政策	拟定	审核	批准
	销售定价	销售定价	由定价委员会研究确定		

备注:
①以上业务涉及上级主管公司审批权限的，按有关规定办理。
②以上为教材案例，各企业设计时结合本企业实际情况

定岗、定编、定员方案

进行组织架构设计是为了合理进行定岗、定编、定员，不能岗少人多，也不能岗多人少，因此需要考虑企业的管理幅度与管理层次。

管理幅度是一个人能直接高效地领导下属人数的限度。比如一家企业共有 100 人，总经理直接管理 8 个部门经理，则该总经理的管理幅度为 8 人。

如果没有管理幅度的限度，一个人直接领导的下属人数可能会有很多，当下属人数越来越多时，其管理的面就会加宽，因受精力、体力、时间和知识面的限制，管理效果必然会下降，严重时可能出现管理失控的情况。

管理层次是在企业范围内所设置的，从最高领导层向下至一线员工之间的职位层级数。比如一个企业从上到下，设有总经理、总监、部门经理、主管、职员，则管理层次为五层。在极简组织的概念下，管理层次被要求简化，但绝非越少越好，管理层次的设定必须以符合企业管理现状和未来发展为根本。

通常情况下，管理幅度和管理层次之间呈负相关，即管理幅度越大，管理层次越少；管理幅度越小，管理层次越多。

在定岗、定编、定员方面，很难从企业的整体角度进行设置，而应该划分至各个部门、甚至各项目组进行设定。因为越向下越能知道具体需要哪些岗位和需要多少人力。因此，企业进行定岗、定编、定员时，必须先设置各部门，再通过部门确立岗位，根据岗位设定编制，然后为岗位配备人力。

某公司的最高权力机构是股东大会，并设有监事会，由全体监事构成，代表股东对公司业务活动及会计事务等进行监督。董事会为股东大会的常设权力机构，也是公司的经营决策机构，对股东大会负责。董事长对公司董事会或董事局负责，是公司的直接负责人和最高领导者。总经理是公司业务执行的最高负责人，由股东或职业经理人担任。总经理对董事会负责，执行董事会的战略决策，实现董事会制定的经营目标。股东、董事长、总经理的角色定位中，股东是投资方，董事长是经营方，总经理是执行方。企业下设有生产中心、营销中心、行政中心，职位从经理向下至专员、班组长、文员、工程师等（见图7-6、图7-7、图7-8）。

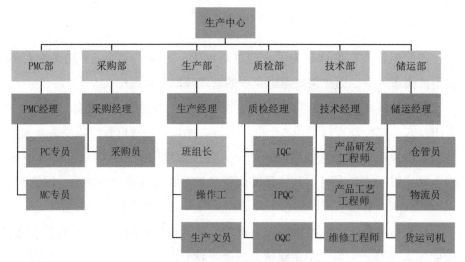

图7-6　某公司生产中心组织架构

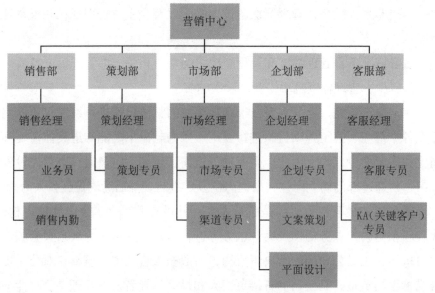

图7-7　某公司营销中心组织架构

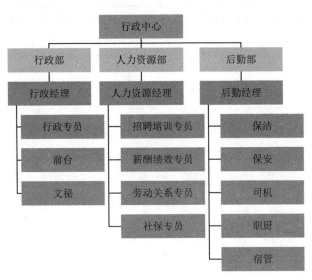

图7-8　某公司行政中心组织架构

由以上三种组织架构图可以看出，企业内部组织架构设计应以事为中心，因事设岗，因岗设人，岗设人来，岗撤人裁。定岗定编定员表的编写必须依照本企业的组织架构，将部门、岗位名称、在职人数、兼职人数、待招聘人数等罗列清晰（见表 7-2）。

表7-2　定岗、定编、定员表

部门名称	岗位名称	现有人数	202×年编制	需招聘	兼职数	转岗/晋升	备注
董事办	董事长						
	董事长秘书						
总经办	总经理						
	副总经理						
	总经理助理						
财务部							
销售部							
市场部							
企划部							
客服部							

部门名称	岗位名称	现有人数	202×年编制	需招聘	兼职数	转岗/晋升	备注
研发部							
采购部							
PMC部							
生产部							
质检部							
储运部							
行政部							
人资部							
信息部							
合计							

跨部门协调事宜表

　　企业由多个部门组成，相互联动、相互配合才能将工作做好。这就涉及部门协作的问题，在"部门墙"林立的企业内部，跨部门协作难以达成，严重影响企业日常经营。为了破除"部门墙"和预防"部门墙"的产生，企业内部各部门可以通过制定跨部门协调事宜表的形式实现，严格规定哪些事务必须予以其他部门配合，否则就会因工作失误而受到惩罚。

　　跨部门协调事宜表无法一次性成型，需要在实际工作中不断调整，以达到最佳合作效果。因此要求企业各部门、各岗位、各工作人员认真履行协作义务，不断总结经验，加快完善跨部门协调事宜表的制定工作（见表7-3）。

表7-3　某公司销售部制定的跨部门协调事宜表

（仅详细列出和财务部的协作事宜）

部门名称	营销部		经理姓名	×××	制表年度	202×年
配合支持部门	支持协助相关事宜		时间节点	负责人	负责人	责任双方签字
财务部	收款通知、确定实际入账（实时）；待入账的状态，每个工作日上午10：00前（当日9：30前的回款）、下午6：00前（当天下午5：40前的回款）各通知一次		10：00、18：00	出纳：×××	业务员	
	每月第3个工作日提供上月的《应收账款回款跟进表》		每月第3个工作日	应收会计：×××	业务经理	
	每月第5个工作日提供上月的《业绩核对表》		每月第5个工作日	应收会计：×××	业务员	
	每月20日前提供上月的《部门费用表》		每月20日前	总账会计：×××	业务经理	
	每月20日前提供上月的《毛利率分析表》		每月20日前	成本会计：×××	业务经理	
	要求财务配合完成《客户信用调查表》，收到需求后两个工作日内系统申报		两个工作日	应收会计：×××	业务员	
	审核销售出库通知单，在上午11点前、周一至周五16：00及17：30前、周六15：30前完成		11：00/16：00/17：30/15：30	应收会计：×××	跟单员	
	每月27日前提供对账单给业务人员，上月26日至本月25日周期与客户发生业务明细，客户确认后一周内必须开发票		每月27日前	应收会计：×××	业务员	
采购部						
研发部						

配合支持部门	支持协助相关事宜	时间节点	负责人	负责人	责任双方签字
PMC部					
生产部					
品质部					
储运部					
行政部					
人资部					

第八章
岗位权责梳理咨询

　　岗位权责书是帮助企业明确各岗位职责，解决各项工作由谁来做和做什么的问题。岗位权责书是企业激励系统导入工作有效开展的基础，通过岗位权责书能够清晰看到岗位全部工作职责的量化、细化标准，从而依据岗位职责的内容与权限范围，进行各岗位价值薪酬测算，并为绩效考核提供有力的指标依据。

岗位权责书原理

岗位权责书是指依据企业战略规划与组织架构，将企业各岗位进行合理分工，规范性地定义每个岗位的名称、任职资格、工作内容及岗位权限，从而为企业管理活动提供各种有关工作方面的信息（见图8-1）。岗位权责书是企业管理的基础，是企业从生存到发展过程中非常重要的一个环节。

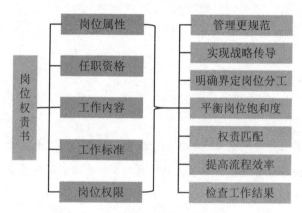

图8-1　岗位权责书在企业管理中的作用

（1）管理更规范。岗位工作内容由管理人员下达命令指挥变为详细的岗位权责书约定，避免了人为因素，使管理更加规范。优秀的企业不会因人设岗，而是根据战略规划的需要，先进行岗位设置，再去招揽合适的人才。

（2）实现战略传导。通过岗位权责书可以明确企业岗位设置的目的，了解各岗位如何为企业创造价值，如何支持企业的战略目标与部门目标。因此，岗位权责书就是将战略目标逐层分解至各个岗位，以确保企业整体战略目标的完成。

（3）明确界定岗位分工。岗位权责书明确规定了每个岗位的任职资格、工作内容与工作职责，消除了工作中的职责交叉和职责空缺的现象。各项工作的责任人清晰，避免了工作边界不清导致的扯皮推诿，当工作中出现问题，可快速定位责任人。

（4）平衡岗位饱和度。岗位权责书将企业各项工作内容分配落实到具体岗位上，并充分考虑岗位的饱和度，避免了"有的人无事可做，有的人无时间休息"的不平衡现象，达到"人人有事做，事事有人做"的管理目标。

（5）权责匹配。一些企业的管理层岗位存在着"责任大，权力小；有责任，没权力"的不良现象。权力要么都归属于老板一人，要么在不需要担责的人那里。做不到权责匹配，人才就无法发挥能力，企业也无法发展。企业家要敢于放权并懂得授权，将权力下放给有能力的人。通过岗位权责书可以明确企业授权或权力分配体系，将各岗位的权力与责任进行清晰的界定，达到所有岗位权责一致，权力越大，责任就越大。

（6）提高流程效率。通过岗位权责书理顺流程上下游各环节的关系，消除由于工作设置或工作界定导致的流程不畅、效率低下的现象，系统化地提高企业的流程效率。

（7）检查工作结果。岗位权责书有助于员工对照工作标准了解自身的工作能力和工作效果，主动检查工作中的问题，并进行改进。直属管理者也能清晰量化其工作成绩，为绩效考核提供了依据。

岗位权责梳理可以通过23种方法实现，为便于理解，我们将这些方法分别归于四大类，并对其中一些关键方法做简要介绍（见表8-1）。

表8-1　岗位权责梳理四大类方法

通用工作信息搜集方法	以人为基础的系统性方法	以工作为基础的系统性方法	传统工业企业职位分析方法
访谈法	职位分析问卷法	职能性职位分析法	时间研究法
非定量问卷法	管理职位分析问卷法	任务清单分析法	动作研究法
主题专家会议法	工作要素法	关键事件法	标杆研究法
文献分析法	工作诊断调查法	管理及专业职位功能清单法	工作负荷分析及人事规划法
工作日志法	能力需求量表法		电脑模拟职位分析法

续表

通用工作信息 搜集方法	以人为基础的 系统性方法	以工作为基础的 系统性方法	传统工业企业 职位分析方法
观察法	临界特质分析法		
	工作成分清单法		
	职位分析清单法		

（1）访谈法：访谈人员就某一岗位与访谈对象按事先拟订好的访谈提纲进行交流和讨论。该方法能够适用各类岗位的岗位分析要求，而且这是对中高层管理职位进行深度岗位权责梳理效果最好的方法。访谈的成果不仅表现在书面信息的提供上，更重要是通过资深岗位权责梳理师指导，协助任职者完成对职位的系统思考、总结与提炼。

访谈的一些示例：

◎请您用一句话概括您的职位在本公司中存在的价值是什么。

◎您认为自己的主要工作职责是什么？（请至少列出一项职责）

◎请您指出以上各项职责在工作总时间中所占的百分比重。（请指出其中耗费时间最多的一项工作）

◎请您指出以上工作职责中最为重要、对公司最有价值的工作是什么。

◎组织所赋予您的最主要的权限有哪些？您认为这些权限中哪些是合适的，哪些需要重新界定？

◎您认为要出色地完成以上各项职责需要什么样的工作能力和经验（类型和时间）？

◎您在工作中自主决策的机会有多大？

◎……

（2）非定量问卷法：以书面形式通过对任职者或者其他职位相关人员单方信息传递实现的职位信息收集方式，分为定量结构化问卷和非结构化问卷。定量结构化问卷是在相应理论模型和假设前提下，设计封闭式问题的问卷，通过对信息的统计分析形成对岗位的量化描述或评价。非结构化问卷被目前国内企业较多采用，能对岗位信息进行全面、完整的调查收集，适用范围广泛，能根据不同的组织性质和特征进行个性化设计。

（3）主题专家会议法（SMEs 会议法）：与熟悉企业内目标职位的任何人，包括任职者、直接上司、曾经任职者、内部客户、其他熟悉目标职位的人以及咨询专家、外部客户、其他组织标杆职位任职者集思广益的过程。该方法主要用于建立培训开发规划、评价工作描述、讨论任职者绩效水平、分析工作任务、职位设计等，可具体划分为专家会议调查法、头脑风暴法、个人判断法、集体判断法。

（4）文献分析法：通过现存的与工作相关的文档资料进行分析提炼、总结加工，来获取工作信息。该方法一般用于收集工作的原始信息，编制任务清单初稿。信息来源包括内部信息和外部信息。内部信息包括《员工手册》《公司管理制度》《职位职责说明》《绩效评价》《会议记录》《作业流程说明》《ISO 质量文件》《分权手册》《工作环境描述》《员工生产记录》《工作计划》《设备材料使用与管理制度》《作业指导书》等。外部信息主要指其他企业岗位权责梳理的结果，但需保证所选目标企业应与本企业在性质上、行业上和目标职位上具有较高的相似性。

（5）工作日志法：由任职者按时间顺序详细记录自己在一段时间内的工作内容与工作过程，经过归纳、分析，达到岗位权责梳理的目的。在工作日志法的填写过程中，岗位权责梳理人员应积极参与填写过程，为任职者提供专业帮助与支持。另外，项目小组也可以组织中期讲解会、岗位权责梳理研讨会等形式跟踪填写过程，以减少误差。

（6）观察法：岗位权责梳理人员在不影响被观察人员正常工作的条件下，通过观察将有关工作的内容、方法、程序、设备、环境等信息记录下来，最后将取得的信息归纳整理为适合使用的岗位权责书。

观察法的要求：

◆所观察的工作应具有代表性。

◆在观察时尽量不要引起被观察者的注意。

◆观察前确定观察计划（含有观察提纲、观察内容、观察时刻、观察位置等）。

◆观察时思考的问题应结构简单，并反映工作有关内容，避免机械记录。

◆在观察时，岗位权责梳理人员应以适当方式将自己介绍给被观察者，使对方接受。

（7）职位分析问卷法：简称PAQ。实施步骤为：明确岗位权责梳理的目的→赢得组织支持→确定信息收集的范围与方式→培训PAQ分析人员→与员工沟通整个项目→收集信息并编码→分析岗位权责梳理的结果。PAQ包含194个项目，其中187项被用来分析完成工作过程中员工活动的特征（工作元素），另外7项涉及薪酬问题（见表8-2）。

表8-2　PAQ问卷示例

第一类——信息输入：从何处以及如何获得工作所需的信息		第二类——体力活动：工作中包含了哪些体力活动，需要使用什么工具设备	
知觉解释	解释感觉到的事物	使用工具	使用各种机器、工具
信息使用	使用各种已有的信息资源	身体活动	工作过程中的身体活动
视觉信息获取	通过对设备、材料的观察获取信息	控制身体协调	操作控制机械、流程
知觉判断	对感觉到的事物做出判断	技术性活动	从事技术性或技巧性活动
环境感知	了解各种环境条件	使用设备	使用各种各样的装备和设备
视觉运用	使用各种感知	手工活动	从事与手工操作性相关的活动
		身体协调性	身体一般性协调
第三类——脑力处理：工作中有哪些推理、决策、计划、信息处理等脑力加工活动		第四类——工作发生的自然环境和社会环境如何	
决策	做出决策	潜在压力环境	环境中是否存在压力和消极因素
信息处理	加工处理信息	自我要求环境	对自我严格要求的环境
		工作潜在危险	工作中的危险因素
第五类——人际关系：工作中需要与哪些人发生何种内容的工作联系		第六类——其他特征：其他活动、条件和特征	
信息互换	相互交流相关信息	典型性	典型和非典型工作时间的比较

一般私人接触	一般性私人联络和接触	事务性工作	从事事务性工作
监督/协调	从事监督协调等相关活动	着装要求	自我选择与特定要求着装的比较
工作交流	与工作相关的信息交流	薪资浮动比率	浮动薪酬与固定薪酬的比率
公共接触	公共场合的相关接触	规律性	有无规律工作时间的比较
		强制性	在环境的强制下工作
		结构性	从事结构性和非结构性工作活动
		灵活性	敏锐地适应工作活动、环境的变化

◆按照 PAQ 给出的计分标准，确定职务要素的得分——即 NA（不曾使用）、1（极少）、2（少）、3（中等）、4（重要）、5（不重要）。

（8）管理职位分析问卷法：简称 MPDQ。该方法是利用工作清单专门针对管理职位分析而设计的定量化测试方法，涉及管理者所关心的问题、所承担的责任、所受的限制以及管理工作所具备的各种特征。主体包括 15个部分、274 项工作行为，由管理职位任职者填写，用于收集职位相关信息（见表 8-3）。

表8-3 MPDQ问卷示例

序号	主要部分	项目释义
1	一般信息	描述性信息，如工作代码、预算权限、主要职责等
2	结构图	职位在组织架构中的位置，如上司、平级、下属等
3	决策	决策活动描述和决策的复杂程度
4	计划组织	战略性规划和短期操作性计划、组织活动
5	行政事务	包括写作、归档、目录、申请等活动
6	控制	跟踪、控制和分析项目预算、生产、服务等
7	监督	监督下属工作
8	咨询创新	为下属或其他工作提供专业性、技术性的支持
9	工作联系	内部工作联系与外部工作联系，包括联系的对象与目的

序号	主要部分	项目释义
10	协调	在内部联系中从事的协调性活动
11	表达	在推销产品、谈判、内部激励等工作中表达行为
12	指标监控	对财务、市场、经营以及政策等指标的监控和调节
13	KSAs	工作对任职者知识、技术和能力的要求以及所需的培训活动
14	自我评价	上述十项管理功能的时间和相对重要性评价，其中"计划组织"功能分为战略性规划和短期操作性计划两个方面
15	反馈	任职者对本问卷的反馈意见以及相关补充说明
	总计	

（9）工作要素法：简称 JEM，只有对完成工作研究有重要影响的要素才会被列入考虑之中，而不是所有与工作相关的要素都要考虑。工作要素通常包括：

①知识：如专业知识掌握程度、外语水平、知识面的宽窄等；

②技能：如计算机运用、驾驶技术、叉车操作技术等；

③能力：如口头表达能力、判断能力、管理能力等；

④工作习惯：如对工作的热爱程度、承担超负荷的工作的意愿、工作时间不规律等；

⑤个性特点：如自信、主动性、独立性、外向、内向等。

（10）临界特质分析法。进行临界特质分析时，要由直接主管、其他主题专家组成员和任职者评价 33 种特质的相关性、等级和实用性，也就是评价该工作岗位达到可接受的绩效水平与哪些特质相关、需要达到哪种等级以及要求是否实际等。具体可分为如下三步。

①选择和培训分析团队成员——临界特质分析由一组分析人员完成，包括 1 名主持人和至少 5 名分析人员；

②完成临界特质分析卡（TTA 卡）——临界特质分析开始于 TTA 卡的填写（见表 8-4）；

③整理并总结 TTA 卡——在分析人员完成 TTA 卡的填写后，剩下的内容由主持人完成。

表8-4 TTA卡示例

工作名称					分析人姓名			
隶属部门					分析日期			
范围	特质	步骤one			步骤two		步骤three	
	力量	A	B	C	D	E	F	G
身体特质	耐力							
	敏捷性							
	视力							
	听力							
智力特质	感觉知觉							
	注意力							
	记忆力							
学识特质	计算能力							
	口头表达能力							
	书面表达能力							
	计划性							

● 步骤one——评定相关性

● 步骤two——可接受绩效（当C为1时填写）

● 步骤three——优秀绩效（当C为1时填写）

A为重要性：该特质是否对于完成本工作的某些职能很重要？选择1是或0不是

B为独特性：对于该特质的要求是否达到1、2、3等级？选择1是或0不是

C为相关性：填写A与B的乘积

D为特质等级：为达到可接受绩效应具备该特质的哪个等级？请填写1、2、3或0

E为实用性：预计多少求职者能达到该特质等级？＞10%填写2，1%～10%填写1，＜1%填写0

F为特质等级：为达到优秀绩效应具备该特质的哪个等级？填写0、1、2、3

G为实用性：填写0、1、2、3

（11）职能性职位分析法：简称FJA。实施程序为：①回顾现有的工作信息；②安排同SMEs的小组会谈；③分发欢迎信；④确定FJA任务描述的方向；⑤列出工作产出；⑥列出任务；⑦推敲任务库；⑧产生绩效标准；⑨编辑任务库。

职能性职位分析法的要求：

◆工作设施要与职工身体条件相适应。

◆对职工工作过程进行详细分析。

◆考虑工作环境／条件对职工生理和心理的影响。

◆考虑职工的工作态度和积极性。

（12）任务清单分析法：简称 TIA。实施步骤：①构建任务清单；②利用任务清单收集信息；③分析任务清单所收集的信息，可量化的信息可用计算机程序进行统计分析，不可量化或为某些特殊目的收集的附加信息，应根据岗位权责梳理目的进行相应处理；④利用任务清单编辑岗位权责书（包括工作描述和工作规范两部分）。

（13）关键事件法：简称 CIT，要求岗位工作人员或其他有关人员描述能反映其绩效好坏的"关键事件"，然后将其归纳分类，形成对岗位工作的全面了解。关键事件的描述包括：①导致该事件发生的背景、原因；②员工有效的或从余的行为；③关键行为的后果；④员工控制上述后果的能力。

关键事件法的要求：

◆调查期限不宜过短。

◆关键事件的数量应足够说明问题，事件数目不能太少。

◆正反两方面的事件都要兼顾，不得偏颇。

岗位权责书示例

鉴于岗位权责书对于企业管理的重要意义，在制定时必须遵守如下六项原则。

（1）客观真实，坚持实事求是。

（2）语言精确，杜绝模棱两可。

（3）表达简练，避免官话套话。

（4）内容全面，切勿以偏概全。

（5）责任量化，不能泛泛笼统。

（6）精心细致，保证工作质量。

一份完整的岗位权责书由三个部分构成，即岗位属性及任职资格、工作内容及附属表单、岗位权限表。

1．岗位属性及任职资格

该部分包括岗位名称、所属部门、上级岗位、管辖人数、下级岗位、有无兼职、岗位任职资格要求等内容（见表8-5）。

表8-5　岗位权责书之岗位属性及任职资格

岗位名称		所属部门	
上级岗位		管辖人数	
下级岗位		有无兼职	
岗位任职 资格要求	◆ 年龄： ◆ 性别： ◆ 籍贯： ◆ 学历： ◆ 婚姻状况： ◆ 经验要求： ◆ 知识要求： ◆ 能力要求： ◆ 其他要求：		

◆岗位名称：组织架构图中设置的岗位名称，而非具体人名。

◆所属部门：组织架构图中明确设置的部门名称。

◆上级岗位：本岗位的直接上级岗位名称，无上级则填"无"。

◆管辖人数：本岗位直接管辖人数。

◆下级岗位：本岗位的直接下级岗位名称，无下级则填"无"。

◆有无兼职：本岗位由于组织架构设计及实际工作需要，是否设置兼职。

◆岗位任职资格要求：从事该岗位工作所必须具备的基本资格条件，主要有年龄、性别、籍贯、学历、婚姻状况、经验要求、知识要求、能力要求、其他要求等，可根据企业特性进行增删改。

2. 工作内容及附属表单

为完成本岗位工作所需从事的任务内容，通常包括：负责的工作内容、协助的工作内容、监督的工作内容、上级临时安排的工作内容等。为了更好地完成具体工作，还需要由附属表单来记录过程，作为工作项目的细则和补充（见表8-6）。

表8-6　岗位权责书之工作内容及附属表单

序号	工作内容	附属表单
1		
2		
3		
……		

3. 岗位权限

本岗位为了更好地完成工作内容，需要配套的人事权和财权。通常：与资金使用相关、与人员任免相关、与下级奖惩相关、与工作裁决相关、与绩效考核相关、与工作指挥相关、与产品定价相关、与业务流程相关、与合同签订相关、与代表公司对外联络相关（见表8-7）。

表8-7　岗位权责书之岗位权限

序号	内容
1	
2	
3	
……	

综合本章两节内容所述，我们对岗位权责书的实施原理和落地实操有了非常深入的了解，为了进一步加深印象，下面通过完整示例呈现（见表8-8）。

表8-8 营销总监岗位权责书（完整版）

岗位属性及任职资格			
岗位名称	营销总监	所属部门	营销中心
上级岗位	总经理	管辖人数	5人
下级岗位	销售经理、招商经理、策划经理、大区经理、网销经理	有无兼职	无
岗位任职要求	◆ 年龄：28～45岁 ◆ 性别：不限 ◆ 籍贯：不限 ◆ 婚姻状况：已婚优先 ◆ 学历：大专以上，营销类专业优先 ◆ 经验要求：5年以上营销经验、3年以上岗位经验（同行业） ◆ 知识要求：精通市场营销知识、相关行业知识和合同签订 ◆ 能力要求：独立解决问题、市场预测、竞争对手分析、团队组建、大客户谈判等 ◆ 其他要求：表达能力、书写能力、身体健康、抗压能力、品行端正等		

工作内容及附属表单		
序号	具体工作	附属表单
1	根据公司战略目标制定营销中心的经营规划，每年12月25日汇报年度规划，每月30日汇报下个月规划，要求通过率90%，实施率100%以上	《营销中心年度战略目标分解计划》
2	负责制定和优化营销中心各项规章制度和流程，报总经理，通过率90%，执行率100%。①根据业务和行业变化，制定最新的适合本中心的相关规章制度，将因制度不合理导致的人员流失率降为零；②每年至少优化一次中心相关制度流程，中心工作效率提高率不低于10%；③定期监督各部门的制度执行情况，发现问题及时沟通调整	《营销中心制度汇编》
3	负责本中心的日常管理工作，促进公司营销部门完成公司整体目标，并对下属各经理进行营销指标的分配和考核，要求指标达成率90%以上，下属满意度85%以上	《销售计划及达成统计表》 《满意度调查表》
4	根据市场、产品、客户的变化，制定公司相应的营销策略和招商会议，报总经理审批，通过率及实施率均为90%以上	《周期营销策略报告》
5	每月参加公司经营分析会议，为公司采购部门、生产部门、库房、物流等部门提出适应市场需要的方案，相关部门的满意度80%以上	《满意度调查表》

续表

序号	具体工作	附属表单
6	负责本中心员工的培训和思想工作，每月第一周和第三周进行业务技能培训，每月第二周和第四周进行企业文化和公司制度培训，每月定期组织营销干部或全员进行销售新知识、新技能培训，要求通关率90%以上	《营销中心培训计划》《培训记录》
7	负责营销中心团队组建工作，经理级保有率在90%以上，员工级在80%以上，对于缺编的岗位自行组织招聘	《核心人才培养计划》
8	负责营销中心开发客户的汇编分析工作，协同客服中心制定客户分级管理方案和方法，共同提交给总经理审批，每月一次（1日提交上一个月的）	《客户开发分析报告》
9	定期对竞争对手调研和分析（产品、品种、价格、客户层次、市场占有率、团队数量、销售额、销售政策、包装、可能存在的问题）	《市场竞争调研分析报告》
10	带领营销团队宣传公司整体形象和品牌，运用线上和线下推广策略宣传公司，市场占有率至少上升20%，社会美誉度为零失误	《年度品牌宣传计划》
11	协助总经理引进行业中的优秀人才，每年提供20个人才信息，协助总经理做好高级人才库建设	《高级人才资料库》
12	完成上级交代的其他临时性工作	
岗位权限		
序号	内容	
1	对直接下级各项工作有指挥权	
2	对限额资金的使用有批准权	
3	对直接下级的任命有提名权	
4	对所属下级的工作争议有裁决权	
5	对所属下级的工作有检查权	
6	对所属下级的奖惩有建议权	
7	对直接下级的管理水平、业务水平和业绩有考核评价权	
8	在业务范围内对紧急事件有处理权	
9	在业务范围内有代表公司与外界有关部门和机构联络的权力	
直接上级签字： 年　月　日	岗位责任人签字： 年　月　日	

第九章
目标绩效考核咨询

　　绩效考核是企业必需的管理工具，是企业对员工的正当要求和标准规范。优秀的绩效考核不仅有助于企业层面（企业战略目标完成、部门权责利清晰、培养企业所需人才），也有助于员工层面（提升自身胜任力、具备晋升所需能力、职业化），实现企业发展与员工成长的双赢。

常见的绩效考核类型

从管理学角度看，绩效是组织期望的结果，是组织为实现其目标而展现在不同层面上的有效输出，它包括个人绩效和组织绩效两个方面。

"绩"指"业绩"，体现企业的业绩与利润目标。

"效"指"胜任力"，体现企业的管理成熟度。

在实践管理中，绩效与薪酬相辅相成，绩效考核的结果会在薪酬中体现，薪酬的发放应以绩效考核为依据（见图9-1）。但是，绩效考核不是为了扣工资，而是通过一套科学的考核办法，有效地衡量员工的工作数量和质量，有效地鉴别不同员工的胜任力，从而高效地完成公司的战略目标。

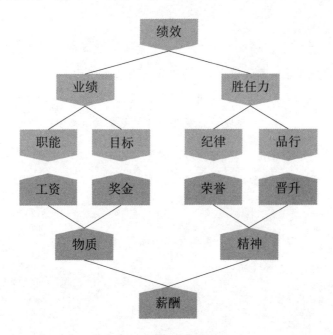

图9-1 绩效与薪酬的关系

通过绩效对员工考核的内容包括"业绩考核"和"胜任力考核"。

业绩考核包括目标业绩考核（对结果的考核）和职能考核（即岗位职责考核）。例如针对业务人员的目标业绩考核是"销售额"，而完成销售额需要积累客户量，职能考核就是"开发新客户"。

胜任力考核包括纪律考核（对员工遵守社会纪律和企业纪律、企业规章制度）的考核、品行考核（对岗位人所表现出来的品行情况的考核）。

绩效考核可以总结为六个目的、八个作用、十种类型。

1. 目的

（1）通过将目标逐级分解和考核，促进企业经营目标的实现。

（2）通过考核产生营销或生产竞赛，公平公正地评出员工的差距。

（3）通过考核合理计酬，提高员工的主观能动性。

（4）通过绩效考核促进上下级沟通和各部门之间的相互协作。

（5）通过考核规范工作流程，提高企业的整体管理水平。

（6）通过评价员工的工作绩效、态度、能力和素质，帮助员工提升自身工作水平和综合素质水平，从而提升企业的整体绩效。

2. 作用

（1）绩效考核是人力资源的核心命题之一，不懂绩效考核的人力资源是没有价值的。

（2）绩效考核是有效地将年度战略目标分解到月度，并阶段性检核目标达成的工具。

（3）绩效考核是衡量员工工作数量和工作质量的标准。

（4）绩效考核可有效地检核出同样岗位员工胜任力的差别，有利于员工在晋升或降级时作为依据。

（5）绩效考核可有效地发现管理过程中员工效能的差异，以及不同员工贡献值的大小。

（6）绩效考核是员工薪资调整和奖金分配时的参考依据。

（7）绩效考核可以作为干部的评选和任命，以及企业股改时的参考标准。

（8）绩效考核是见证员工从基层岗位走向高级岗位的资历证明和成长脉

络，可以清晰地描述该员工的职业化素质和胜任力情况。

3.类型（见表9-1）

表9-1 企业常用的十种考核方法

序号	考核办法	基本原理	适用情况
1	单一指标考核法	偏重于追求结果，只针对某一事项进行单一考核	创业企业/纯营销型企业
2	目标考核法（MBO）	就单一目标进行考核	纯营销型企业
3	电网指标考核法	通过设置电网指标进行考核	适合公司所有人
4	平衡记分卡（BSC）	通过财务、客户、流程、学习成长四个维度对员工做出考核	管理成熟度和员工素质较高的企业
5	360度考核法	通过上级、下级、平级、客户、供应商等多维度对员工做出综合性评价	外资较大企业
6	EVA考核法	从股东角度重新定义企业利润，考核职业经理人经济增加值的完成情况	国外成熟企业和国内上市央企
7	OKR考核法	事先设置好一个大目标，再找四个对应的完成方法，然后明确相应节点	研发型、互联网型、工作难以量化的企业
8	葡萄图考核法	把一个月"31"天设置成"31"颗葡萄，根据员工工作表现给予评价标准	处于车间一线或工作程序简单的体力劳动者
9	阿米巴考核法	通过组织划分、经营会计、经营哲学三个维度综合性分析企业经营状况并且有针对性提高公司运行效率	大型生产型企业，专治机构臃肿、成本较高、效率低下等大企业病
10	KPI考核法	根据公司战略需要，事先对某个岗位或某个人提取若干个需要考核的关键指标进行考核	所有企业，对人不对岗

绩效考核的核心原理

企业建立绩效考核管理系统，首先要考虑的问题是遵守考核管理的原则，笔者经过多年实践总结出绩效考核的以下六项原则。

（1）客观公正原则。做到公正的五个条件：①清晰的目标；②量化的管理标准；③良好的职业化心态；④与被考核者的利益、晋升挂钩；⑤具有掌控性和可实现性。

（2）定性考核与定量考核相结合原则。在某种程度上，定性考核要以定量考核结果为基础。

（3）多角度考核原则。多方面、多渠道、多层次、多角度、全方位地进行立体考核。

（4）公开原则。考评标准和考评程序科学化、明确化和公开化。

（5）反馈原则。考评结果一定要反馈给被考评者本人，否则难以起到绩效考评的教育作用。

（6）激励原则。考评等级之间应当产生较鲜明的差别界限，才会有激励作用。

企业建立绩效考核管理系统，其次要考虑的问题是采用什么考核方法。前面介绍过的 KPI 考核法（KPI 关键绩效指标）是目前企业运用最广，也是最为民营企业所接受的考核方法。

KPI 考核法是通过对企业内部流程的输入端、输出端的关键参数进行设置、取样、计算、分析，衡量流程绩效的一种目标式量化管理指标，是把企业的战略目标分解为可操作的工作目标的工具（见图 9-2）。

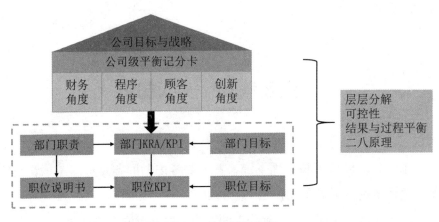

图9-2　KPI关键绩效指标

KPI 考核法符合"二八原理"，即在一个企业的价值创造过程中，存在着"80/20"的规律，20% 的骨干人员创造企业 80% 的价值。"二八原理"同样适用在每一位员工身上，即 80% 的工作任务是由 20% 的关键行为完成的（见图 9-3）。因此，实施绩效考核就是让员工抓住 20% 的关键行为，对之进行分析和衡量。

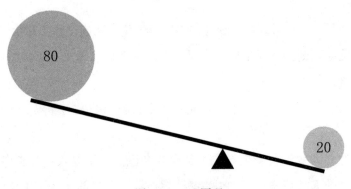

图9-3　二八原理

无论是哪一种考核方法，都是以岗位绩效考核表为形式体现，以最终的得分结果为依据，进而对岗位人员业绩完成的结果和胜任力进行综合评价。

1. 业绩考核

业绩绩效指标有四种来源：①企业年度战略目标分解，如销售额目标要求、生产成本目标要求等；②企业所设的岗位本质特征；③根据岗位权责书中的工作内容提取与之对应的考核指标；④从岗位指标库中提取需要考核的指标项。

企业高管的考核目标或从企业战略角度出发，或直接以董事长考核指标为基础，分解到总经理，主要分为经营目标、管理目标两项目标。

（1）经营目标：企业经营所创造的收益目标，包括企业销售额、成本费用额（含原材料成本、生产成本、管理费用、人工成本、营销费用、税费等）等。

（2）管理目标：企业在提升管理成熟度方面的要求，包括企业战略和文化成熟度、激励系统建设完善度、运营系统建设完善度、供应链系统建设完善度、财务系统建设完善度、业务系统建设完善度等。

部门级岗位考核指标从总经理的指标中进行分解，首先分解到各中心总监，再分解到各部门经理，最后分解到各相应岗位。

2. 胜任力考核

员工胜任力增长对企业可以产生利润倍增的作用。企业用人首先看品行和能力，企业竞争最终落实到人才竞争，人才竞争最终归结到品行竞争，所以有"小用看能力，大用看人品"之说。

胜任力考核共分为三步（见图9-4），具有晋升考试、降级评估和招聘测试的作用。

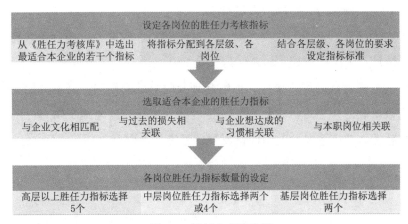

图9-4　胜任力考核步骤

3. 绩效考核

绩效考核不达标的处理方式：

（1）列入黑名单（一年之内失去选举权和涨薪资格）；

（2）降级（降低工资级别、降低职位级别）；

（3）辞退（符合《离职手册》辞退标准应予以辞退）。

绩效考核达标的支持方式：

（1）荣誉，如颁发"优秀员工奖"等；

（2）榜样，如列入企业"名人堂"等；

（3）晋升，予以岗位晋升，并给予更多锻炼机会和学习机会。

绩效考核主体分为直接上级考核和自评，通常情况下，直接上级考核得分占比80%，自评得分占比20%。

绩效考核程序分为六步：

第一步：各级考核主体进行逐级考核，并进行评分。

第二步：直接上级对直接下级进行考核面谈，下级人员对上级进行述职。

第三步：各部门计算本部门每位人员的绩效考核结果，并将汇总表单提交人力资源部门。

第四步：由人力资源部门复核各部门绩效考核结果，汇总企业整体绩效考核报告。

第五步：各部门执行绩效改进计划。

第六步：人力资源部门将考核结果整理归档，根据个人得分系数与部门得分系数计算员工的绩效工资、年底奖金。

绩效考核通常以月为单位，能够起到及时总结的作用，又不会因为过于频繁而被抵制。员工可以通过一份详尽的绩效考核表清晰地了解自己的业绩考核和胜任力考核情况，及时改进不足（见表9-2）。

表9-2　绩效考核表（月度）

考核时间：　20＿＿＿年＿＿＿月＿＿＿日

姓名			岗位							
业绩考核	序号	考核项目	权重100%	指标要求	评分等级	数据来源	实际结果	得分		
								上级	自评	结果
	1									
	2									
	3									
	4									
	5									
	6									
	7									
	加权合计		上级得分　%+自评得分　%							
胜任力考核	序号	指标定义	权重100%	第一级（5分）	第二级（10分）	第三级（15分）	第四级（20分）	得分		
								上级	自评	结果
	1									
	2									
	3									
	4									
	5									
	加权合计		上级得分　%+自评得分　%							
总分			业绩考核得分　%+胜任力考核得分　%							

绩效改进（直接上级填写，问题改进建议、能力提升建议）：

签名：　　　　　日期：

改进计划（被考核者填写，改进步骤、流程）：

签名：　　　　　日期：

绩效考核案例展示

各企业根据实际情况设计绩效考核总方针，各层级、各岗位同样要根据实际情况设计绩效考核表。下面以某公司营销总监的年度绩效考核表为例，供大家参考（见表9-3）。

表9-3　某公司营销总监年度绩效考核表

姓名		岗位	营销总监（CMO）		考核时间		年　月　日		
业绩考核	序号	考核项目	权重100%	指标要求	评分等级	数据来源	得分		
							上级	自评	结果
	1	销售额	30%	到达公司账户上的现金额5000万元	完成5000万元，计30分。每少100万元扣2分				
	2	新产品销售	15%	本年度研发新产品所产生的销售额，要求达到1000万元以上	完成1000万元以上，计15分。每少100万元扣2分				
	3	新市场开发	15%	开设10家新子公司，保证所有省级以上城市开设直营公司	完成新市场开发，计15分。每少一家扣2分				
	4	代理商招商	15%	每两个月开一场招商会，平均招商额达100万元	按要求完成，计15分。有一项未达标扣10分				
	5	人才培养	20%	按照公司战略完成人员编制80%以上，且培养20名营销经理	编制达标80%以上，且完成培养人数，计20分。未完成任意一项，扣10分				
	6	营销系统升级	5%	每季度对营销系统进行升级完善	按要求完成计5分。未完成计0分				
	加权合计		高层领导：上级得分60%+自评得分40%						

续表

	序号	指标定义	权重100%	第一级（5分）	第二级（10分）	第三级（15分）	第四级（20分）	得分		
								上级	自评	结果
胜任力考核	1	成就导向：个人具有成功完成任务或在工作中追求卓越的愿望	20%	工作目标不清晰，安于现状，不追求进步	渴望成功并得到他人认可，但成就意识不迫切，对事对物更愿意顺其自然地发展	在工作中积极追求更大成就，为自己设定富有挑战性的目标，并努力寻找实现目标的路径，愿意为此付出辛苦	希望出色完成上级布置的任务，愿意承担重要且具有挑战性的任务，在工作中有强烈的自我表现意愿，不断为自己设立更高标准，努力追求事业上的进步			
	2	判断力：根据有限信息做出合理推断的能力	20%	分辨能力弱，不能依情况做出合理推断	在信息充足的情况下能够得出常规性的推断	判断得准确与合理完全依赖于信息的掌握情况	具有判断事物的思维框架，即使信息有限，仍能做出合理的推论			
	3	说服力：善用人际沟通技巧，使其构想、计划、产品和服务等获得肯定与接受	20%	具有个人的想法，虽然客观合理，但难以使他人接受并认可	在旁人支持或观点正确的情况下，能够恰当地表达其观点，并使他人明白、接受、肯定	思路较清晰，乐于与他人辩论，喜好旁征博引，并竭力让他人信服自己的观点，同时以此为傲	熟练掌握沟通说服技巧，容易使他人接受其观点，即使观点不正确、不合理，仍然可以引导他人按照自己的逻辑思考问题			

胜任力考核	4	组织协调能力：为了达成所指明的方向而调动、协调各类资源的能力	20%	个人工作能较好地完成，但不善于整合资源，合力达成目标	能完成目标所需的资源，但统一调配能力欠缺，需得到更高层的支持与协助才能持续实施计划	能够整合需要的资源，创造必要的条件，组织相关人员完成工作任务	擅长调动其他成员的工作积极性，将一项任务合理地分派给相应胜任人员，并组织任务团队齐心合力实现预定目标		
	5	执行力：把想做的事做成功的能力	20%	不能在预定时间完成工作，处理紧急问题能力不够	行动有条不紊，能按制度、规定处理问题，但与预期成效尚存在差距	能够按照领导意图将工作落实到位，并将出现的问题及结果及时向上级反馈	对于任务执行过程中出现的障碍能够积极地克服，并最终将工作完满地落实下去		
	加权合计		高层领导：上级得分60%+自评得分40%						
	总分		高层领导：业绩考核得分70%+胜任力考核得分30%						

绩效改进（直接上级填写，问题改进建议、能力提升建议）：

                                                    签名：   日期：

改进计划（被考核者填写，改进步骤、流程）：

                                                    签名：   日期：

业绩考核指标

企业经营与管理维度考核指标举例如表9-4至表9-9所示。

表9-4　企业经营指标——业绩指标

序号	指标名称	定义	功能
1	销售收入	一定周期内的销售收入总额	检测所管理公司一定周期内完成的销售总额
2	销售回款率	一定周期内回笼的销售货款总额/销售收入总额×100%	检测一定周期内货款回笼情况
3	销售目标达成率	实际达成销售目标/预定销售目标×100%	检测所管理公司达成销售任务的能力
4	销售增长率	（本期销售收入–上期销售收入）/上期销售收入×100%	检测一定周期内的销售增加情况
5	利润总额	一定周期内完成的利润总额	检测公司的经营效果
6	利润率	产品利润/产品销售收入×100%	检测所管理公司当前经营模式的效率
7	应收款	公司已支付产品或合同期约定内未收到的销售额	检测一定周期内应收款情况
8	坏账率	形成坏账的损失数额/主营业务收入×100%	检测应收账款的健康程度
9	预收款	收到客户现金，但未交付产品的部分销售额	检测一定周期内预收款情况
10	销销比	各产品的销售额百分比与各产品销售目标	检测某类产品的销售贡献
11	前端产品销售额	第一次客户购买的产品销售额	检测公司产品分级销售情况

续表

序号	指标名称	定义	功能
12	大客户开发量	一定周期内大客户的开发数量	检测开发大客户的能力
13	资金周转率	一定周期内流动资金的周转率	检测公司资金周转情况
14	新客户开发量	一定时期新客户的开发数量	检测一定周期内的新客户开发情况
15	人均销量	总销售额/总业务人员数	检测公司销售人员人均业绩情况

表9-5 企业经营指标——成本指标

序号	指标名称	定义	功能
1	预算成本误差率	预算成本与实际成本的比差失误率	检测预算成本执行的偏差情况
2	运营费用	公司日常经营所产生的经营费用总和	检测公司运营费用控制情况
3	研发成本	因研发新产品而发生的成本	检测公司研发投入度
4	生产成本	因生产所产生的人员工资、物流、仓储、生产厂房、机械设备等费用总额	检测公司生产成本情况
5	折旧成本	固定资产与低值易耗品,按照公司内部规定进行相关折旧	检测折旧分摊情况
6	税金成本	每单位数的销售额,支付的税金费用	检测税负情况
7	公关成本	销售流程环节中用于成交与招标的实用公关成本	检测企业公关费用额度
8	原材料成本	直接购买的产品原材料所发生的实际费用	检测原材料成本情况
9	费用预算控制率	实际费用/计划费用×100%	检测费用控制情况
10	销售费用比率	销售费用总额/销售收入总额×100%	检测一定周期内的营销效果
11	采购成本降低率	(上期采购成本-本期采购成本)/上期采购成本×100%	检测采购部门降低采购成本的效果

序号	指标名称	定义	功能
12	工艺改进成本降低率	（改进前生产成本－改进后生产成本）/工艺改进前生产成本×100%	检测工艺改进成本的控制
13	资金成本率	资金使用成本金额/总调拨资金数×100%	检测对于公司资金使用成本的控制成效
14	融资费用率	实际融资费用/计划融资费用×100%	检测融资的能力
15	物料消耗率	物料消耗值/产值×100%	检测物料消耗与产值的比率关系

表9-6　企业经营指标——市场指标

序号	指标名称	定义	功能
1	新市场建立	新开发市场的组织建立，并产生销售额	检测公司新市场开拓力
2	市场规划实现率	完成目标的市场数量占总数量的比例	检测市场规划达成率
3	市场占有率	产品销售收入/产品市场总份额×100%	检测一定周期内的市场占有情况
4	市场拓展达成率	一定时期市场拓展数量/计划拓展数量×100%	检测所管理公司开拓市场的能力
5	行业排名	本公司在行业中的竞争力排名	检测公司行业影响力
6	分级营销任务	将市场进行分级，为此分级市场制定平衡目标	检测市场目标划分情况
7	市场活动组织次数	一定周期内组织市场活动的次数	检测部门组织市场活动的工作量
8	市场方案采信率	已通过并实施的市场宣传方案/总提交的市场宣传方案数×100%	检测在一定周期内提交的市场宣传方案质量
9	广告投放有效率	广告费用增长率/销售收入增长率×100%	检测对部门广告投放效果的评价
10	策划方案成功率	成功方案数/提交方案数×100%	检测策划方案的成功率

续表

序号	指标名称	定义	功能
11	招商会次数	一定周期内组织招商会次数	检测企业招商活动的工作量
12	市场分类	将市场分为金标市场、蓝标市场、黄标市场、绿标市场、黑标市场等类别	检测全国市场布局能力
13	直营市场管理	对直营机构进行绩效考核管理	检测直营机构管理力度
14	代理商市场管理	对代理机构进行绩效考核管理	检测代理机构管理力度
15	新产品、新项目销售收入	一定周期内推出的新产品、新项目销售收入	检测公司新产品、新项目的销售收入情况

表9-7 企业管理指标——产品指标

序号	指标名称	定义	功能
1	产品研发	新产品研发	检测公司产品研发能力情况
2	竞争力产品数	在行业中最具竞争力的产品数量	检测产品行业影响力
3	产品专利与著作权	年度申请的专利、著作权数	检测公司无形资产管理情况
4	产品标准化	在一定时间内，将产品的说明、文字、合同、标准手册、宣传文档进行标准化过程	检测公司产品标准化达标情况
5	产品与投资项目	从产品研发、采购、销售、管理、支付、服务，形成自运营化	检测公司产品运营效率
6	产品社会调研	对行业及世界级产品进行调研，形成报告	检测公司产品信息系统完善度
7	产品趋势分析	对同行业产品、本公司产品客户使用及功能使用做出趋势分析，并研发新产品	检测产品规划判断力
8	事业部建立	因产品规划而组建各个事业部	检测公司项目整合与开发能力
9	产品分级	将产品进行前端、中端、后端分级，并按事业部进行分类	检测产品链布局情况

续表

序号	指标名称	定义	功能
10	产品技术革新目标达成率	已完成的产品技术革新数/应完成的产品技术革新数×100%	检测对产品技术革新的完成情况
11	公司产品技术改良计划完成率	技改项目完成数/技改项目计划数×100%	检测公司技改项目的完成情况
12	技术成果转化成功率	成功转化的成果项数/现有的技术成果项数×100%	检测技术转化情况
13	技术施工达标率	一定周期内检测达标的技术施工数/总技术施工数×100%	检测对于技术施工的达标程度
14	产品利润贡献率	某产品利润总额/同期全部利润总额×100%	检测产品利润贡献效果
15	产品人才培养	依据公司规划进行产品人才培养	检测产品人才训练与梯度实施

表9-8　企业管理指标——人才指标

序号	指标名称	定义	功能
1	关键人才数	企业编制规划中的关键人才数量	检测公司关键人才质量情况
	关键人才引进	企业编制规划引进的人才数量	检测公司关键人才缺口情况
2	核心人员流失率	所流失的核心人员/核心人员总数×100%	检测所管理公司人员的稳定性
3	举办训练营	为储备干部进行日常性的人才训练	检测公司培训实施情况
	TTT训练	对培训师的培训	检测公司对培训师的训练能力
4	培训体系的建立	培训体系的完善程度	检测企业培训体系建设、推进情况
5	培训计划达成率	一定周期内完成的培训计划数/总共应完成的培训计划数×100%	检测培训计划的完成情况
6	培训新课题研发量	一定时期培训新课题的研发	检测培训师课题开发适应员工需求
7	人才引进完成率	一定周期实际引进人才总数/计划引进人才总数×100%	检测人力资源部门的招聘计划完成情况

序号	指标名称	定义	功能
8	部门员工技能提升率	（本年度员工技能能力得分–上年度员工技能得分）/上年度员工技能能力得分×100%	检测所管理人员技能水平的提升程度
9	培训评估	每期进行必要性培训效果评估	检测公司培训评估能力
10	教材编写	编写文化教材、管理系统教材、专业技术教材等	检测公司教材编写能力
11	人才结构分析	各层次员工的比例分配状况	检测人力资源结构的合理性
12	管理满意度	满意人员数量/公司全部人员数量×100%	检测管理满意情况
13	部门培训小时数	一定周期内部门人员培训的小时数	检测部门培训工作的开展情况
14	部门员工培训达标率	培训达标人数/总培训人数×100%	检测部门人员培训的成效
15	人才培养量	培养晋升人数/总员工人数×100%	检测员工培养推荐情况

表9-9　企业管理指标——系统建设指标

序号	指标名称	定义	功能
1	业务流程建设	动作分解及榜样复制，将公司营销流程全部进行文字化、标准化，并培训全体员工	检测成交标准化情况
2	薪酬与绩效系统	建立目标、薪酬、考核、晋升的循环体系	检测公司管理成熟度情况
3	财务审计与税务筹划	建立专业的财务筹划，成立审计中心	检测审计与税务情况
4	客户服务管理系统	建立客户服务系统，形成客户服务手册，并做到客户服务有形化	检测客服服务标准量化情况
5	企业招商系统	制作企业招商手册，形成标准化招商成交流程	检测企业营销模式创新情况
6	财务管理系统	对财务人员进行全面升级，成为一个财务健康、有竞争力的公司	检测企业财务管理效果
7	内部技术培训完成率	实际培训次数/计划培训次数×100%	检测内部人员的技术培训指导情况

续表

序号	指标名称	定义	功能
8	新产品开发流程	新产品提案、开发、上市等流程	检测产品开发部门间流程优化情况
9	人力资源规划及实施	根据战略发展目标要求，制定必要的政策和措施，以确保公司时间和岗位上人才需要	检测公司人力资源规划实施情况
10	企业文化建设	集员工智慧，广泛咨询专家意见，传统与时代精神并重，自己总结自己的文化	检测企业文化体系建设情况
11	财务预测和决策能力的提升	依据一定假设，有效预测公司收入、利润、费用、资金等情况，对决策形成有力支持	检测财务对决策支持情况
12	网络营销流程设计与优化	优化网络营销流程，形成线上线下有效联动	检测公司电子商务实施情况
13	生产目视化管理	在现场制作清楚、醒目的指示，使员工很快了解生产制作过程的标准及差异情形	检测生产标示化管理情况
14	质量制度完成率	已通过的质量制度文件数量/应完成的质量制度文件数量×100%	检测生产质量管理制度的提交情况

胜任力考核指标

胜任力考核指标如表 9-10 所示。

表9-10　胜任力考核指标

指标定义	第一级	第二级	第三级	第四级
责任感：指个人对自己、他人、集体、国家所负责任的认识、情感和信念，以及与之相应的遵守规范、承担责任和履行义务的自觉态度而产生的情绪体验	工作的完成情况以上班时间为界，对未完成的工作拖拉，找借口	对待工作认真负责，尽量在规定时间内保质保量地完成	合理安排并规划自己的工作，对于未完成的任务勇于承担责任，并主动解决、落实，对于计划或要求内的工作少有未完成现象	以公司为家，事业心较重，对于自己、部门的工作，甚至公司未来的发展方向等问题主动思考，并以此为己任，感到自己身负责任重大

指标定义	第一级	第二级	第三级	第四级
积极性：指个人对待工作或任务时表现出的一种意愿态度或程度	工作等待领导安排，时常出现消极怠工的情绪化表现	工作认真，态度中肯，较少将个人情绪带入工作中，对于分内之事按要求完成，对于其他事宜采取袖手旁观的态度	对于工作充满激情，精力充沛，分内工作完成之余，主动承担其他任务，并尽职尽责、毫无怨言	对于工作不惜投入较多的时间，善于发现和创造新的机会，提前预测到事件发生的可能性，并有计划地采取行动提高工作绩效
自我克制：能够在工作环境中约束自己的言行，无须他人监督也能高标准、严格完成工作	对于制订的计划，通常因为主观原因不能完成	在工作场合能够遵守公司的规章制度，但偶尔会出现情绪化表现	对自己要求较高，并努力达到公司及个人设定的标准，注意个人的言行举止，尽力避免将情绪带入工作中	控制自己情绪的能力较强，在职场中通常能够冷静、理性地处理问题，无须他人监督也能高质量完成工作
执行力：把想做的事做成功	做事缓慢、不能在预定时间内完成工作，处理紧急问题显得力不从心	行动有条不紊，能够按制度、规定处理问题，但与预期成效尚存在差距	能够按照领导的意图将工作落实到位，并将出现的问题及结果及时向上级反馈	对于任务执行过程中出现的障碍能够积极地克服，并最终将工作完满地落实下去
监督能力：依据既定的行为规范实施监察督促	对于公司既定的制度、规定个人努力遵守，但对他人的违规行为漠视，任其发展	时常提醒个人及他人遵守公司相关规定，对于出现的情况能够事后指出，不做严格处理	发现问题的意识较强，能够胜任其监督职能，观察力较强，能够及时指出问题，并贯彻执行相应的法规，倾向于警戒强化作用	随时寻找可能出现的问题，并及时反馈，通过客观合理的分析协助解决问题，并经常向其他员工宣传、提倡发现问题、解决问题的意识

指标定义	第一级	第二级	第三级	第四级
倾听能力：听者理解言者口语表达的信息和能在头脑中将语言转换成意义	在与他人沟通时经常不能集中精力，不能按照言者的思路考虑问题	个人言语较少，习惯于接受他人传达的信息，并能够正确地理解	亲和力较强，他人愿意与之沟通，通常能够换位思考，设身处地地为他人着想	掌握一定的倾听技巧，对于言者的倾诉能够做出合理的反应，并给出合理的意见与建议
表达能力：运用适当的文法和词汇，结合身体语言，有效地表达自我	保持正常的语言沟通，能够将个人的想法传达给听者	语言表达较清晰，词汇运用恰当贴切，能够使他人正确地领会其想法	语言掌控能力较强，词语运用灵活、丰富，能够适当地结合身体语言使他人更好地理解其意图，并可在短时间内将问题说清楚	掌握适当的表达技巧与文法，能够根据不同的场合合理地组织言语，有效地表达自我，同时令听者心服口服，并赞叹其语言魅力
说服力：善用人际沟通技巧，使其构想、计划、产品和服务等获得肯定与接受	具有个人的想法，虽然客观合理，但难以使他人接受并认可	在旁人支持或观点正确的情况下，能够恰当地表达其观点，并使他人明白、接受、肯定	思路较清晰，乐于与他人辩论，喜好旁征博引，并竭力使他人信服自己的观点，同时以此为傲	熟练掌握沟通说服技巧，容易使他人接受其观点，即使观点不正确、不合理，仍然可以引导他人按照自己的逻辑思考问题
演讲能力：面对团队，能够运用适当的口头语言、身体姿态及辅助视听器材，有效地传达信息	性格内向、腼腆，在众人面前讲话紧张，不能清楚地说明观点	当众发言较紧张，语速不同于日常，但仍能保持思路的清晰，并将预备的信息有效地传达出去	面对团队表情镇定，语速正常，能够克服自己的紧张情绪，努力营造出轻松、自在的演讲氛围	语言具有号召力、鼓动性，能够自如地运用演讲技巧调动听众的情绪，达到演讲的目的
谈判能力：在各类合作中，为使双方意见趋于一致而进行的洽谈磋商	与他人交涉中，时常处于弱势，较少促成使其利益最大化的合作意向	具有较好的理性思维，在谈判中，运用个人智慧使他人接受其条件，达成双赢的合作意向	懂得借用团队的力量与智慧，设计谈判内容，在交涉过程中处于掌控地位	灵活运用谈判技巧，在难度较大的情况下仍能使其利益最大化，并保持双方友好合作的关系

指标定义	第一级	第二级	第三级	第四级
团队合作：建立、维护并运用高效的团队，使团队绩效表现最大化，并实现公司的目标	强调个人工作的重要性，倾向于独立作业，不善于与他人分享信息	显示出对团队成员的尊重，能合群，努力使自己融入团队中，并在团队决策中提出自己的意见和建议，除做好分内事外，用实际行动支持团队的决定	指导并协助其他成员的工作，对其能力和贡献表现出积极的态度，鼓励他人参与团队讨论，服从团队的决定，并努力协调各成员实现内部合作的目标	善于化解团队的冲突，维护和加强团队的声誉，具有个人魅力，能够指出团队激动人心的发展方向和目标，并激励团队成员为之奋斗
人际理解力：善与不同类型、层次的人友好相处，积极主动地发展人与人之间的关系	不懂得在处理人际关系时因势利导的原则，对人的观察研究不足，难以运用技巧协调各方面关系	平常情形下，能够以恰当的方式使他人接受意见，按意图从事。如果时间紧或情况特殊，往往会做出不当的人际处理决定	在人际关系处理中善于把握分寸，能够轻易地与各种类型、层次的人友好相处，并赢得他人的褒奖	不是靠盲目的鼓励，或不容分说的手段来解决问题，而是长于以情动人、以理服人，用高超的技巧来使目的得以实现
亲和力：指人与人相处时所表现的亲近行为的动力水平和能力	寡言少语，不善言谈，行为拘谨，习惯于与人保持距离	与他人保持正常的交际，不亲近也不疏远，立于人际是非之外	态度和蔼，表情平和，使他人易于亲近，并能够激发他人倾诉的欲望，与之保持密切的友好关系	与人交往轻松自在，对人对事富于情感，善于化干戈为玉帛，并能赢得多数人的信任与好感
影响力：用一种为别人所乐于接受的方式，改变他人的思想和行动	按个人意图行事，对他人不构成任何影响	通过交流与沟通，能够促使他人按照自己选择的更好的方法或程序处理问题	在一定范围内成为大家学习的榜样，其观念与建议受到重视，在无形中使他人乐于接受其思想	在任何环境中，其言行举止对他人具有强烈的影响，并成为拥护、追随的对象，能够轻易地改变他人的思想和行动

指标定义	第一级	第二级	第三级	第四级
决策力：具有战略眼光和客观思维能力，掌握各种方法及时做出决定，并勇于承担责任	不能在既定的要求下做出决策	能识别机会，评估困难程度，利用一定的方法在一定的时限内做出决策	在决策前尽量从组织内外获取相关信息，并清楚地了解决策程序，能评估各类解决方案对组织的风险和收益并确定备选方案	在复杂的环境中，在对机会和潜在风险做出战略评估的基础上做出决策，能回顾过去的经验并衡量各种备选方案的正负影响，明确组织发展方向，做出对组织利益最大和风险最低的决策，始终将决策与组织的长远发展结合起来
计划能力：在动员工作或活动之前预先拟定具体内容和步骤	在工作过程中，时常处于忙碌的状态，感到时间紧迫，不够用，而手头的事务繁杂无序	工作遵照事先计划执行，但在过程中时常遇到计划外事务或问题	对于未来工作习惯于事先拟定具体内容及步骤，并预计可能出现的问题	擅长从事规划工作，并将细节罗列其中，对于未来可能遇到的问题了然于胸，并已预备了充足的应对措施
组织协调能力：为了达成所指明的方向而调动、协调各类资源	个人工作能较好地完成，但不善于整合资源，合力达成目标	能够明确完成目标所需要的资源，但统一调配的能力欠缺，须得到更高层的支持与协助才能持续实施计划	能够整合需要的资源，创造必要的条件，组织相关人员完成工作任务	擅长调动其他成员的工作积极性，将一项任务合理地分派给相应的胜任人员，并组织任务团队齐心合力地实现预定目标

指标定义	第一级	第二级	第三级	第四级
成就导向：个人具有成功完成任务或在工作中追求卓越的愿望	工作目标不清晰，安于现状，不追求进步	渴望成功并得到他人的认可，但成就意识不迫切，对事对物更愿意顺其自然地发展	在工作中积极地追求更大的成就，为自己设定富有挑战性的目标，并努力寻找实现目标的路径，愿意为此付出辛苦	希望出色地完成上级布置的任务，在工作中极力达到某种标准，愿意承担重要的且具有挑战性的任务，在工作中有强烈的表现自己能力的愿望，不断地为自己设立更高的标准从而追求事业上的进步
时间管理：个人在一定时间内，以正确的处事观念和正确处世方法，利用和开发自己的时间资源，全力为自己的目标奋斗，使自己的成就达到最大	做事随性，不注重时间管理	具有时间管理意识，能安排个人的时间，并遵照执行	时间观念较强，能够合理地分配时间，并根据事件的重要程度、紧迫性安排进程，能够有效地控制时间、精力的浪费现象	对于需处理的问题进行合理分析，将不重要的工作安排给合适的人员完成，使自己多从事能发挥最大效益的事情
有效授权：合理地将工作分配给下属，并进行适当的指导和跟进工作	凡事亲力亲为，或对分配的事宜甚少过问	倾向于将繁杂的工作分配给下属完成，对于执行中出现的问题协助解决并给予指导	有计划地将工作分配给相关人员，并给予适当的指示，在工作进展过程中定期询问，督查	对于下属的工作能力非常了解，并以此为依据合理地分配工作，定期检查、督促，给予有效指示
观察力：通过观察、感觉和知觉，使自己同外部世界联系起来而认识客观世界	对事物、问题发现力不足，需要他人提示才能认知	对于明显的问题较易感知	目光敏锐，对于细小问题也能引起注意	能发现别人从未注意过的问题

续表

指标定义	第一级	第二级	第三级	第四级
判断力：根据有限的信息，做出合理的推断	分辨能力不强，不能依据情况做出合理的推断	在信息充足的情况下能够得出常规性的推断	判断得准确与合理完全依赖于信息的掌握情况	具有判断事物的思维框架，即使信息有限，仍能做出合理的推论
分析能力：在信息不完全以及不确定的情况下发现问题、分析问题和解决问题	不能准确地考虑事物发生的原因，或不能依据经验做出正确的判断	将复杂的问题分解为不同的部分，使之容易把握，根据经验与常识发现问题的本质	发现事件的多种可能的原因和行为的不同后果，或找出复杂事物间的联系	恰当地运用自己的概念、方法、技术等多种手段找出最根本的原因
演绎思维力：在理解问题时将其分拆成更小的部分，通过一步一步的符合逻辑的演绎，排除不相关的资料，找出事物发生的前因后果	不能将问题分解，并循序渐进地进行推论	具备一定的逻辑思维能力，能够将问题不断地延伸	能够排除不相关的信息，对问题层层剖析，不断延伸，直至发现真相	对问题迅速地进行拆解，运用严密的逻辑推理方法有效地找出问题的前因后果
归纳思维力：运用已有的概念和理论作归纳性的分析和总结	不能将繁杂的信息有效地整合、提炼	能够分辨有用与无用的信息，排除干扰，进行分析与总结	能够在大量信息中分析总结出核心内容	恰当地运用已有的概念、理论等多种手段分辨并提炼出事物的本质
创新力：寻找创新方式，提高工作效率，并对现有系统不断提出质疑和进行改进	缺少灵活思维，在工作中较少发挥创造性的价值	习惯运用现有的方法与步骤思考处理问题	具有创新意识，努力并积极地寻找能够指导实践的新技术、新方式、新方法	想象力丰富，能够灵活深刻、有条不紊地思考，并对思考结果加以运用，指导实践，提高工作效率，创造价值

指标定义	第一级	第二级	第三级	第四级
应变力：根据不同情况做非原则性变动	在突发事件面前束手无策	在突发事件面前应变处理问题稍显迟钝，倘若时间紧急，经常做出不适当的决定	在突发情况下，能够在适当的时间内采取有效措施，阻止问题的扩大化发展	在任何情况下均能从实际出发迅速地做出适当的决定，有效合理地解决、处理问题
客户服务意识：自觉主动地做好服务工作的一种观念和愿望	对待客户不够重视，以自己的喜好或情绪决定态度	在正常的工作环节中能够依照客户的要求处理问题	对待客户友好、友善，始终坚持客户至上的理念，将服务看作自己神圣的职责，并以此工作为傲	主动、友好地协助客户处理问题，习惯于站在客户的角度思考问题，甚至考虑问题的周到性高于客户的期望
成本控制意识：具有节约成本与控制成本的观念，努力使成本降低到最低水平并设法使其保持在最低水平	成本概念较淡薄，随意消费	认为成本是可以控制的，但认为成本控制主要是成本控制部门的事情	个人行为中注重节约，在工作中时刻注意节约成本和深入挖掘降低成本的各种潜能	具有节约、控制成本的观念，倡导全员共同参与，积极思考降低成本的各项具体措施和方法，并尽力贯彻执行和应用
培养人才：经常为下属提供有建设性的反馈意见，激励其改进工作方法以使其迅速实现职业发展	对于下属的工作不做建设性的指示，不提供让其成长的工作机会	给予下属较多的工作机会，但分配的任务更多的是事务性的处理，没有结合其未来发展方向进行有效的引导	注重下属的能力提升，并给予其施展、改善的机会，及时给予意见与建议	将培养下属作为自己的一项重要任务，经常与下属当面探讨其发展方向，以及目标达成的手段

召开绩效考核质询会

如果绩效未能达标且与要求差距较大时，就要召开绩效考核质询会，深入查找原因。通常绩效考核质询会在企业的中高层召开，基层以单人或小组绩效问询为主，不召开专门会议。企业中高层可以组织多层次的战略绩效质询会，以实现战略绩效分层控制的目的（见表9-11）。

表9-11 某集团公司三层组织架构的分层绩效质询会

序号	绩效会议层级	发约人	受约人	组织者	会议频度
1	集团层	集团总裁班子	子集团总经理、财务总监，集团职能部门负责人	集团战略运营部	季度/年
2	子集团层	子集团总经理班子	三级子公司总经理、财务总监，子集团部门负责人	子集团战略运营部	月/年
	集团职能部门层	集团职能部门负责人	子集团、三级子公司职能部门负责人	集团职能部门负责人	月/年
3	三级子公司层	子公司总经理班子	子公司部门负责人	子公司计划运营部	月/年

注：上表中不同周期会议的主题内容有差异，短频度一般面对运营计划，长频度一般面对中长期战略滚动、质询等。

企业级（集团）绩效质询会议由企业高层、子公司总经理、财务总监、各职能部门负责人共同参加，针对各子公司、各职能部门平衡计分卡指标、计划执行情况进行质询，并提出改进意见。一般而言，正式的企业级（集团）绩效质询会每季度召开一次，会议效果与组织情况有直接关联，通常遵循以下五步操作流程。

第一步：企业级（集团）绩效质询会议准备。

企业战略管理部门在进行会议准备时需要注意以下两个方面。

（1）企业绩效质询会议议程安排，要求会议的每一个程序都应在议程中体现。

（2）通知相关单位准备会议资料，如要求子公司负责人填写《绩效述职报告》等。

第二步：企业级（集团）战略管理部通报与子公司述职。

由企业战略管理部门负责人通报企业的绩效实施情况，通报内容一般为企业平衡记分卡指标与计划达成情况（见图9-5）。然后由权属子公司总经理、财务总监进行当期的绩效述职，述职内容一般为子公司KPI与战略行动计划的实践偏差分析与改进措施。

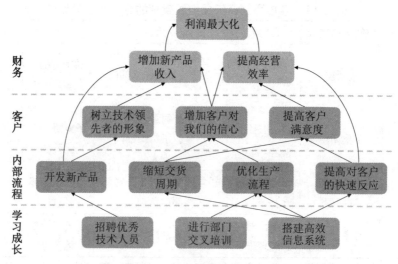

图9-5　平衡记分卡（BSC）

第三步：企业（集团）对子公司进行质询。

企业高层与战略管理部门就子公司KPI与战略行动计划的完成情况对子公司总经理与财务总监进行质询。质询内容包括差异现状、差异性质、差异原因、补救措施等。

第四步：KPI与战略形成计划达成评分。

企业高层与战略管理部门要根据质询情况对子公司KPI与战略行动计划的执行情况进行考核评价，按照事先约定的评分规则进行评分，该评价分数将会成为未来子公司绩效考核分数的重要数据来源。

第五步：整理、汇总质询会议纪要。

企业绩效质询会议必须进行会议记录，因为无论是出于经营管理信息参考的需要，还是后期业绩考核的需要，企业绩效质询会议进程、重点结论、KPI 与计划考核分数都应当记录在册，并在会议结束后及时归档。

第十章
薪酬激励设计咨询

　　如何构建一套员工收益与企业业绩水涨船高的激励机制，是每一位创业者必须思考的问题。有的企业无法给员工提供一套高保障性的薪酬，但可以给员工提供一套获得高收益的薪酬结构。因此，就要深度思考企业的战略方向、业务模式、支付能力和员工胜任力，综合性地设计一套匹配的方案。

薪酬设计的战略

薪酬是企业针对所有员工提供的服务，确定他们应当得到的报酬总额、报酬结构和报酬形式的过程。在这个过程中，企业就薪酬构成、薪酬水平、结构定位、设计原理等做出决策。同时，企业还要持续不断地制订薪酬计划，拟定薪酬预算，就薪酬管理问题与员工进行沟通，并对薪酬系统的有效性做出评价，予以完善。

1. 薪酬构成

薪酬构成的一般要素包括基本薪酬、绩效薪酬、奖金、福利和津贴等，是全体员工都能够享受的，在薪酬体系设计中也是最为常见的内容。

（1）基本薪酬：员工与企业建立劳动关系后，按照所在岗位工作要求付出劳动后所应得到的报酬，不因员工绩效水平的高低而变化。

（2）绩效薪酬：根据员工完成企业工作任务的质量确定。绩效薪酬是员工与企业通过劳动合同或工作计划、业绩目标责任书等事先约定的，通过考核评价后给予的报酬，会因完成业绩的情况不同而发生变化。

（3）奖金：不必事先约定，可以根据超产利润或超额业绩情况，由企业单方面提出。奖金的针对性更强，奖励范围可以是全体，也可以是特定的单位或个人。

（4）福利：分为基本福利（法定福利）和补充福利。基本福利包括社会保险、住房公积金、法定节假日、特殊情况下的工资支付、工资性津贴、工资总额外补贴；补充福利由企业自行制定，包含范围很广，如补充养老报销、补充医疗保险、交通补贴、话费补贴、餐食补贴、住宿补贴等。

（5）津贴：对员工在特殊条件下的额外劳动消耗、劳动保护或额外费用支出给予补偿的工资形式。如夜班补贴、野外作业津贴、井下津贴、放射性津贴等。

2．薪酬水平

这是指企业在确定薪酬时，与外部薪酬水平相比较所采取的薪酬水平定位。通俗地说，就是确定企业薪酬与市场水平相比较所处的层次。

（1）市场领先战略：薪酬水平在市场居于领先地位，高于市场平均水平。

（2）市场协调战略：又称市场平和战略，即薪酬水平在市场居于中等水平，与市场平均水平持平。

（3）市场追随战略：薪酬水平在市场居于较低水平，跟随市场平均水平。

在实际操作中，大部分企业采用混合性薪酬水平战略，即根据职位的类型或层级分别制定不同的薪酬水平。例如，对企业关键岗位人员采取市场领先战略，对普通岗位人员采取市场协调战略，对可替代性强的基层岗位采取市场追随战略。

3．结构定位

企业薪酬战略的制定与企业所处的发展阶段密不可分。企业发展按不同特点划分为七个时期，不同时期的企业对人才的需求及吸引不同，对薪酬的定位也不同（见表10-1）。

表10-1　企业不同时期薪酬结构

企业阶段	企业特点	人员类别	薪酬结构
筹建期	管理成熟度差，利润不能保证正常运营	老板+核心团队	（零）底薪+（不确定）利润分红
		新招员工	（低）岗位工资（基本工资+绩效工资）
创业期	管理成熟度进步，利润增长具备一定的稳定性	高层	（低）底薪+（高）利润分红
		营销人员	（零）底薪+（高）销售提成
		职能人员	（低）岗位工资（基本工资+绩效工资）

企业阶段	企业特点	人员类别	薪酬结构
断奶期	管理具备一定的自我修复性，无须借助外力管理，同时具备再投资的利润能力	高层	（低）底薪+（高）利润分红
		营销人员	（低）底薪+（高）销售提成
		技术人员	（低）底薪+（高）约定奖励
		职能人员	（低）岗位工资（基本工资+绩效工资）
发展期	管理系统健全，能同时在两个或两个以上的项目上盈利	核心决策层	（低）岗位工资+（中）利润分红+股份
		高层	（低）岗位工资+（中）利润分红
		营销人员	（低）底薪+（中高）销售提成
		技术人员	（中）岗位工资+（中高）奖励（项目）
		职能人员	（中）岗位工资（基本工资+绩效工资）
		辅助类人员	（低）固定工资
加速期	能够复制项目的发展模式，且在单位时期内增长速度在三倍以上，并有一套平行扩张机制，利润增长在两倍以上	核心决策层	（中）岗位工资+（中高）事业部分红+股份
		高层	（中）岗位工资+（中高）事业部分红
		营销人员	（中）底薪+（中）销售提成
		技术人员	（高）岗位工资+（中）销售提成（研发产品上市后产生业绩提成）+（中高）利润分红（项目）
		职能人员	（中高）岗位工资（基本工资+绩效工资）
		辅助类人员	（中）固定工资
品牌期	社会认知度高，盈利点在品牌文化而非价格上，企业各项系统健全，利润稳定	核心决策层	（高）岗位工资+（高）事业部分红+股份
		高层	（高）岗位工资+（高）事业部分红
		营销人员	（高）底薪+（中低）销售提成
		技术人员	（高）岗位工资+（中低）销售提成（研发产品上市后产生业绩提成）+（中低）利润分红（项目）
		职能人员	（高）岗位工资（基本工资+绩效工资）
		辅助类人员	（中高）固定工资
衰退期	产品被淘汰，更新缓慢，机制老化，利润走低	所有人员	保障工资

4．设计原理

企业薪酬设计的关键是加薪的设计与效果，这部分如果把握不好，薪酬设计不科学，就不利于企业战略目标的达成。科学加薪要做到以下"三个根据"。

（1）根据员工的绩效考核表现调整薪酬。

（2）根据员工的职位晋升降级调整薪酬。

（3）根据当地最低工资标准调整薪酬。

要严禁企业内部出现六种错误调薪方式，即煽情哭穷式、物价上涨式、羡慕对比式、例行加薪式、跳槽抬价式、离职威胁式。

薪酬设计的背景

很多企业每年都会调整薪酬，一方面是调整薪酬标准，另一方面是通过给员工加薪而留住人才。实际上，随着时间的推移、社会薪酬标准的提高，企业的薪资成本越来越高。但一些企业的业绩和人才队伍建设并没有因为薪酬提升而改善，究其原因是没有理清楚薪酬设计与企业管理和发展之间的关系。

通过笔者的多年研究，总结出薪酬设计与企业管理之间存在三个方面的关联作用，与其他人力资源管理存在五个方面的关联关系，也正是因为这些作用和关系组成了企业薪酬设计的大背景。

1．三个关联作用

（1）薪酬设计是管理者人本管理思想的重要体现。薪酬是企业对劳动者各种劳动消耗的补偿，也是企业对劳动者劳动价值的肯定。所谓"以人为本"的管理思想就是尊重人力资本所有者的需要，解除其后顾之忧。很难想象一个企业提倡"以人为本"，其薪酬制度却不能保证员工的基本生活。在我国物质生活水平日益提高的今天，企业老板不仅要保障员工的基本生活水平，更要适应社会和个人的全方位发展，提供更全面、更系统的生活保障，建立适应国民经济发展水平的薪酬制度。

（2）薪酬战略是企业的基本性战略之一。一个企业有许多发展性战略，如市场战略、技术战略、人才战略等。其中，薪酬战略是人才战略的最重要组成部分，因而是企业的基本性战略之一。优秀的薪酬战略应对企业起到四个作用：①吸引优秀的人才加盟；②留住核心骨干员工；③突出企业的重点业务与重点岗位；④保证企业总体战略的实现。

（3）薪酬设计影响企业的盈利能力。薪酬对于劳动者是报酬，对于企业则是成本。虽然现代的人力资源管理理念不能简单地以成本角度来看待薪酬，但在保持先进的劳动生产力的同时，有效地控制人工成本，发挥既定薪酬的最大作用，这对于增加企业利润、增强企业盈利能力，进而提高企业竞争力的作用是直接而巨大的。

2.五个关联关系

（1）薪酬设计与人力资源规划的关系。主要体现在人力资源供需平衡方面，薪酬政策的变动是改变内部人力资源供给的重要手段。如提高加班工资额度，可以增加员工加班时间，从而增加人力资源供给量，当然这需要对常规工作时间的工作严格加以控制。

（2）薪酬设计与岗位权责书的关系。岗位权责书是薪酬设计的基础，尤其对于岗位工资制来说，更是建立内部公平薪酬体系的必备前提。岗位权责书是进行工作评价和确定薪酬等级的依据，工作评价信息大部分来自岗位权责书的内容。即使在新的技能工资体系中，岗位权责书仍具有重要意义，因为评价员工所具备的技能，仍然要以他们从事的工作为基础来进行。

（3）薪酬设计与绩效管理的关系。薪酬设计和绩效管理之间是一种互动的关系。一方面，绩效管理是薪酬设计的基础之一，激励薪酬的实施需要对员工的绩效做出准确的评价；另一方面，针对员工的绩效表现及时地给予不同的激励薪酬，有助于增强激励效果，确保绩效管理的约束性。

（4）薪酬设计与招聘录用的关系。薪酬是员工选择工作时考虑的重要因素之一，较高的薪酬水平有利于吸引高质量应聘者，以提高招聘的效果。反之，招聘录用也对薪酬设计产生影响，录用人员的数量和结构是决定企业薪酬总额增加的主要因素。

（5）薪酬设计与员工关系管理的关系。在企业的劳动关系中，薪酬是最主要的问题之一，劳动争议也往往由薪酬问题引起。因此，有效的薪酬设计能够减少劳动纠纷，建立和谐的劳动关系。此外，薪酬设计也有助于塑造良好的企业文化，维护稳定的劳动关系。企业薪酬设计可以吸引和留住企业需要的优秀员工，鼓励员工积极提高工作所需要的能力，以便高效地工作。

薪酬设计的原则

薪酬作为价值分配形式之一，在设计时应遵循公平性原则、竞争性原则、激励性原则及经济性原则。

1. 公平性原则

员工的公平感是相对的，一般是在与其他人的比较中得来的。当一名员工认为自己的薪资与工作投入的比值和另一名员工的薪资与工作投入的比值相当时，最为公平。当一名员工认为自己的薪资与工作投入的比值超过另一名员工的薪资与工作投入的比值时，则会认为自己的收入超过了付出；反之，会认为自己受到了不公平待遇，因此为了提高自己的公平感，员工会减少工作投入，如工作时间、努力程度等（见图10-1）。

$$\frac{员工A的报酬}{员工A的投入} \begin{matrix} > \\ = \\ < \end{matrix} \frac{员工B的报酬}{员工B的投入}$$

图10-1　斯塔西·亚当斯公平关系式

员工的工作投入可以是工作过程，也可以是岗位级别、学历、能力等。例如，员工普遍认可部门中岗位级别最高的部门经理薪酬比其他员工高，也会认可硕士生比大专生工资高一些的事实。同样，若是公认的能力很强的人多拿一些薪酬也不会导致大多数员工的非议。

因此，为了体现出薪酬的激励作用，减少员工的不公平感，企业在薪酬设计时必须考虑员工薪酬的公平性。

（1）承担责任的大小。在企业中，职位越高的人，承担责任越大，所获得的薪酬越多。

（2）所需知识和能力的高低。学历或职称只是获得职位的条件，而不应成为核定薪酬的依据，薪酬水平应根据知识和技能的运用情况，即绩效来反映。

（3）工作绩效的不同。员工会将自己工作的成果认为是因为自己投入而产生的，所以员工业绩比上一年提高，自然会期望今年的报酬高于上一年。

2. 竞争性原则

在工作内容和工作能力要求相似的情况下，人们更喜欢到薪酬更高的企业工作。因此，具有竞争力的薪酬是吸引人才、留住人才的核心要素。

薪酬的竞争力受市场整体薪酬水平、行业薪酬水平、地区薪酬水平、岗位薪酬水平及企业薪酬水平的影响。市场整体薪酬水平一般受居民平均收入或消费支出影响，代表了一种收入趋势。员工会关注自己的薪酬水平与居民平均收入或消费支出水平的变化情况。例如，员工薪酬水平低于物价增长水平时，即使其薪酬水平绝对值已经处于行业中上游水平，也会产生薪酬实际水平下降的感觉。行业薪酬水平、地区薪酬水平的影响同时存在。一名出纳，在金融行业和物业管理行业的收入水平是不同的，在北京城区和偏远地区的收入水平也是不同的。虽然他们的工作岗位相同，但受行业、地区薪酬水平的影响会产生很大的差异。同样，在同一个企业里面，不同岗位的薪酬水平也会存在差异。

薪酬设计环节所关注的薪酬竞争力是总体薪酬竞争力，而不是个别案例。例如，在薪酬设计时，会用员工的平均薪酬水平与其他企业比较，而不是只用某一个员工的薪酬水平与其他企业的某些人相比。

3. 激励性原则

薪酬的核心作用是激励。员工在工作时，会对自己在工作中的投入程度和所能获得的回报有一个预判，当员工达到工作绩效而得到的回报与期望的回报相当时，就会产生满足感和公平感，并在接下来的工作中继续努力；反之，员工会在接下来的工作中降低努力程度。所以，为了让员工不断提高工作的努力程度，薪酬设计必须考虑员工对某一项工作的预期收益（见图10-2）。

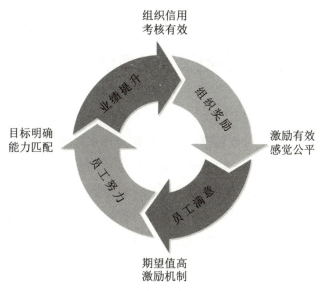

图10-2 李春佳综合激励模型

企业确定的某一个岗位的薪酬水平或某一项业绩达成后的收益，会对员工期望回报产生较大的影响。所以，多数企业都会规定员工达到某一个岗位或某一个级别时就可以获得相应的薪酬，员工会因为岗位的提升而更加努力工作。

企业也会采用事先约定的方法，引导员工降低期望回报的水平。例如，企业与员工明确约定将10%的净利润作为团队奖励。员工为了获得这10%的奖励需努力实现约定的目标。

4. 经济性原则

即使高薪酬能吸引更为优秀的人才，但并不是每个企业都会选择高薪酬策略。因为薪酬水平高固然可以吸引人才，但会增加企业的经济负担。一些企业追求薪酬政策的效率，即如何用有限的成本创造最大的业绩。

那么，如何衡量薪酬的效率呢？要求在薪酬设计上会用一些指标进行衡量。例如，人工成本增长水平与利润总额增长水平的比较，通常人工成本的增速应该比利润总额的增速低，人均工资的增速也应低于劳动生产率的增速，满足以上两点的企业就表示从员工身上获得的收益要大于支付给员工的成本。

薪酬设计的模型

每个企业都有一个基础薪酬模型，作为全体成员薪酬模型设计的指南，体现薪酬分配的原则和主要内容（见表10-2）。但通用薪酬模型在通常情况下只做参考之用，不适用于大多数员工的薪酬设计，因为企业内部的多数职位会受到某一指标的极大影响，如销售部门薪酬受销售业绩影响很大，生产部门薪酬受生产数量和质量影响很大，这时就需要为具体职位设计具体的薪酬模型。

表10-2　通用薪酬模型示例

员工总薪酬										
标准内薪资						标准外薪资				
基本工资			效益工资	管理奖金	年终奖金	各类福利	各类补贴	各类津贴	独立核算分红	管理分红	股权激励
技能工资	绩效工资	司龄工资								

注：企业内所有薪酬模型都是通用薪酬模型衍生出来的。

1.企业常见的高管人员薪酬模型

营销经理薪酬模型：基本工资＋绩效工资＋个提（销售额/毛利润）＋管提＋独立核算分红；

采购经理薪酬模型：基本工资＋绩效工资＋毛利润提成＋成本节约奖＋管理分红；

研发经理薪酬模型：基本工资＋绩效工资＋研发产品上市后产生业绩提成（例第一年1%，第二年0.5%，第三年及之后0.25%）＋专利奖＋协助业务成交的协作奖＋管理分红；

工程经理薪酬模型：基本工资＋绩效工资＋技能工资＋项目奖金（考

核、环保、质量、进度、安全、成本、人员）+ 大小缸分红 + 项目跟投奖金；

生产经理薪酬模型：基本工资 + 绩效工资 + 技能工资 + 部门产能奖金 + 超产奖 + 管理分红；

质量经理薪酬模型：基本工资 + 绩效工资 + 技能工资 + 品质专项奖 + 管理分红；

行政 / 人力资源经理薪酬模型：基本工资 + 绩效工资 + 协助公司完成目标的协作奖 + 管理分红；

财务经理薪酬模型：基本工资 + 绩效工资 + 技能工资 + 专项奖金 + 协助公司完成目标的协作奖 + 管理分红；

客服经理薪酬模型：基本工资 + 绩效工资 + 协助营销人员成交的协作奖 + 孤儿客户提成（该提成为原销售员提成的 30%）+ 管理分红；

分公司总经理薪酬模型：基本工资 + 绩效工资 + 个提 + 管提 + 分公司利润分红；

事业部总经理薪酬模型：基本工资 + 绩效工资 + 个提 + 管提 + 事业部利润分红 + 期权 / 股权激励；

总经理薪酬模型：基本工资 + 绩效工资 + 个提 + 管提 + 超产奖 + 管理分红 + 期权 / 股权激励；

董事长薪酬模型：基本工资 + 绩效工资 + 个提 + 管提 + 超产奖 + 管理分红 + 公司净利润分红。

未来企业与企业之间的竞争就是核心人才的竞争，就是激励机制的竞争，就是管理团队之间的竞争，企业的高管只有具备决策力、行动力、领导力、承担力，企业才具有抗击竞争的实力，所以高管人员的薪酬模型十分重要。

2. 销售人员薪酬模型

一般企业内部薪酬设计最复杂的就是销售岗位，因为销售岗位职员的工作时间比较自由、开放度大、业绩波动大，完全以市场为导向，很难以是否坐班或坐班时长为依据计算薪酬。销售人员薪酬设计需兼顾盈利性、动态性和可操作性。

销售人员的薪酬一般是以每日、每月、每季度或每年的销售业绩来衡量，薪酬部分有薪金、佣金、奖金之分，企业可做单选或组合选择。

（1）纯薪金模式。即固定工资制度，与个人当期销售业绩无关。

◆公式：个人收入＝固定工资。

◆优点：易于管理，收入有保障，安全感较强。

◆弊端：缺乏刺激性，"大锅饭"氛围强烈；不能形成竞争机制和晋升机制；不利于控制销售费用；不能吸引和留住有进取心的销售人员。

◆适用范围：销售业绩需要多人集体努力时，纯薪金模式可以促进团队精神；知识型销售人员占比大的销售团队；对荣誉、地位、能力的提升等非金钱因素具有强烈需求的销售团队。

（2）纯佣金模式。薪酬收入完全来自销售额提成（事先规定），收入是变动的。

◆公式：个人收入＝销售额（或毛利、利润）× 提成率。

◆优点：报酬的透明度高，充分调动销售人员的积极性，降低了企业销售成本的压力。

◆弊端：销售人员目标单一，只热衷于有利可图的交易；只关注自己的利益，无视企业的利益；销售管理难度大；销售人员压力大，销售队伍的稳定性和凝聚力差。

◆适用范围：单价很低但获利颇丰的产品销售工作；希望销售人员能持续销售行为和销售热情的团队；期望销售行为能在短时期内产生业绩，并使销售人员获得收入的企业。

（3）"薪金＋佣金"模式。收入包括基本薪金和销售提成两部分。销售人员一般要完成销售定额，但当月不管是否完成定额，均可以得到基本薪金，即底薪。如果超额完成，则按超额部分提成。

◆公式：个人收入＝基本薪金＋（当期销售额－销售定额）× 提成率。

◆优点：既有固定薪金保障，又能同业绩挂钩；既有提成的刺激，又给员工提供稳定的收入。

◆适用范围：兼具纯薪金模式和纯佣金模式的优点，克服了弊端，被企业广泛接受，在美国约有 50% 的企业采用。

（4）"薪金＋佣金＋奖金"混合模式。收入由薪金、佣金、奖金三部分

组成。企业一般给销售部门制定整体销售定额，销售部门将整体销售定额分
解给每名销售人员作为单人销售定额。销售人员不管是否完成销售定额都能
获得基本薪金，超额完成部分按比例提取佣金。销售部门超额完成整体销售
定额，可提取部门奖金总额，部门奖金总额按个人完成销售额占整体完成销
售额的比例分发给每名销售人员。

◆公式：个人收入 = 基本薪金 +（当期销售额 – 销售定额）× 提成率 +
部门奖金总额 × 个人提奖系数。

部门奖金总额 =（销售部门当期整体销售额 – 整体销售定额）× 提成率

个人提成系数 = 个人当期销售额 ÷ 销售部门当期整体销售额

◆优点：兼顾了纯薪金模式、纯佣金模式和"薪金 + 佣金"模式的特
点，考虑了销售人员的稳定性、激励作用和团队精神的促进作用。

◆弊端：企业销售成本加大，操作管理的难度和工作量加大，销售定
额、提成率和提奖率的核定需考虑多方面的因素，要经过复杂的测算。

◆适用范围：作为"薪金 + 佣金"混合模式的补充，被企业广泛接受。

3. 生产人员薪酬模型

生产人员的工作容易被观察，时间确定，易于控制和监督，且业绩稳
定。因此，生产人员的薪酬模型设计应注重过程和行为的控制与监督，强调
量化考核。

生产人员的薪酬模型通常包括计时制、计件制及超产奖金制。计时制又
可分为简单计时制和差别计时制，计件制又可分为简单计件制和差别计件制
（见表 10–3）。

表10–3　生产人员薪酬模式

模式	计薪方式
简单计时制	工作天数 × 日薪
差别计时制	工作天数 × 日薪+加班小时数 × 时薪
简单计件制	生产数量 × 单位产品生产提成
差别计件制	标准产量 × 单位产品生产提成1+超产产量 × 单位产品生产提成2
超产奖金额	完成标准产量的基本薪酬+超产奖金

4. 技术人员薪酬模型

技术人员的职位不一定高，但在专业知识领域很容易得到人们的认可。工作业绩不容易被衡量，企业工作压力大，工作时间无法估算。因此，设计技术人员的薪酬不能仅考虑职位高低，还应考虑市场价格、行业因素和专业特点。很多企业将高级技术人员纳入管理人员的长期激励系统中，并对其采用个性化薪酬体系。

技术人员的薪酬模型设计方法为能力取向法和价值取向法。能力取向法是采取技术等级工资制和职位等级工资制并重的方式；价值取向法的工资总额由"基本生活费 + 司龄工资 + 知识价值 + 岗位价值"共同组成。

5. 管理人员薪酬模型

管理人员在企业中从事管理工作，分为高层管理人员、中层管理人员和基层管理人员。高层管理人员的薪酬模型每个企业差别很大，不做具体阐述。在此主要讲解中基层管理人员的薪酬模型。

中基层管理人员是企业战略的落实者，是企业业务的执行者，是企业行动的监督者，是企业意志的示范者。设计管理人员薪酬模型时必须注重业绩考核，结合长期激励。

管理人员薪酬模型基本采取调和型薪酬模型。薪酬 = 基薪 + 绩效薪酬 + 福利，基薪和绩效薪酬各占的比例相当。

基薪采取职位等级工资制，等级的晋升要体现其管理能力、管理幅度、管理难度、责任心和业绩状况。

绩效薪酬要配备相应的绩效考评制度，要制定具体的绩效薪酬的分配方案。

薪酬设计的方法

目前常用的薪酬设计方法有岗位工资制、能力 / 技能工资制、绩效工资制、市场工资制、年薪工资制五种。

1. 岗位工资制

岗位工资制以岗位价值作为支付工资的基础和依据，特点是对岗不对人，即员工担任哪个职位，就该获取与该工作相符的薪酬。岗位工资制比较适合职能管理类岗位，对任职者的要求是有效地履行其职能职责。

岗位工资制实施的关键环节是岗位评价和员工能力与岗位要求的匹配度，必须运用科学的量化评估系统对岗位价值和员工能力进行评价。岗位评价的四项要素分别是劳动条件、劳动强度、劳动责任、劳动技能。

（1）岗位工资制的优点：①使员工获得与其担当工作相应的薪酬，实现同岗同酬；②因只考虑岗位本身的因素，很少考虑人的因素，有利于根据职位序列进行薪酬管理；③工作与薪酬关系清楚，稳定性强，有利于成本掌握。

（2）岗位工资制的缺陷：①由于薪酬和晋升直接挂钩，晋升无望会导致工作积极性受挫，甚至消极怠工或直接离职；②薪酬相对稳定，不利于企业对于多变的外部环境做出快速反应。

2. 能力 / 技能工资制

能力 / 技能工资制是以员工所具备的能力 / 技能作为工资支付的基础和依据，即员工获得报酬的差异主要来自人本身的能力水平差异，而非职位等级的凹凸或职位价值的凹凸。能力 / 技能工资制的基本假设是：相信"有好的能力，就有好的回报；有好的回报，就能激发好的能力"。该方法适用于企业中的技术工人、技师、科技研发人员、专业管理者等。

能力 / 技能工资制实施的关键环节是测评员工的能力。能力冰山模型是得到广泛认同和应用的能力模型，包括"水面以上"的显性学问与技能和"水面以下"的潜性能力、自我认知、人格特征及动机与信念（见图 10-3）。

（1）能力 / 技能工资制的优点：①提升员工的注意能力和合作意识，而非过度竞争；②鼓舞员工发展深度技能（在专业领域深入研究）和广度技能（跨职位发展），即使职务级别没变，薪资也能提高；③企业因员工能力的不断提升而增加适应环境变化的敏捷性。

图10-3 能力冰山模型

（2）能力／技能工资制的缺陷：①界定和评价能力／技能并非易事，且管理成本高；②随着员工能力不断提升，企业薪酬成本将不易掌握；③员工着眼于提高自身能力／技能，可能会忽视组织的整体需要；④高能力／技能的员工未必有高的产出，是否投入工作的因素同样重要；⑤无法进一步激励自身能力／技能顶端的人才。

3. 绩效工资制

绩效工资制是以员工的工作业绩作为工资支付的基础和依据，特点是将员工的绩效同制定的标准相比较以确定其绩效工资的额度，形式有计件（工时）工资制、佣金制、年薪制等。该方法适用于生产人员、销售人员、管理人员等。

实施绩效工资制要求企业的绩效管理基础必须牢固，要确保两条线建设完善——职责线和目标线，即岗位职责体系明确和目标分解合理。其中，绩效目标及衡量标准的确定是关键环节。如果不能合理地确定绩效目标，员工的努力就没有方向，对员工的激励作用就会降低。

（1）绩效工资制的优点：①员工收入与目标完成情况直接挂钩，激励效果明显；②企业不用事先支付过高的人工成本，在整体绩效不好时能够节省人工成本。

（2）绩效工资制的缺陷：①员工工作时开放性较大，因此绩效考核难度大；②绩效工资过于强调个人绩效，不利于团队合作。

4. 市场工资制

市场工资制是将市场价格作为工资支付的基础和依据，更确切地说是根据地区及行业人才市场的薪酬调查结果确定岗位的具体薪酬水平。至于采取高于、等于或是低于市场水平，要考虑企业的盈利状况及人力资源策略。该方法适用于企业的核心人员。

市场工资制实施的关键环节是企业要有一定的岗位管理基础和进行市场薪酬调查。如果企业不能清晰界定岗位职责或者技能等级，则很难和市场标准职位的薪酬水平进行比较。中国企业不习惯参加专业机构的薪酬调查活动。因此，在业内很难获取行业的薪酬数据，也就很难设计自己的基于市场的薪酬制度。

（1）市场工资制的优点：①企业可以通过高于市场薪酬水平的策略吸引和留住核心人才；②企业可以下调替代性强的人力薪酬水平以节省人工成本；③参照市场定工资，会更容易让员工接受，降低企业内部矛盾。

（2）市场工资制的缺陷：①企业必须有良好的发展能力和盈利水平，否则难以支付和市场接轨的薪酬水平；②员工要清楚了解市场薪酬水平，才能认同市场工资体系，增加了对员工职业化素质的要求；③完全按市场确定各岗位薪酬，企业内部薪酬差距会很大，将影响内部公平性。

5. 年薪工资制

随着企业的发展，很多企业需要激励内部的核心人才和引进外部的人才，为了保障这些人才愿意跟随公司发展，很多企业采用了年薪工资制的方式吸引人才、留住人才和激活人才。

年薪工资制大多为谈判工资，只要企业和人才达成了共识，一方愿意支付另一方乐意接受，该薪酬的标准就定下来了。当然企业一般在与人才谈判时，也要考虑人才过往的业绩与收入、同等人才的市场薪资水平、薪酬结构、薪酬发放方式等。

（1）年薪工资制的优点：①员工年度收入提前预知，满意度高，工作积极性高；②公司可以通过高年薪制吸引人才加入，有了筛选人才的机会。

（2）年薪工资制的缺陷：①企业的薪资成本较高，考核难度大，薪酬结构拆分复杂；②企业相对被动，劳动风险高，会造成"请神容易送神难"的风险。

现代企业很难以一种薪酬制度打天下，企业内部往往同时运行着两种或两种以上的薪酬制度。因此，如今的薪酬制度多为组合工资制。

组合工资制是把影响和决定员工工资的各种因素分解开来，再根据各种因素分别设置工资标准。各企业的具体情况不同，组合工资制中的各工资项目和比例也不尽相同。组合工资制吸收了前面四种工资制度的长处，有非常强的灵活性和适应性，有利于合理安排企业内部各类员工的工作关系，能够有效调动员工的工作积极性，充分发挥工资的激励功能。

薪酬设计的测算

薪酬测算就是企业的薪酬策略、薪酬结构、薪酬水平的最终呈现，体现在每个岗位的薪酬数额上。随着薪酬激励领域的发展，企业薪酬测算逐渐由点薪制薪酬过渡为宽带制薪酬。点薪制薪酬是单一的薪酬标准，即一个岗位或级别对应一个基本固定的薪酬数值，在相同的岗位或级别上，员工的工资基本相同。点薪制薪酬表面看似公平，却忽略了员工的潜在能力和工作积极性。宽带制薪酬是根据不同级别、不同岗位、不同能力、不同工作状态，设置的有一定薪酬跨度的薪酬模式（见图10-4）。

在常规情况下，现代企业无论采用哪种复杂或特殊的薪酬体系，都是建立在宽带制薪酬的基础上。万变不离其宗，只要掌握了宽带制薪酬的测算方式，就可以循序渐进，理解和运用其他更为复杂多变的薪酬制度。

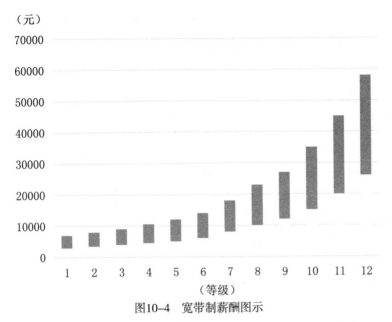

图10-4 宽带制薪酬图示

企业根据员工的岗位和级别，按其工作业绩，在其对应的薪酬范围内定薪。员工在不努力的情况下是一个薪酬标准，在一般努力的情况下达到另一个薪酬标准，在非常努力的情况下进一步提升薪酬标准。

图 10-4 中，横坐标代表宽带制薪酬的薪级，纵坐标代表宽带制薪酬的标准，每一个长方形代表了对应薪级的薪酬标准范围（底部为最小值，顶部为最大值）。为了让宽带制薪酬发挥最强大的效用，需要对三个要素进行设定——中点值、级差和级幅度。

1. 中点值

宽带制薪酬中，每一个薪级对应的中点值代表了企业对某岗位的付薪水平。因此，确定了关键岗位所在薪级的中点值，就基本确定了对该薪级的薪酬数据。宽带制薪酬中，明确的薪级中间值通常会以如下三种形式出现。

（1）确定每一个薪级的中点值。将每一个薪级的中点值都确定好，就基本确定了付薪水平和薪酬定位（见表10-4）。

表10-4 确定每个薪级的中点值

薪级	1	2	3	4	5	6	7	8	9
中点值	50	55	61	68	77	87	101	121	150

（2）确定几个薪级的中点值。在薪酬定位时，由于缺少完善的外部数据，只能确定几个核心岗位的薪酬定位（见表10-5）。

表10-5　确定几个薪级的中点值

薪级	1	2	3	4	5	6	7	8	9
中点值			61	68		87			150

（3）只能确定一个薪级的中点值。这种情况虽然较为少见，但每当出现时都非常关键，值得重视（见表10-6）。

表10-6　确定一个薪级的中点值

薪级	1	2	3	4	5	6	7	8	9
中点值			61						

2. 级差

在宽带制薪酬的三个要素中，核心是中点值。在中点值的三种形式中，各薪级中点值都能确定的，就无须再计算级差，可以直接设计级幅度。定级差主要针对后两种情况，通过几个核心薪级确定所有薪级的中点值。

公式为：较高薪级的中点值 = 较低薪级的中点值 × （1+ 级差）。

有以下三种方法。

（1）通过几个分散薪级的中点值确定各级级差。假设某公司经分析评价确定的关键岗位中点值如表 10-7 所示。

表10-7　某公司关键岗位中点值

薪级	1	2	3	4	5	6	7	8	9	10
中点值				50000			90000		150000	

如何体现薪级中点值之间的关系呢？根据级差公式，假设薪级 4 级与 5 级之间的级差是 S_{4-5}，其他级差以此类推，得出如下等式。

$90000=50000 \times （1+S_{4-5}） \times （1+S_{5-6}） \times （1+S_{6-7}）$

虽然各薪级的中点值并非等差或等比关系，但之间的差别不是很大，暂时按等差计算，即 $90000=50000 \times （1+S）^3$，计算得出 S 为 21.6%。

按一般规律来说，低薪级中点值会小于高薪级中点值，即 $S_{4-5} < S_{5-6} < S_{6-7}$，所以取中间的 $S_{5-6}=21.6\%$，可知 S_{4-5}、S_{6-7} 的具体值应在 21.6% 左右

设置。S_{1-2}、S_{2-3}、S_{3-4}、S_{7-8}、S_{8-9}、S_{9-10}，也可以按照以上公式计算得出相应级差。所以，该公司各薪级的级差根据计算所得与级差的一般规律可以设置如表 10-8 所示。

表10-8 某公司薪级级差设置

薪级	1	2	3	4	5	6	7	8	9	10
级差		S_{1-2} 18.0%	S_{2-3} 19.0%	S_{3-4} 20.0%	S_{4-5} 21.0%	S_{5-6} 22.0%	S_{6-7} 23.0%	S_{7-8} 24.0%	S_{8-9} 25.0%	S_{9-10} 26.0%
中点值	3万	3.57万	4.28万	5.18万	6.32万	7.77万	9.63万	12.04万	15.17万	19.24万

（2）通过几个连续薪级的中点值确定各薪级级差。假设某公司经分析评价确定的关键岗位中点值如表 10-9 所示。

表10-9 某公司关键岗位中点值

薪级	1	2	3	4	5	6	7	8	9	10
中点值				50000	60000	80000				

根据上面介绍的方法，可以根据相应的薪级、中点值计算级差 S_{4-5}、S_{5-6}、S_{6-7}，并根据这三个级差呈现出来的规律，确定其他薪级的级差与中点值。

但是，因为相邻或连续的薪级在薪酬体系设计时，可能导致距离较远的未知中点值的薪级差级计算出现偏差，因此在计算时需要试错，最终确定合理的薪级级差。

（3）通过一个薪级的中点值确定各薪级的级差。假设某公司经分析评价确定的关键岗位中点值如表 10-10 所示。

表10-10 某公司的关键岗位中点值

薪级	1	2	3	4	5	6	7	8	9	10
中点值						80000				

之前介绍的两种方法，可以通过一定的计算方式确定未知薪级的中点值。但如果只有一个已知薪级与中点值，便无法计算薪级级差。这种情况下，需要依靠经验假设级差，确定中点值。在凭经验给出数据的过程中，需要全方位衡量，多征求意见，力争将推测出的数据尽可能靠近正确值。

3．级幅度

确定了薪级的中点值和级差，就确定了每一个薪级的付薪水平，每个薪级的级幅度（带宽）则代表了该薪级的付薪范围。

公式为：某薪级的级幅度＝（最大值－最小值）÷最小值。

级幅度的确定需要注意幅度控制问题。级幅度设定过宽，将不易体现薪级之间的差距，也会在定薪时导致薪酬偏高，企业成本失控；级幅度设定过窄，会导致薪级内的薪酬浮动无法有效体现，且无法容纳薪级内不同能力值员工的差别化定薪。

为保障级幅度设定得合理有效，必须遵守以下两个原则。

（1）全面覆盖原则。一个好的薪酬体系必须适用于企业现状，确保能够对现有人员进行有效、合理、公平的定薪。

（2）增长空间原则。好的薪酬体系必须具有增长性，即薪酬体系的数据能够保障大多数岗位未来2～3年的增长空间。

宽带制薪酬根据薪级个数的多少，宽带范围的大小，可以分为窄带型薪酬和宽带型薪酬两种子类型（见表10-11）。

表10-11　窄带型薪酬和宽带型薪酬对比

窄带型薪酬	宽带型薪酬
薪级个数较多，通常为15级以上	薪级个数较少，通常为8～15个级别
每个薪级对应薪酬范围较小，级幅度40%～50%	每个薪级对应薪酬范围较大，级幅度90%～100%
适用于成熟的、规模化的企业	适用于初创期、业务灵活、组织规模欠成熟的企业
员工更注重个人职位晋升	员工薪酬可随岗位能力提升而提高
灵活性较小，管理较简单	灵活性较大，管理难度较大

4．同一职系薪资调整参考标准

笔者在大量的咨询案例中总结得出同一职系薪资调整参考标准如下。

（1）逐级（如正式员工与高级员工）薪资调整幅度为12%～17%，若公司的起薪工资以当地最低工资标准为起点，逐级涨薪12%～13%则为追随性薪酬；逐级涨薪14%～15%则为平和性薪酬，逐级涨薪16%～17%则为领先性薪酬。

（2）跨层级（如正式员工与正式经理）薪资调整幅度为 1.4 ~ 1.7 倍。

（3）跨层级跨岗位（如正式员工与正式总监）薪资调整幅度为 2 ~ 4 倍。

总结：薪酬设计是激励系统建设过程中的难点与痛点，因为只要涉及薪酬的变动，必然会引起员工的关注，员工对薪酬的满意度决定他的工作态度、积极性、情绪、效率、结果、责任心等。因此，企业在设计薪酬时一定要有专业的指导老师，制定切实可行的方案，符合公司发展战略，得到大多数员工的认同，将薪酬的作用力发挥到最大。

考虑到中国的中小企业较多，竞争压力大，竞争规则不统一，行业属性不同，企业的发展阶段不同，企业盈利能力不同，企业的支付能力不同，企业投资人的激励理念不同，所以制定薪酬的标准也不相同。各企业的薪酬方案差距较为明显，投射到员工身上的作用力也不同，好的薪酬机制能让坏人变好，坏的薪酬机制能让好人变坏。所以作为咨询机构，我们能够帮助企业设计一套匹配公司长期发展的激励机制是我们的价值所在。

第十一章
股权激励设计咨询

日益上升的人工成本是民营企业肩上的一座大山，但支付了高额的工资，企业也未必能实现让员工发挥最大内在工作潜能的目的。

"员工把企业的事当成自己的事"是民营企业想要看到的每一名员工的工作状态。"股权激励"就是本着这个目的逐步深化与成熟的。通过股权激励，让核心管理层和骨干员工持有企业股份，真正成为企业的主人，实现身份的彻底转变。

但股权激励不是万能良药，不科学的股权激励不仅起不到好的作用，还可能为企业埋下各种不利的隐患。民营企业实施股权激励必须绕开陷阱，由正确处切入，再由正确处切出，才能达到预期的目的。

股权激励设计的背景

股权激励不是随时、随地、随意就可以设计的，需要企业对经营有具体的能通过股权激励的设计达到的期望和目标，才可以进行股权激励。通过设计科学的股权激励，可以完善企业法人治理结构、增强企业内部凝聚力、提升企业市场影响力、提高企业经营水平、保护企业利益及股东利益。那么，有哪些期望和目标的企业可以启用股权激励呢？

1. 对降低人力成本有需求的企业

企业的生存发展离不开人才的支撑，但人才的现状永远是"不仅贵，而且缺"，所以有远见的企业不仅要在经营上下足功夫，还要持续打"人才战"。

争夺人才必须付出代价，以经济利益换取人才的能力报偿。人才同样符合"一分钱一分货"的道理，想要获得有分量的人才，就要付出有分量的代价。但是，仅靠提高薪酬，就一定会让企业在人才争夺中胜出吗？就一定能让人才长留企业吗？就一定会获得人才的鼎力支持吗？这些都是未知的，但有一样是已知的，就是提高薪酬一定会导致企业人力成本的提高。

某公司为招揽一位有分量的人才加入，开出高于其他同类公司 60% 的薪酬，福利也很有吸引力。人才很快到位，就任公司人力总监，但后续发展却让公司老板措手不及。因为公司的薪酬结构被破坏，新晋人力总监的高额薪酬导致企业员工不满现有的薪酬待遇，尤其是那些公司创立期就一直出力的元老。为了安抚元老们的情绪，公司只能提高待遇。企业的人力成本在短时间内翻了一倍，但起到的效果却并不如意，员工还是有种种不满。

这就是现实，想招揽人才的企业吃不消，对人才不感冒的企业人才荒。导致这一切发生的根本原因是没有找到合适的方法。想给人才提高待遇就只能靠涨工资、提高福利吗？其实，这种依靠提升工资报酬和福利待遇留住人才的方式，是一种高付出低回报的旧方法，能起到的激励效果既短暂又有限。

留住人才需要新方法，就是实施激励效果长期有效的股权激励，有条件地给予激励对象部分股东权益，让激励对象与企业结成利益共同体。激励对象有了认同感和归属感，才能心甘情愿地、主动自觉地努力工作，为企业创造更多收益。

2. 对机制变革有需求的企业

随着时代的不断变革，商业经营模式也要随之变革，而企业经营模式的变革势必会带动企业运作机制的变革。但这种变革是被动的，是被时代裹挟着、不得不向前迈动的"假变革"。以"假"开启，就不会得到"真"结果，被动变革的企业通常都会因变革得不完备、不到位、不犀利而"剧终"。

因此，企业的变革一定要有主动性，所谓"敌变我变，敌未变我先变"，快人一步先做变革。既然想掌握主动性，就需要知道哪种"武器"可以帮助企业老板。如今世界范围内被认可的"武器"就是股权激励，能够让原本死水般的企业重新活跃起来。

世界知名经济周刊《经济学人》在几年前做过一次世界范围的调查，得出了实施股权激励企业与尚未实施股权激励企业的各项对比值（见表11-1）。

表11-1　实施股权激励企业与未实施股权激励企业的对比

经营要素	已实施股权激励企业	未实施股权激励企业
员工活跃度	4~5分	2~4分
员工对工作和企业的认可度	5分	1~4分
机制的可调整性	5分	2~3分
企业对外部资源的吸引力	4~5分	2~4分
企业成长性	4~5分	1~3分

注（1）：此表5分为最高，1分为最低，不设0分。

注（2）：此表对已实施股权激励企业的采样以正确性为基础，股权实施不正确与未实施视为同等，不具有参考价值。

注（3）：此表对未实施股权激励企业的采样以成长性良好为基础，成长性不好的不做参考。

通过表11-1可以看出，已实施股权激励企业的评分起点较高，说明股权激励在某种程度上带动了企业发展；未实施股权激励企业的评分起点较低，且跨度较大，说明企业的发展与领导者的能力成正比。

3. 对拓展经营渠道和满足经营需要有需求的企业

过往的成功经营模式告诉我们，只要产品好就能打开渠道，只要有渠道产品就能畅销，这不是"先有鸡还是先有蛋"的问题，而是两者并立共存共生。

但如今越来越多的企业已经逐渐改变了由自己经营渠道，而是向外界借渠道，这就需要在经营中改变策略，从"风雨一肩挑"到"众人划桨开大船"。别人凭什么借渠道给你帮你开大船呢？股权激励就是让别人与自己联合的手段，利用股权整合上游和下游，与各级供应商和代理商形成捆绑关系。

著名时尚品牌百丽公司的核心价值是品牌，自己没有工厂，也没有研发能力，但通过推出的一系列支持、返利和配股政策，形成了固定的上、下游产业链。股东们除了享受高额的利润之外，还会享受股票增值的分红收益和企业估值增加的未来收益。

不管企业处于产业链的哪一段，都不能让企业处于孤立地位，而是要融入产业链中，并尽可能地延展产业链的长度，以增加企业的辐射面。

4. 对提升企业品牌影响力有需求的企业

股权激励跟企业品牌之间有什么联系？回答这个问题之前，先了解什么决定企业的价值。

以前，企业拼的是利润，只需要一项利润指标就能衡量企业的成功指数。因此，当时的企业老板都非常注重对企业有形资产的经营，包括如今享誉全球的华为、海尔、格力等企业，都曾经是利润至上的拥趸。

但在股权时代来临后，企业拼的已经不是看得见的利润，更有看不见的估值。如今提到企业价值，衡量的标准是企业估值。企业估值中，以利润为代表的有形资产只占一小部分，更多的是无形资产。一些企业的品牌价值就是其最大的无形资产，如香奈儿、轩尼诗、耐克、奔驰、宜家等，就是品牌具有超级价值的体现。

打造企业品牌价值离不开高端人才的加持，想要高端人才在企业安心工作且长期留驻，提供一定能够满足高级人才利益需要的股份是必需的，将人才的现在与企业绑定，等于为企业赢得了未来。

至此，我们已经明白股权激励跟企业品牌之间的关系了。归根结底，提升企业价值所需的一切条件中，人才是根本，股权激励就是为了留住人才。

股权激励设计的要素

企业关于股权激励分为对内和对外，对内涉及管理分红、虚拟股权激励、期权激励等形式，对外涉及股权架构设计、利用股权融资、利用股权复制扩张、并购等业务。不管基于何种方式、何种背景、何种对象，企业老板必须清晰股权合作与股权激励的五个要素——合作的目的、考虑的要素、如何进入、如何行权、如何退出（见图11-1）。

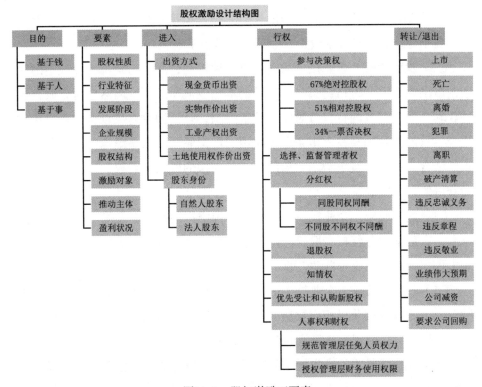

图11-1　股权激励五要素

若要详细设计一套股权激励方案，建议从下节所讲述的十个维度进行考虑，充分发挥企业与被激励对象的价值，明确双方的责、权、利，清晰进入行权退出机制。总而言之，把双方的疑虑聊透，并归纳到协议里，让双方心无旁骛地投入工作，最终实现双方共同约定的目标。

此外，在本节还需要了解股权激励的各种模式，分别是业绩股票、股票期权、虚拟股票、股票增值权、限制性股票、延期支付、经营者／员工持股、管理层／员工收购、账面价值增值权。前八种为证券市场相关的股权激励模式，激励对象所获收益受企业股票价格的影响。账面价值增值权是与证券市场无关的股权激励模式，激励对象所获收益仅与企业的一项财务指标——每股净资产值有关，而与股价无关。

（1）业绩股票。在年初确定一个较为合理的业绩目标，如果激励对象到年末时能达到预定的目标，则企业授予其一定数量的股票或提取一定的奖励基金购买企业股票。业绩股票的流通变现通常有时间和数量限制。另一种与业绩股票在操作和作用上相类似的长期激励方式是业绩单元，和业绩股票的区别在于业绩股票是授予股票，业绩单元是授予现金。

（2）股票期权。企业授予激励对象一种权利，激励对象可以在规定的时期内以事先确定的价格购买一定数量的本企业流通股票，当然也可以放弃这种权利。股票期权的行权有时间和数量限制，且需激励对象自行为行权支付现金。目前在我国某些上市企业中应用的虚拟股票期权是虚拟股票和股票期权的结合，即企业授予激励对象的是一种虚拟的股票认购权，激励对象行权后获得的是虚拟股票。

（3）虚拟股票。企业授予激励对象一种虚拟的股票，激励对象可以据此享受一定数量的分红权和股价升值收益，但没有所有权和表决权，不能转让和出售，在离开企业时自动失效。

（4）股票增值权。企业授予激励对象一种权利，如果企业股价上升，激励对象可通过行权获得相应数量的股价升值收益，激励对象不用为行权付出现金，行权后获得现金或等值的企业股票。

（5）限制性股票。事先授予激励对象一定数量的企业股票，但对股票的来源、抛售等有一些特殊限制，一般只有当激励对象完成特定目标（如扭亏为盈、企业上市）后，才可抛售限制性股票并从中获益。

（6）延期支付。企业为激励对象设计一揽子薪酬收入计划，其中有一部分属于股权激励收入，但不在当年发放，而是按企业股票公开市价折算成股票数量，在一定期限后以企业股票的形式或根据届时股票市值以现金方式支付给激励对象。

（7）经营者/员工持股。让激励对象持有一定数量的本企业股票，这些股票是企业无偿赠予激励对象的，或是企业补贴激励对象购买的，或是激励对象自行出资购买的。激励对象在股票升值时可以受益，在股票贬值时受到损失。

（8）管理层/员工收购。企业管理层或全体员工利用杠杆融资购买本企业股份，成为企业股东，与其他股东风险共担、利益共享，从而改变企业的股权结构、控制权结构和资产结构，实现持股经营。

（9）账面价值增值权。具体分为购买型和虚拟型两种。购买型是激励对象在期初按每股净资产值实际购买一定数量的企业股份，在期末再按每股净资产期末值回售给企业；虚拟型是激励对象在期初不需支出资金，企业授予激励对象一定数量的名义股份，在期末根据企业每股净资产的增量和名义股份的数量计算激励对象的收益，并据此向激励对象支付现金。

股权激励设计的"十定"

作为企业老板，不仅要知道股权激励对企业发展的重要性，还要知道激励的十个要素，即"十定"。掌握了这"十定"，在实施股权激励时才能知道具体应该怎样做（见表11-2）。

表11-2　股权激励"十定"

序号	股权激励十问	本质	序号	股权激励十问	本质
一	为什么要做	定目的	六	用什么价位激励	定价格

序号	股权激励十问	本质	序号	股权激励十问	本质
二	具体激励谁	定对象	七	用多大额度激励	定数量
三	股份从哪来	定来源	八	怎样才能获得	定条件
四	股份的性质为何	定性质	九	在什么期间获得	定时间
五	用什么方法实施	定模式	十	怎样可以退出	定退出

1. 定目的

股权激励的目的有多个，有些企业是为了吸引人才、留住人才、激活人才而做；有些企业是为了完成企业阶段性发展所需而做，有些企业是为了融人融钱融智融资而做，有些企业是为了完成上市大计而做等。

不管基于何种目的，制订科学、严谨、适用于企业发展的股权激励计划，需要从确定股权激励目标开始，明确股权激励的出发点和宗旨。

制定股权激励目标，既要符合经济大势，又要结合企业状况，还要满足激励对象的期望，所以目标设定需要遵守如下原则。

（1）利益共同体原则。释放出股权，要将企业利益和员工个人利益捆绑到一起，形成整体合力，企业才有能获取在任何环境下都能持续向前的动力。

（2）目标具体化原则。与股权共同释放出来的还有相应的责任和义务，改变个体的状态才能改变企业的现状。因此，需要将目标具体化到每个人，当个体的小目标达成后，集体的大目标也将随之达成。

（3）明确期限性原则。激励对象接受了股权激励，就等于接受了企业使命。要限定其实现个体目标的时限，如三个月、六个月、一年、两年、五年等。没有限制就没有动力，缺少动力的激励对象很难"持续自律"，更多将是"间歇自虐"的短期行为。

（4）目标切实性原则。可实现的目标才是有价值的目标，激励对象永远不会为了一个"跳起来都够不到"的目标去努力，所以目标的设定最好是"跳起来够得着"。

股权激励目标与上述原则完美契合，股权激励计划才能真正发挥激励员工凝聚力和战斗力的作用，既能留住人才，又能降低人力成本。

2016年，某数码产品制造企业开始实施管理层持股计划，将部分净资产增量以股份形式授予被激励对象。在此后六年的激励计划实施过程中，集团走上了发展快车道。到 2022 年上市，该集团一夜爆出数个亿万富翁，很多的千万级、百万级富豪。各大媒体纷纷报道该集团签订股权激励方案的英明之举，后来人们将这种集体造富现象背后的秘密总结为"分享的力量"。

股权激励的目的就是让各级股东形成利益相关体，减少了上下级之间、同级别之间的利益冲突。个体的责任心会得到强化，在收益预期与损失预期的共同作用下，工作的积极性、创造性和竞争性会被激发。

2. 定对象

企业进行股权激励不是发放福利，人人有份，而是针对那些能对企业发展起到关键作用的人。可以从人力资源价值、岗位价值、忠诚度和价值观、难以取代程度、曾经的贡献、未来的可能贡献六个方面思考个体是不是企业的核心人员，并根据此六项标准总结出三种有资格享受股权激励的人员。

（1）与企业价值观高度相符的人。高度认同企业价值观的员工从工作态度上就能看出来，他们或许能力不是最出众的，贡献不是最突出的，但精神值得肯定。在对价值观高度相符的员工进行股权激励时，不应以过高标准考虑其能力和业绩，毕竟能长留企业的员工能力也不会很弱，贡献也不会小。

某公司成功上市后，宣布实施股权激励计划，以定向增发的形式授予中层管理人员和核心骨干人员共 300 万份股票期权。有三名老资历员工虽然在业绩考核中没能获得资格，但他们始终认同公司的价值观，一直以饱满的热情和积极的态度为公司发展贡献自己的力量。因此，公司决定单独为这三人设置"特别版股权激励"，虽然一共只有 4500 份股票期权，比常规激励中的激励对象获得的股权少很多，但仍然起到了激励员工的目的。

必须注意，虽然要肯定价值观的重要性，但也要掌握一个平衡点，即价值观要高度相符，能力也不能太低，贡献更不能太少，避免出现有员工假借价值观相符赖在企业混日子的现象。

（2）对企业未来发展至关重要的人。能保证企业持续发展的关键因素是人才，进行股权激励必须囊括关键性的未来型人才。所谓关键性的未来型人才，要么是关键的"当下英雄"，此时此刻正在对企业发展起着重要作用的人；要么是关乎企业未来的"明日之星"，做好未来的人才储备，企业发展才能长盛不衰。

某公司准备实施一项股权激励计划，对象包括公司董事、高级管理人员、业务骨干，共计445人，占公司在册员工总数的2.4%。激励形式是股票期权，数量为14500份，占公司发行总股本的2.65%。在此项激励计划中，分别有研发、销售、供应链、客服等部门的骨干成员共373人获得了股权激励的资格。

（3）对企业发展做出过重大贡献的人。在一些成长起来的企业中，"功臣"是相当敏感的一类人，奖励不够怕功臣有微词，奖励过了怕功臣居功自傲。奖励的数额还要照顾其他员工的想法，企业对待功臣的态度可以直接影响其他人对企业的看法。

2016年，因为微信团队成绩突出，马化腾启动"名品堂"，奖励微信团队1亿元。名品堂是腾讯公司专门针对企业级里程碑产品而设立的最高荣誉，奖励的也是最高级别的企业级功臣。

3．定来源

进行股权激励需要企业拿出一定量的股票份额和资金流量做支撑，那么这些股票和资金的来源在哪里呢？

非上市企业的操作很简单，只需现有股东同意有偿或无偿让出一部分企业股票即可。

已上市企业的操作复杂一些，需要通过股东大会审批，还需要证监会审核。上市企业实施股权激励的股票来源有如下四种形式。

（1）以定向增发的形式发行的股票。

（2）企业大股东自愿无偿或有偿拿出一定数量的企业股票（只用于股权激励计划）。

（3）企业使用资金（用于激励的营业利润或通过融资等方式获得的资金）从二级市场上直接购买企业股票。

（4）在符合法律法规的前提下，企业需采取其他方式获得企业的股票。

某上市公司实施的股权激励计划分为股票期权激励计划和限制性股票激励计划。激励对象为公司董事、中高层核心人员、技术骨干、业务骨干，但独立董事、监事、持有公司5%以上股份的股东不包括在内。本次股权激励计划的股票来源是公司向激励对象定向发行 A 股普通股，属于发行股票的形式。

对于上市企业而言，制订股权激励计划一定要表明股票来源，否则即使股东大会与董事会通过了方案，中国证监会也不会通过审核。

4．定性质

股份的性质从大的范围可分为虚拟股和实股。虚拟股只有分红资格，没有决策权；实股就是在工商局注册的股份，不仅有分红权，还有决策权等其他权力。

因为虚拟股份激励不影响企业总股本，在此不做详细解释。只对非上市企业的实股股权激励，是直接以企业在工商局登记的股权作为激励标的，通过各种方式使激励对象拥有企业的实股，以此让激励对象以企业股东的身份和企业利益捆绑在一起，达到激励目的。

实股激励分为如下三种类型。

（1）实股奖励：企业或股东无偿授予激励对象一定份额／数量的股权，为避免激励对象的短视行为，企业通常会规定实股所有权保留期，期满后符合条件的，由企业按持股份额发放股份登记证书，再前往工商局办理股权变更登记手续。这种因为激励对象达到了企业设定的经营目标而被企业授予的实股，也可称为业绩股份。

（2）实股出售：企业或股东按股权价值评估得出的价格或优惠的价格，以协议方式将企业股份出售给激励对象。

（3）定向增资：企业以激励对象为定向增资扩股对象，激励对象参与企业的增资扩股行为，同时获得企业股权。

对激励对象而言，拥有实股就等于拥有了企业注册股东的合法身份，可享受法律规定的股东权益。因此，企业在进行股权激励时应考虑股权性质，我们建议先虚后实。

5．定模式

股权激励有很多种类型，上节进行了相关阐述。不同的激励类型在没有参照物的情况下，没有孰优孰劣的区分，都有其各自的适用范围。这里所说的具体参照物是行业形势和企业现状，不同的行业与不同的企业及企业的不同发展阶段，可以选择的股权激励类型各不相同。

一个理想的股权激励方案应该是能兼顾企业的短期目标与长期目标，同时具备较强的激励性与约束性，且不能给企业带来较大的现金压力。

虽然每一种激励计划都有各自的优势，但也都有各自的劣势，这意味着任何一种单纯的激励模式很难同时满足上述要求，需要企业在设计股权激励方案时采用多种模式组合，以最大限度弥合劣势，彰显优势。

（1）以企业性质定股权激励类型。上市企业或在"新三板"挂牌的企业实施股权激励，通常会选择比较成熟的激励模式，如期股、股票期权、限制性股票、股票增值权等。非上市企业则侧重中短期激励，结合关注企业长期价值的股权激励组合模式。

某公司为"新三板"挂牌企业，经营范围包括机动车安全技术检验、汽车技术咨询、环保材料销售、汽车配件、房屋租赁中介以及设备租赁。那么，该公司应该按照什么性质来确定股权激励类型？虽然有"机动车安全技术检验"这一经营范围，但该公司是以汽车配件销售、汽车性能维护、房屋租赁和设备租赁为经营主体，车辆检测资质并不是主体。所以，该公司是销售性质，适合采用业绩股票进行激励。后来该公司决定以股票期权实施激励，草案确定后，激励方案报请全国中小企业股份转让系统，按规定在指定的信息平台予以披露。

（2）以企业经营现状定股权激励类型。股权激励必须结合企业的发展现状，该分类时分类，该组合时组合，需要从激励的目的出发选择最佳激励类型。

一家专门从事健身、美容、职业培训、技术咨询的健身美容连锁公司，聘请我们长贝咨询公司辅助进行股权激励计划的设计。专业咨询公司经过调查发现，该连锁公司定位于高端健身美容服务，目前拥有 34 家连锁美容院、8 家健身俱乐部、1 所美容化妆职业培训学校。针对这样的现状，采取统一的激励方式显然不合适，毕竟有总部和门店之分，还要考虑各地区发展差异。最后经过慎重研究，决定针对公司的不同层级（总部和门店）采取不同的激励方式。对总部的优秀员工采取股票期权和期股激励方式，对门店表现优异的员工采取干股分红激励方式。

6. 定价格

行权价格是用以购买企业股份的价格，需要企业与激励对象进行约定。由于上市企业和非上市企业的经营规模和经营特点差异较大，行权价格也不相同，用以确定行权价格的方法也不相同。

（1）非上市企业股权激励的定价方法。非上市企业的总股本就是企业的注册资本，股权激励涉及"标价"就是确定每股价格。公式为：每股股价＝企业估值 ÷ 总股本。

标价是企业股价的常规价格，用以参考。"出价"才是实际购买价格，出价可以低于、等于、高于标价，分别称为"折价""平价""溢价"。为了起到激励作用，企业会采取折价或送股的方式。

◆净现金流量折现法。在计算企业净现值时，把企业整个寿命周期内的现金流量以货币的时间价值作为贴现率。在确定企业股份价格时，需要按照一定的折现率。运用该方法要注意两点：①需要科学合理地预测企业未来存续期各年度的现金流量；②必须找到一个对各方都合理的公允折现率，折现率的大小由未来现金流量的风险决定，风险越大，折现率越高。

◆资产价值评估定价法。分为四步：①对企业的每项资产进行评估，得出各项资产的"公允市场价值"；②将各类资产价值相加，得出企业的总资产价值；③用企业总资产价值 – 各类负债的公允市场价值总和，得到企业股价的"公允市场价值"；④设定企业总股本，用公允市场价值除以企业总股本，得到股权激励授予时的价格。

◆市场评估定价法。运用的关键在定价过程中，对同行业具有可比性的相关企业进行比较，算出本企业的股价价格。分为四步：①所确定的参考企业必须是规模和发展历程同本企业相类似的；②根据参考企业的净利润、净资产或现金流量等指标，依次算出所参考企业相关指标的价值比例和平均比率；③根据本企业的相同股价指标推断出企业价值；④设置总股本，用总价值除以总股本，得到企业的股份价格。

◆净资产定价法。先设定企业的总股本，然后算出企业净资产，用净资产除以总股本，得到企业的股份价值。例如，设定企业总股本为 2000 万股，企业净资产为 1.2 亿元，则该企业的股份价值为每股 6 元。

（2）上市企业股权激励的定价方法。

《上市公司股权激励管理办法》第二十三条规定："上市公司在授予激励对象限制性股票时，应当确定授予价格或授予价格的确定方法。授予价格不得低于股票票面金额，且原则上不得低于下列价格较高者：（一）股权激励计划草案公布前1个交易日的公司股票交易均价的50%；（二）股权激励计划草案公布前20个交易日、60个交易日或者120个交易日的公司股票交易均价之一的50%。上市公司采用其他方法确定限制性股票授予价格的，应当在股权激励计划中对定价依据及定价方式作出说明。"

《上市公司股权激励管理办法》第二十九条规定："上市公司在授予激励对象股票期权时，应当确定行权价格或者行权价格的确定方法。行权价格不得低于股票票面金额，且原则上不得低于下列价格较高者：（一）股权激励计划草案公布前1个交易日的公司股票交易均价；（二）股权激励计划草案公布前20个交易日、60个交易日或者120个交易日的公司股票交易均价之一。上市公司采用其他方法确定行权价格的，应当在股权激励计划中对定价依据及定价方式作出说明。"

具体定价方法依照激励股票的来源——存量或增量而定：①如果激励股票来源为存量，按照《中华人民共和国公司法》中关于回购股票的相关规定，激励对象不用出资购买作为奖金性质的股票；②如果激励股票来源为增量，也就是企业通过定向增发的方式取得股票，应参考《上市公司证券发行管理办法》中有关定向增发的定价原则，同时结合股权激励的效应予以正确定价。

7. 定数量

激励股权数量分为总量与个量，总量是企业拿出多少股份用于激励，个量是每个激励对象应该获得多少激励股份。总量与个量需要经过严谨、科学、客观的评估制定。

（1）股权激励总量。

上市企业的股权激励总量应结合本企业的股本规模、激励对象、激励类型等因素而定；非上市企业的股权激励总量，法律并没有强制规定，企业可根据需要自行决定，但仍然要结合企业的现状而定。设定股权激励总量的相关因素：①上市公司实施股权激励计划所涉及的标的股票总数，累计不得超过公司股本总额的10%；②企业整体薪酬水平与准备实施股权激励的总量呈正比关系；③业绩目标的难易程度与股权激励的力度呈正比关系；④企业规模与股权激励总量呈反比关系；⑤激励人数与激励总量呈正比关系；⑥尊重企业现有股东的意愿。

（2）股权激励个量。

对于个体额度的确定，需要遵循"3P元素"——岗位因素（Position）、个人因素（People）、绩效因素（Performance）。

◆岗位因素：企业的不同岗位从工作性质到贡献价值都是有差异的，因此要对岗位在企业中的影响范围、职责大小、工作难度和强度、任职条件等进行评价，以确定各岗位在企业中的相对价值。

◆个人因素：对于企业人员的价值评估可以参考很多维度，如价值观认同度、历史绩效、工作能力、责任心、司龄等。不同企业应根据自身情况采用不同的评估方法，但总体可以借鉴三个步骤：①选定对企业最重要的几项评估因素；②对各个因素赋予相对应的权重；③通过数据的录入和处理计算个体的加权得分，作为个人因素的最终得分。

◆绩效因素：该因素决定了激励对象所获股权最终可行权的数量。绩效指标通常由企业级指标达成率、部门级指标达成率、个人级指标达成率组成。企业级绩效指标包括企业营业收入、净利润、净资产收益率等；部门级绩效指标通常指部门经营计划的完成情况；个人级绩效指标可从工作任务、岗位职责、流程节点等方面切入。

8. 定条件

股权获得有四种途径：买、送、借、换。获得任何收益都需要一定的条件限定，条件达到，收益之门自然打开，否则就是无限期关闭。对于条件的限制可以分为企业条件与个人条件两大类。

（1）企业条件：分为企业经营目标和企业战略目标达成状况两部分。企业经营目标是以超越行业平均净利润指标为基本条件（以财务数据高于行业平均水平为衡量标准）；企业战略目标达成状况包括经济目标和非经济目标、定性目标和定量目标（通过设置"跳起来够得着"的业绩指标作为股权激励的条件之一）。

（2）个人条件：分为授予条件和行权条件两类。授予条件是授予激励对象股份时，激励对象必须满足职务、司龄、绩效考核、工作态度、价值观相符等综合评价标准；行权条件是激励对象对所获股份行权时必须满足与企业约定的相关条件，如企业总体业绩、企业利润率、企业增长率、激励对象锁定期内绩效考核结果等。

注（1）：必须在超越行业平均水平和达到企业战略目标后才能考虑进行股权激励，激励对象也需要同时满足授予条件和行权条件才能真正获得股权。

注（2）：满足条件的因素应是业绩，而不是时间。如果以时间为满足条件的因素，激励将变成福利，失去了原本该有的意义。

注（3）：当员工业绩达到条件要求后，并不能立即拿到股权激励的收益，因为还会有一段股份锁定期的限制。

注（4）：激励对象达不到行权条件或者达到条件但未及时行权的，可以分为两种情况：①激励对象业绩或企业业绩未能满足行权条件，则当期股权激励计划不能实行，这部分股权激励计划的标的应由企业进行注销或按照原授予价格予以回购；②激励对象业绩符合行权条件，企业业绩也达到了行权条件，但激励对象未在行权期内全部行权，企业应及时处理此类遗留股权，方法是将激励对象未行权部分的股权进行注销或者按照原授予价格回购。

9. 定时间

实施股权激励计划需要准确把握激励的时间，这个时间不是单纯的股权授予时间，而是激励过程中各个环节的时间设定。

一份详细的股权计划包括授予日、解锁日、失效日、等待期、行权期、有效期（见图 11-2）。

（1）授予日就是起始日期，即企业授予激励对象股权行为的实际发生日期。

（2）解锁日就是结束日期，激励对象在规定时间内通过企业考核就可以解锁股权。

（3）等待期是从授权日到解锁日之间的等待阶段。

（4）行权期是从解锁日开始到失效日之间的可行权阶段。

（5）失效日是股权行权期正式结束之日。

（6）有效期是等待期和行权期的整个时间跨度。

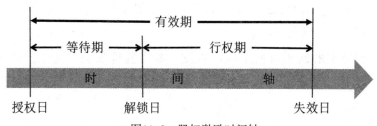

图11-2　股权激励时间轴

某公司发布了限制性股票的股权激励计划，并规定本计划的有效期，起始日是限制性股票授予之日，结束日是激励对象获授的限制性股票全部解锁或回购注销之日，跨度为最长48个月。为了起到更好的激励作用，还在中间划分出第一解锁时间，设定二级起始日和结束日，分别是：自首次授予日起满一年后的首个交易日为二级起始日，首次授予日起两年内的最后一个交易日为二级结束日，此次解除限售比例是40%。

在股权激励合同中必须明确规定有效期，股权激励必须也只能在这个期限内执行，超过该期限，激励计划自动作废。从激励对象的角度考虑，股权激励的价值与有效期呈正相关，有效期越长，股权激励的时间价值就越长。但对企业来说，股权激励的有效期越长，未来的不可预测性越大。

10．定退出

股权激励需要签订正规合同，其中必有一项是退出约定，也称为"退出规则"，包括制定不同情况下的退出条件，以及合理的退出价格。

（1）直接退出。若激励对象在工作中出现严重错误，触发了激励协议中的错误范围界限，不再适合继续享受股权激励，企业可无偿收回对该激励对象的期权。该种方式适用于通过期权或代持股权方式对员工开展股权激励的企业，因为员工并未真正拥有企业股权，无须激励对象配合便可直接收回股权。

（2）股权回购。对于普通激励对象，企业可支付一定金额用以回购此前实施股权激励承诺给予激励对象的股权（未成熟的股权不存在回购）。回购定价可按照企业当时的净资产、净利润、原购买价格、企业最近一轮融资估值来确定。

◆以企业净资产和净利润定价，要有一定比例的溢价，因为企业回购了激励对象手中未来的收益权。若是按照估值定价需有一定折扣，因为估值代表着企业未来一段时间的价格。

◆参照原来的购买价格定价，需按年利率溢价收购。比如，某退出创始人原来以10万元的价格购买了企业10%的股份，现在可以按照年利率的10%溢价回购。

◆参照企业最近一轮融资估值定价，需以一定折扣价回购股权，因为企业在融资之后会有短时间的估值提升。

内部股权激励方案设计

企业的状况各有不同，一家企业具体应该采用何种形式的内部股权激励，必须具体案例具体分析。因此，本节不能针对某类型企业给出具体方案，也不能根据某行业企业展开具体设计，我们只能提供一些具有代表性的设计方案，供大家参考。

1. 面向高管的"阶梯法"

某公司主营精密零部件加工销售，年产值过亿元。为进一步发展，创始人"空降"请来两名高级管理人才，除了给高薪水和高福利外，还给予了股权激励。具体方案是：1年内进行虚拟股权在岗分红；3年内以业绩进行考核逐步转为注册股；3年后所得股权进入行权期，在实现公司规定的要求后（具体参考该公司《股权激励管理条例》《岗位职责评定表》《绩效考核评定表》）允许解锁，期限为5年，即每年的解锁范围占所得股权的20%。

高管是企业架构的核心，对高管的股权激励一直是企业的重点项目。对高管的股权激励方案我们推荐"阶梯法"，参考本案例就是"1-3-5阶梯"——即1年在岗虚拟股权激励→3年滚动考核转注册股→3年后进入5年锁定期→5年内逐步解锁并释放股权。一共8年时间,将高管的个人利益与企业的整体利益绑定在一起(见图11-3)。

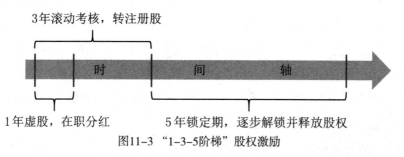

图11-3 "1-3-5阶梯"股权激励

当股权激励进入锁定期后,企业可灵活设计股权解锁模式:比如"3-3-3式",第1年、第2年、第3年分别释放股份的33.3%;比如"递增式",第1年释放股权的10%,第2年释放股权的20%,第3年释放股权的30%,第4年释放股权的40%;再比如"递减式",第1年释放股权的40%,第2年释放股权的35%,第3年释放股权的25%。

2.面向中层的"连环法"

某家餐饮连锁公司,4年经营时间里已在全国开设近百家加盟连锁店。为激励中层骨干实施了一种组合式、多层次的股权激励方案,包括在岗股、注册股、增持股、集团股和股权重组。激励对象只要努力工作,除了晋升通道畅通,还能得到源源不断的经济收益。

这种多模式的股权激励组合就是"连环法",具体是几连环,根据公司具体情况而定。连环法股权激励可以覆盖企业的多个层次,激励对象可在集团总公司持股,可在总部的各个业务部门持股,可在集团下属的分公司或子公司持股,可在自己培养的"小弟公司"持股等。

总之,"连环法"是企业对激励对象给予的多个步骤的递进式股权激励形式,最终目的是让企业整体与中层骨干人员形成利益共同体和事业共同体。

3.面向基层的"在岗分红"

某公司实施股权激励有两个前提:一是对岗不对人,二是不只针对高管人员和骨干成员。公司针对某一类岗位、某些特定岗位设定用于激励的在岗虚拟股份，激励对象是普通的绿叶型员工。只要员工在岗就可以享受分红利润，离职后股权与其自动分离。这部分激励对象的薪酬组合就是"工资＋福利＋在岗分红"，既保障了短期利益，又保障了中长期利益。尚未得到股权激励的员工也会因此受到鼓舞，会更努力工作争取得到下一轮被激励的资格。具体操作办法为：公司制定用于在岗利润分红的激励基点为公司净利润1000万元，当公司达成这一目标后，则提取公司年度经审计实际净利润的20%作为在岗利润分红；若公司年度经审计实际净利润低于1000万元时，本年度在岗利润分红将不实施。

例：某公司经审计实际净利润为1100万元，在岗利润分红提取标准为20%，则在岗利润分红激励款项为1100×20%=220万元；若公司经审计实际净利润为800万元，低于在岗利润激励基点（1000万元），则在岗利润分红激励款项为零元。

"在岗分红"的关键看员工是否在岗，但也并非只要在岗就能获得激励，还要看其工作成绩，不过只要不是新人或业绩差的，一般都有获得激励的机会。虽然"在岗分红"的份额对于实施给高层和骨干的股权激励份额来说，不值一提，但对于基层员工来说已经能起到激励效果了，积少成多也有助于改善其生活质量。

在经济利益的刺激下，绿叶有可能翻红，却不必然会翻红，所以企业在实施"在岗分红"时要注意选择激励对象。企业必须坚持两个原则：不可替代原则和切实努力原则。

4. 面向业绩骨干的"超产利润分红"

某公司销售团队包括经理在内共有六个人，公司制定的用于超产利润激励的激励基点为公司净利润1000万元，为了激励业务团队积极进取，超额完成目标，公司决定实行股权激励，具体操作办法为：当公司净利润达到并超过该基点时，公司将按对应超产比例分区间分别计算相应的奖励（见表11-3），对团队实行"现金＋超产分红"激励。如公司年度经审计实际净利润低于1000万元时，本超产利润分红将不实施。

表11-3　某公司"超产利润分红"的比例划分

超产范围	20%以下（含）	20%~40%（含）	40%~60%（含）	60%以上
激励比例	20%	30%	40%	50%

例：若公司经审计实际净利润为1500万元，利润激励基点为1000万元，总共超出基点500万元，总共超产50%。各范围对应计算如下：

超产20%（含）范围对应部分为200万元，该区间计算奖励为200×20%=40（万元）；

超产20%~40%（含）范围对应部分为200万元，该区间计算奖励为200×30%=60（万元）；

超产40%~60%（含）范围对应部分为100万元，该区间计算奖励为100×40%=40（万元）；

激励总额度＝各区间计算的金额之和（40+60+40）=140（万元）。

若公司经审计实际净利润为900万元，低于超产利润激励基点（1000万元），则超产利润分红激励款项为零元。

超产利润分红款的30%归业务团队经理所有，其余70%由业务团队剩余五个人按业绩进行分配。每个人的奖励将被划分为两部分，60%为现金奖励，40%转化为业绩股票，由公司代为购买。

如果上年度的利润目标没有达成，则今年超额的部分需补齐上年度的差额后，剩余部分才可以进行超产利润分红。总之，实施"超产利润分红"，不仅能展现出企业强大的生命力，还能体现出企业老板对人才的重视态度。

顶层股权激励方案设计

自己的企业究竟要采用怎样的股权激励方案，不能完全照搬别人的成功案例，必须根据企业的实际情况做出最适合本企业的方案。本节我们列举一个更完整的股权激励案例，了解优秀的顶层股权激励方案是如何设计的。

某电器集团上市后，公司以"产品领先、效率驱动、全球经营"三大战略主轴为指引，深化转型，聚焦产品力与效率提升，企业盈利能力与经营质量持续增强。

某电器集团的合伙人持股计划如下。

1. 参与人员及份额（共计 15 人）

（1）公司总裁、副总裁（有 5 人，含兼任事业部总经理人员 2 人）。

（2）公司下属事业部及经营单位的总经理。

（3）对公司经营与业绩有重要影响的核心责任人（其他高管）。

2. 参与方式及计划期

（1）参与方式。本期持股计划存续期内，公司以配股、增发、可转债等方式融资时，由本期持股计划的"管理委员会"商议是否参与融资及资金的解决方案，并提交本期持股计划的持有人会议审议。

（2）计划期。分为如下三个阶段。

①存续期——自公司董事会审议通过之日起四年。存续期届满后，可由"持股计划管理委员会"提请董事会审议通过后延长。在此期间，若对持股计划进行重大实质性变更，需经出席"持有人会议"的超过 2/3 以上持有人同意，并提交公司董事会审议通过。

②锁定期——不少于 12 个月，自公告完成标的股票购买之日起计算。法定锁定期满后，仍将遵守中国证监会、深交所关于信息敏感期不得买卖股票的规定。

③终止期——在存续期满后自行终止，也可由"持股计划管理委员会"提请董事会审议通过后延长。

3. 股份权益归属

本期持股计划项下公司业绩考核指标达成之后，将根据上一年度公司、事业部及经营单位业绩目标的达成情况及考核结果，确定持有人对应的标的股票额度，并将该等确定的标的股票额度分三期归属至持有人，每期归属的具体额度比例仍将根据各持有人的考核结果确定。

具体分配以下述规则为准。

第一期：公司考核年度的业绩考核指标达成之后，根据考核年度公司、事业部及经营单位业绩目标的达成情况及考核结果确定持有人对应的标的股票额度，并将该等确定的标的股票额度的 40% 标的股票权益进行归属。

第二期：自持有人第一期标的股票权益归属完成之日起，满一年（12 个月）后，将该等确定的标的股票额度的 30% 标的股票权益进行归属。

第三期：自持有人第一期标的股票权益归属完成之日起，满两年（24 个月）后，将该等确定的标的股票额度的 30% 标的股票权益进行归属。

对于三期标的股票权益的锁定期规定：第一期及第二期归属给持有人的标的股票权益的锁定期为自该期标的股票权益归属至持有人名下之日起至第三期标的股票权益归属至持有人名下之日为止；第三期归属给持有人的标的股票权益自归属至持有人名下之日起即可流通，无锁定期。

标的股票权益归属的满足条件如下。

（1）本期持股计划项下的公司业绩考核指标为 2022 年度加权平均净资产收益率不低于 20%。如本期持股计划存在剩余未分配标的股票及其对应的分红（如有）将全部归公司所有。

（2）若本期持股计划下的公司业绩考核指标达成且持有人在每个归属期的考核结果均达标，则持有人可以享有该期持股计划项下按照上述规则归属到其名下的标的股票权益。

（3）若本期持股计划项下的公司业绩考核指标未达成，则本期持股计划项下的标的股票权益全部归公司享有，所有持有人不再享受本期持股计划项下的标的股票权益。

本持股计划涉及的主要事项的预计时间安排如表 11-4 所示。

表11-4　某电器集团持股计划时间安排

预计时间	主要事项	备注
2022年3月29日	董事会审议持股计划	
2022年5~7月	按持股计划购入标的股票	按持股计划在三个月内完成标的股票购买

预计时间	主要事项	备注
2023年5月	根据公司、事业部与经营单位业绩目标的达成情况及考核结果，确定持有人对应的标的股票额度，并确定持股计划第一个归属期中40%标的股票权益的归属情况	若公司业绩考核指标未达成，则该期持股计划项下的标的股票权益归公司享有
2024年5月	确定持股计划第二个归属期中30%标的股票权益的归属情况	
2025年5月	确定持股计划第三个归属期中30%标的股票权益的归属情况	
2025年5月	归属至持有人的所有标的股票权益锁定期届满，可予以出售	

注：该表时间为预估时间，若有调整以实际时间为准。

此外，公司将依据相关规定，在持股计划完成标的股票的购买及分期归属时，发布持股计划的实施及进展公告。

4．股份权益归属处理方式

持有人按照本持股计划确定的规则完成各期标的股票权益归属后，由"管理委员会"委托资产管理机构集中出售归属锁定期届满的标的股票，将收益按持有人归属标的股票额度的比例进行分配。

若存在剩余未分配的标的股票及其对应的分红（如有），也将统一由资产管理机构出售，收益归公司所有。

公司实施本期持股计划的财务、会计处理及税收等问题，按相关法律、法规及规范性文件执行。

持有人因参加持股计划所产生的个人所得税，应将股票售出扣除所得税后的剩余收益分配给持有人。

5．股份权益处置

（1）持股计划标的股票权益归属至持有人前，计划持有人不享有投票权和表决权，标的股票权益按照本期持股计划规定进行归属后，持有人与其他投资者权益平等。

（2）资产管理机构购买标的股票后的分红归持有人所有，并按持有人根据本期持股计划确定的标的股票的额度比例进行分配。

（3）在本期持股计划存续期内，持有人发生下述情形之一，"管理委员会"将无偿收回持有人根据考核情况对应的全部标的股票权益（无论该等权益是否已经分期归属持有人），并有权决定分配给其他持有人：①锁定期内离任，并且离任审计过程中被发现任期内有重大违规事项；②存在"管理委员会"认定的严重违反公司内部管理制度等损害公司利益的情形；③违反公司章程、公司管理制度、公司保密制度等其他行为；④违反国家法律法规并被刑事处罚的其他行为。

6. 持有人的变更与终止

（1）持股计划存续期内，持有人职务发生变更或离职，以致不再符合参与持股计划的人员资格的，由"管理委员会"无偿收回持有人在本期持股计划下的标的股票权益（无论该等权益是否已经分期归属持有人）。收回的标的股票权益将全部归公司所有。

（2）持股计划存续期内，持有人符合相关政策并经公司批准正常退休，且在归属锁定期届满前未从事与公司相同业务的投资及任职，其未归属的持股计划标的股票权益在归属锁定期届满后，由资产管理机构全额卖出后分配给该持有人。

（3）持股计划存续期内，持有人发生重大疾病离职或因公事丧失劳动能力或因公死亡的，由"管理委员会"决定其未归属的持股计划标的股票权益的处置方式，在归属锁定期届满后，由资产管理机构全额卖出后分配给该持有人或其合法继承人。

（4）持股计划存续期内，除上述情形之外，因其他情形导致存在未归属的持股计划标的股票权益的，未归属的标的股票权益由"管理委员会"无偿收回或决定分配给其他持有人。

7. 持股计划的资金来源、股票来源和规模

（1）资金来源。本期持股计划的资金来源为公司计提的"持股计划专项基金"。本期持股计划计提的专项基金为9900万元，约占公司2021年度经审计的合并报表净利润的0.6%。

（2）股票来源。本期持股计划的股票来源为二级市场购买。

（3）规模。在有效期内的各期持股计划所持有的股票总数累计不超过公司股本总额的 10%；任一持有人持有的持股计划份额所对应的标的股票总数累计不超过公司股本总额的 1%（累计标的股票总数不包括持有人在公司首次公开发行股票上市前获得的股份、通过二级市场自行购买的股份、通过股权激励获得的股份）。

8. 持股计划的管理模式

通过"持有人会议"选出"管理委员会"，对持股计划的日常管理进行监督，代表持有人行使股东权利或者授权管理机构行使股东权利，执行具体持股计划。

（1）管理模式。本期持股计划由资产管理机构通过专门的资产管理计划购买标的股票。

（2）"持有人会议"组成和职权。持有人会议由全体持有人组成，行使：①选举和更换员工持股管理委员会成员；②审议持股计划的重大实质性调整；③法律法规或中国证监会规定的持股计划持有人会议可以行使的其他职权。

（3）"管理委员会"组成和职权。管理委员会是持股计划的日常监督管理机构：①由 3 名委员组成，均由"持有人会议"选举产生；②设主任 1 人，由全体委员过半数选举产生；③委员与主任的任期为该期持股计划的存续期；④职责包括制定及修订持股计划管理办法，依据持股计划审查确定参与人员的资格、范围、人数、额度；⑤根据公司的考核结果决定持有人权益（份额）；⑥持股计划法定锁定期及归属锁定期届满，办理标的股票出售及分配等相关事宜；⑦参加股东大会，代表持股计划的持有人行使股东权利，包括但不限于表决权、提案权、分红权。

（4）"持有人会议"的召集程序：①"持有人会议"由"管理委员会"主任负责召集和主持；②召开"持有人会议"，"管理委员会"应提前三天将会议通知以书面形式提交给全体持有人。

（5）持有人会议的表决程序：①每项提案经过充分讨论后，应适时提请与会持有人进行表决，或在会议全部提案讨论完毕后一并提请与会持有人进行表决；②表决方式为书面表决；③持有人持有的每份持股计划份额为一票表决权；④持有人的表决意向分为同意、反对和弃权（只能也必须选其一，否则视为弃权）；⑤每项议案如经提交有效表决票的持有人或其代理人所对应的计划份额的过半数以上同意，则视为表决通过，形成"持有人会议"的有效决议。

第十二章
阿米巴经营模式咨询

　　提起阿米巴，很多人就想到了"日本式"的阿米巴模式。以笔者过往十几年的中小企业激励咨询经验来看，中国的民营企业导入阿米巴模式必须进行改良，因地制宜，切莫照搬照抄。

　　中国企业经历了改革开放四十多年提产能、扩规模，一路激烈拼杀野蛮生长的高速发展过程。随着近年来国内外市场环境的巨变，之前的市场红利不断衰减，产业与消费升级引发供给侧结构性改革，众多企业扩张停滞、利润微薄、库存积压、现金流危殆。

　　新时代经济升级换挡要求企业从"外部驱动式成长"向"内生力量式驱动"转型，值此重大机遇期，企业需加强敏捷组织转型，精细核算小单元利润，深耕产品体系，打造人人成为经营者的平台机制，让员工都像老板一样参与经营，关注利润，对经营结果负责。

阿米巴经营模式的三层境界

近年来，阿米巴经营模式深受中国企业家的热爱，大家也在学习，接受阿米巴的思想、经营理念和具体实操的办法，但在企业实际落地阿米巴经营模式的过程中，也遇到了如下重重困难。

（1）企业的管理架构不健全，人才梯队还没搭建起来，此时盲目导入阿米巴容易造成内部小分队各自为政，不能形成企业合力。

（2）企业的财务核算不精准不及时，导致企业经营会计的导入出现交易价格没有达成共识，数据不能精准共享，无法达到理想的分配方案。

（3）企业文化不健全，没有形成统一的思想，导入的经营哲学与企业的实际经营"两张皮"，未能起到很好的指导作用。

（4）没有完全领会阿米巴经营的理念和具体的实操办法，只是一味地生搬硬套，最后导致阿米巴的方案与企业的实际情况不相符，无法落地。

鉴于上述问题，笔者联合长贝咨询的几十名专家、老师，结合我们十多年来在中国企业落地阿米巴咨询的经验，整理出版了《阿米巴实战落地108招》，旨在帮助企业全面打通阿米巴的经营思想，清晰地讲解阿米巴的原理，明确阿米巴落地所需的环境，细化阿米巴执行的步骤，全面帮扶企业导入阿米巴。

笔者认为中国企业导入阿米巴分为三层境界。

第一层：导入阿米巴经营理念，让人人成为经营者，构建经营意识、成本意识、管理意识。

第二层：基于企业部门之间的关联性较强，无法划分太多独立的阿米巴，那就通过以销售额横切的方式，对各部门进行收入的划分，再明确各项成本与费用的分摊标准，让各部门对于经营成果有一个清晰的评价标准，进而与绩效考核挂钩,影响部门的绩效分配。

第三层:基于企业的属性,业务之间具有独立性,通过内部组织划分,经营会计与经营哲学的导入,对利润中心进行独立核算,进而对利润中心产生的利润进行分配,真正地实现阿米巴裂变,人人成为经营者,全面提高公司的业绩及利润。

阿米巴经营模式的十大要素

企业导入阿米巴经营模式,需要设计完整的独立核算单元,将业务关联性较弱,可复制性强,能够独立核算的部门、事业部或子公司作为独立核算体,依据阿米巴经营模式十大要素(见表12-1),构建出匹配企业发展的阿米巴营利组织。

表12-1　阿米巴经营模式十大要素

序号	要素	解释	序号	要素	解释
一	组织划分	根据业态构建独立核算单元	六	设计利润	明确独立核算单元的利润目标
二	团队建设	构建独立核算单元的人才梯队	七	绩效考核	明确独立核算单元的考核指标
三	横切收入	明确独立核算单元的收入标准	八	激励机制	明确独立核算单元的分配办法
四	成本分摊	明确独立核算单元的成本结构	九	复制扩张	明确独立核算单元的扩张模型
五	费用预算	明确独立核算单元的费用科目	十	持续改善	明确独立核算单元的改善办法

1. 组织划分

(1)每个阿米巴如同一家小企业,进行独立核算。

(2)各阿米巴的营业额、利润、经费等收支,在每个月月末被结算出来,并在企业内部公示。

（3）通过企业内部交易实现阿米巴的独立核算管理。

（4）各阿米巴通过独立核算、独立运营，形成一个在统一战略框架指导下的"充分授权"模式。

2．团队建设

（1）由企业内部能够及时反映用户需求的岗位员工，组成能对投入与产出进行独立核算的自主经营团队。

（2）每个细分团队（阿米巴）的经营者必须清楚地知道每条线的经营情况。

（3）各阿米巴之间既存在交易关系，也存在竞争关系，但绝不能只考虑自身利益。

3．横切收入

（1）包括内部交易产生的收入和对外销售获得的收入。

（2）内部收入是企业内部各阿米巴之间发生交易产生的收入。

（3）外部收入是阿米巴同外部市场发生交易产生的收入。

（4）将内部、外部的收入相加，再减去各因素造成的成本支出，就是阿米巴的净收入。

4．成本分摊

（1）各阿米巴在生产周期内产生的成本，包括原料成本、辅料成本、人力成本等。

（2）阿米巴需要承担一部分阿米巴以外的部门或企业产生的费用，即为费用成本分摊。

5．费用预算

（1）阿米巴的费用包括固定费用和变动费用。

（2）阿米巴经营会计分为日常费用和分摊费用。

（3）日常费用是阿米巴日常经营产生的，能即时计入阿米巴的费用。

（4）分摊费用包括总部各职能部门的费用、上级阿米巴组织的费用等。

6．设计利润

（1）制定利润目标时，为提升各阿米巴的收支核算水准，会将目标数字调高。

（2）制定目标利润时，要以本阿米巴的历史业绩为基础，结合成本、销量、价格等变量因素。

（3）制定目标利润时，要有长远的发展目标规划，结合市场经济动态，反复研究论证。

7．绩效考核

（1）绩效考评分为主要绩效和基础绩效。

（2）阿米巴经营绩效考核将组织评价与个人评价融合在一起。

（3）阿米巴绩效考核可以让每个阿米巴内的每名员工从经营会计报表中看到自己的贡献度。

8．激励机制

（1）进行人才激励必须有章可循，按照贡献大小进行奖金分配和股权分红。

（2）对于任务目标执行好的阿米巴，从巴长到成员都能提升薪资待遇。

（3）对于任务目标执行好的阿米巴，从巴长到成员都给予更多奖金。

（4）对于任务目标执行好的阿米巴，给巴长和核心成员每年发放特定的额外业务分红。

9．复制扩张

（1）分步骤、分阶段地规划阿米巴核算单元，按照划分后的阿米巴单元分步进行独立核算。

（2）成功落地一个阿米巴后需要及时总结经验，再复制推进另一个。

（3）有目的地学习和改进，让阿米巴不断升级。

10．持续改善

（1）企业永远有改善的空间。

（2）根据问题的表象，分析出问题产生的源头，是业绩改善的底层逻辑。

（3）每个小阿米巴的改善，带动了整个企业的改善。

我们以长贝咨询的咨询师团队为例，将阿米巴经营模式十大要素进行落地。

背景：长贝咨询的咨询师团队在创业之初为扁平化组织架构，即一个技术交付部，管辖一支交付团队，团队内根据区域形成一批固定的项目交付组，交付组既要承担交付的任务，还要肩负起协助销售拓展业务的任务。经过前三年的发展，公司业务量急速上升，咨询师团队也在不断壮大，靠一个技术交付部统一管理，明显有些顾此失彼，不能做到精细化管理。人才引进和人才培养也是公司面临的难题，急需更多有能力的咨询师带教新老师。那么有经验的咨询师带教新老师有什么好处呢？带教出来的老师跟自己有什么关系呢？未来的组织建设和人才梯队该如何搭建呢？这时公司就不得不思考这些问题。经过公司讨论分析，结合公司未来的战略目标，公司对咨询师团队引入了阿米巴经营模式，进行独立核算，实现团队快速裂变。

组织划分。公司根据业务类型及行业特性，按照全国的区域版图，以咨询师团队为基础编制，构建了多个独立核算单位，即技术服务中心（阿米巴）。技术服务中心成立的条件是需要"5+1"编制，即5名咨询师+1名技术服务中心总经理（巴长）。技术服务中心总经理的胜任力评价标准为技术兜底能力、团队建设能力、业务拓展能力，技术服务中心总经理的上级管理领导是产品事业部总经理。为了完善一家标准咨询公司的组织架构，我们又正式设立了知识管理中心，为技术服务中心全方位赋能。

团队建设。技术服务中心总经理有完全的人事权与财权，所以对于技术服务中心团队建设有整体管控权。中心团队建设包括但不仅仅限于人员招聘与培训、日常管理与考核、技术支持与评价、项目分工与管理、资源协调与统筹等。

横切收入。公司为了鼓励技术服务中心快速发展，同时满足商业模式的成立，特将每个咨询订单收入的60%横切给技术服务中心，作为技术服务中心的收入。

成本分摊。公司与技术服务中心明确直接成本有协助拓展业务奖、项目交付进度奖、项目绩效考核奖、中心总项目管理奖、税金等。

费用预算。技术服务中心的费用包括但不限于咨询师基础服务费及社会保险费用、引进咨询师产生的猎头费、中心团建费、差旅费用等。

设计利润。笔者强调利润是设计出来的，传统企业的利润计算模型为"收入 - 成本 = 利润"，这种模型下业务只关心收入，而最关心成本的只有老板，因为最终利润的多少是老板受益或兜底。但笔者一直强调的公司利润设计模型为"利润 = 收入 - 成本"，在公司达到量本利平衡点以上，设定固定的利润率，这时候大家一起把收入做大，过程中把成本控制好，省下来的钱就可以分配，所以大家就关心了收入与成本，而不是眼睁睁地盯着公司的利润，等着老板分钱。

长贝咨询公司与技术服务中心约定，中心产生的利润，中心享有50%，公司享有50%。这样一来，技术服务中心横切的收入比例是恒定的，利润分配比例也是恒定的，其间的成本和费用管控得越好，利润额就会越高，中心实际的收益就越大，这就真正与技术服务中心构建起独立经营、责任下沉、利益共享的阿米巴经营模式。

绩效考核。技术服务中心的绩效考核指标是尤为关键的，诸如销售额、交付产值、交付进度、续费率、转介绍、客诉、团队建设、人才培养、技术研发、行业研究等都作为技术服务中心的考核指标。

激励机制。技术服务中心的激励机制结构为：基础服务费＋大课服务费＋拓展业务奖＋项目交付进度奖＋项目绩效考核奖＋项目管理奖＋中心分红。

复制扩张。为了鼓励技术服务中心不断发展壮大，老人愿意培养新人，所以技术服务中心设立了复制扩张机制。当一代中心总培养出二代中心总，二代中心总所管辖的技术服务中心产生的利润需要按10%的比例分配给一代中心总，这样就构建起一个传帮带的关系，一代与二代是合作关系而不是竞争关系。

持续改善。技术服务中心的发展是需要持续改善的，定期对经营成果复盘、按照季度开展技术交流会议、团队建设经验心得分享、客户服务体系升级、项目管理与交付标准建设等都是技术服务中心定期要开展的改善工作。

阿米巴经营哲学的导入

阿米巴经营模式并不是万用的经营诀窍，仅靠模仿是难以带来良好成效的，因为阿米巴经营模式要有相应的经营哲学土壤。这就需要企业老板通过言传身教将自己的人生观和经营理念有机释放出去，重塑员工的人生观、价值观，也就是人生哲学的再造。但在某些企业中，只考虑阿米巴经营模式带来的效益，将其作为改善经营管理和提高经营收益的工具，忽视了阿米巴经营模式所传递出来的哲学思想。

阿米巴经营模式的本质是在提高心性的基础上发展经营。只有将个人哲学、价值观与企业愿景、使命有机结合起来，并贯彻到经营实践中去，才能形成最有力量的经营哲学体系。

某厨具生产公司，深陷经营困境，几近破产边缘。公司创始人尝试套用阿米巴经营模式，以期重塑公司管理体系。但该公司只用阿米巴之形，忽略了阿米巴的本质，一段时间以后，公司经营未见好转。在痛定思痛后，创始人邀请长贝咨询阿米巴经营模式方面的专家介入企业运营，从根本上即思想上转变，按创始人的话说就是"大脑彻底阿米巴化"，公司的阿米巴经营标本兼修，最终走出了困境。

1. 六项精进原则

稻盛和夫将阿米巴经营模式汇聚成为"六项精进原则"，企业领导者务必做好阿米巴哲学的实践与应用，才能更好地践行阿米巴经营模式（见图12-1）。

图12-1　阿米巴经营模式的六项精进原则

原则一：永远努力付出

既然是精进，就不能不提努力。无论是个人事业，还是企业发展，"永远努力付出"是企业经营发展的最重要条件。

只要提到努力，就总有人对此不屑一顾，认为努力无用。这类人通常相信机遇，也愿意笃信机遇。如果让这类人努力，他们可能会列出一大堆没怎么努力凭借机遇就成功的名人。但他们往往不会深究，几乎所有成功者的背后都离不开努力加持，再好的机遇也需要实力成全，没有实力的人如何驾驭自己的人生！机会永远留给有实力的人，而实力需要自己去积累。

（1）努力工作是自然界的生存法则。任何生物都在为生存拼命，企业发展同理。不能因为公司稍有起色，就偷懒享受；也不能因为公司经营不顺，就自暴自弃。

（2）努力工作会迸发更多创意。当你全身心地投入工作中时，会调动全部智慧用于完成工作，灵感通常来自不断思考后的集中爆发。

（3）努力工作可以磨炼意志。《大学·中庸》中有言："小人闲居不为善。"意思是说，人在闲着的时候，就会生出坏念头，甚至做坏事。人都有惰性，如果把时间交给工作，就无暇他顾了，既能增长能力，也能修炼心性。

原则二：保持谦逊，戒骄戒躁

"保持谦虚，戒骄戒躁"犹如老生常谈，告诫着每一个人。但现实中依然有很多人做不到，有了点成绩就飘飘然，出现了一些困难就焦躁不安。但是，人只要努力做事，总会取得一定的成绩，也总会面临一些困难，如果每到一个小环节就把自己搞得骄躁不堪，大脑就会经常性短路，接下来的工作要如何正确进行呢？

一个人如果不能时刻保持清醒，就会被自己混乱的大脑击败。保持清醒，就是保持对未知的敬畏。今天的成绩并不意味什么，要快速放下，为明天继续努力；今天的困难也算不得什么，要冷静面对，总能找到应对的方法。张瑞敏在事业高峰时曾说道："永远战战兢兢，永远如履薄冰。"可见，胸怀大志的人，也不仅仅是斗志如火，同时也慎终如始，张瑞敏以小心谨慎的态度在风云变幻的商海里稳扎稳打，才将海尔集团带到了行业龙头的高度。

原则三：每日三省吾身

曾子曰："吾日三省吾身——为人谋而不忠乎？与朋友交而不信乎？传不习乎？"每一天多次反省自己——替别人做事有没有尽心竭力？和朋友交往有没有保持诚信？老师传授的知识有没有按时温习？

这是古人留给我们的高深智慧。一天的时间并不算短，我们可以完成不少工作，能够及时进行自我反思是非常重要的！比如，今天哪些工作没有做好？今天对待员工是否亲切？今天有没有待人傲慢？今天有没有做出不当决定？今天有没有不恰当的言行？

作为企业领导者，反省自己的言行不仅是对自己负责，也是对企业和他人负责。自省可以让我们更及时地发现自己的"利己之心"，让善良、诚信、平等、尊重等美德及时回归；自省也可以让我们更早意识到自己的"自我"，遏制贪婪，让"真我"剔除"自我"。

原则四：懂得感恩

有首歌曲叫《感恩的心》，歌词是这样的："我来自偶然，像一颗尘土，有谁看出我的脆弱。我来自何方，我情归何处，谁在下一刻呼唤我。天地虽宽，这条路却难走，我看遍这人间坎坷辛苦，我还有多少爱，我还有多少泪，要苍天知道，我不认输。感恩的心，感谢有你，伴我一生，让我有勇气做我自己。感恩的心，感谢命运，花开花落，我一样会珍惜！"

我们的生存离不开空气、水、食物，身体内的每个细胞，我们的家人、同事、合作伙伴，甚至敌人等，这些都构成了我们生存的价值。感谢这一切，给了我们生存于世的机会。与其说是"我在生存"，倒不如说是"让我生存"，因此只要我们还在生存就没有理由不心怀感恩！

原则五：积善行，存善念

古话"积善之家，必有余庆；积不善之家，必有余殃。"意思是说修善积德的个人和家庭，必然有更多的吉庆，作恶坏德的个人和家庭必然有更多的祸殃。人行善，便能惠及全家，这是中国古代先贤倡导的思想。

刘备在临终托孤时叮嘱刘禅："勿以恶小而为之，勿以善小而不为。"再小的恶事也是作恶，再小的行善也是善举，善恶之间不能以大小衡量，只能以有无来评判。

原则六：忘记感性烦恼

担心、烦恼、后悔、忧愁、挫折、失败等状态都是人生常态，我们所能做的是面对，而非逃避，是解决，而非放弃。《论语·八佾》中有句话："成事不说，遂事不谏，既往不咎。"已经发生的事，再懊恼也覆水难收，若是总沉浸在过往的失败和悔恨中，对于人生毫无意义。闷闷不乐的情绪不仅会影响身体健康，还会给自己的人生带来更多不幸。既然事情已经发生了，面对、接受、解决便是，然后就放下。我们要向前看，想想新事情，把新想法付诸实践。

以上六点是稻盛和夫倡导的"六项精进原则"，是企业经营者做好经营所必修的条件，同时也是追求美好人生必须遵守的基本原则。

2. 经营十二条

实施阿米巴经营模式所必须保有的另一套原则为"经营十二条"（见图12-2）。

经营十二条											
明确事业的目的和意义	设立明确的目标	强烈而持久的愿望	努力，努力，再努力	销售最大化，费用最小化	定价即经营	钢铁盘的意志	昂扬的斗志	遇事有谋，临事有勇	不断创新	不失诚挚之心	保持利他心

图12-2 阿米巴经营模式的"经营十二条"

第一条：明确事业的目的和意义

本条向我们传达的意义是，树立一个光荣、崇高的事业目的。

没有能够驱动员工主动跟进的"名分"是无法实现企业持续发展的，这个名分往小了说是条件和目的，往大了说就是愿景和意义。只有怀揣"我努力工作是为了我自己"的渴求和"我努力发展企业是为了更多的人通过我获得幸福"的大义，员工才能从内心深处自发地产生必须努力工作、必须与企业同舟共济的动力。

第二条：设立明确的目标

明确的目标必须以具体数字体现，不只是销售额，还包含利润、员工人数、工作时长等，并从空间和时间两个维度上同时明确。

空间上明确，是不能将企业的总目标看成抽象数字，要给各部门、各阿米巴分解详细目标，一直到最基层的每一个个体都要有明确的数字目标。

时间上明确，就是细化目标时间，不仅要有年度目标，还要有月度目标、周目标、日目标，让每个人在每个时间点都能明确自己的工作任务。

第三条：强烈而持久的愿望

一个人能否实现梦想，看的不是设定的目标，而是要看实现目标的决心。对实现目标有巨大的渴望，就具备了"无论如何都要达成目标"的心态，这是成功的关键。

对成功的强烈欲望，会影响人的思维能力，比如每天都思考"销售额要达到多少""利润要实现多少"……问题就会进入大脑深层，成为潜意识思维。心理学家指出，潜意识的容量要比显意识大很多。只要某件事进入了潜意识，即使在思考其他问题的时候，也会不自觉地获得达成目标的启示。

第四条：努力，努力，再努力

若想成就美好人生，获得成功的事业，就要记得稻盛和夫的一句忠告："要付出不亚于任何人的努力。"无法做到这一点，什么个人成就、什么企业成功，都只是镜花水月。

经营企业不能用"今年不景气""这个行业不好做""竞争太激烈"这样的借口解释自己的失败，因为哪个时期都会有起起落落，任何行业都有成有败，人只要活着就要参与竞争。借口是留给弱者的，强者只想通过自己的努力跨越艰难险阻，抵达梦想的彼岸。

第五条：销售最大化，费用最小化

这一条对于导入阿米巴经营模式至关重要。其实，想办法获得最大利益不仅适用于阿米巴经营，而且适用于所有企业，不论采取怎样的经营模式，获取更多利润是非常重要的。做企业不是做慈善，必须要赚钱！

第六条：定价即经营

定价是经营者的重要职责。合理的价格既能让客户满意，又能保证企业盈利。定价是一件既容易也很不容易的事情，说容易是很轻易就能制定出不考虑市场等因素的价格，说不容易是在考虑市场等因素的前提下制定出合理的价格。

定价合理企业才能获得利润，定价失误必然会对企业造成损失。准确定价包含了对市场的了解、客户的预期和产品的价值，只有三者都处于高成长阶段，价格才有抬高的余地。但也不能违背定价规律，制定高于客户心理上限的价格。

同时，产品"定价"必须与"采购""降低成本"相互联动。经营者对定价负责，就是对降低采购和生产成本负责。经营者之所以要亲自定价，原因就在于此。

第七条：钢铁般的意志

《亮剑》中有句经典台词："一支部队，也是有气质、有性格的，而这种气质和性格是与首任军事主官有关，他的性格强悍这支部队就强悍，就嗷嗷叫，这支部队就有了灵魂。从此以后，这支部队不管换了多少茬人，他的灵魂仍在。"

创立企业，创始人就是企业的第一任最高领导，其性格特质如何基本决定了企业的性格特质。一位意志坚强的领导者，在确定了目标后，无论前方有多少艰难险阻，都会披荆斩棘坚持到底，直到实现目标。一个意志薄弱的领导者，总会因为各种困难而找借口退缩，这种轻率的天性，只能与目标越来越远。

员工进入一个企业首先看什么，不是看制度，也不是看环境，而是看向企业领导者，上梁什么样，下梁就什么样。因此稻盛和夫说："领导者的意志关系着整个企业的经营意志。"

当然，钢铁般的意志不等于冥顽不灵的固执，在正确的道路上要坚持到底，如果发现道路错了就要及时停下并更正方向，意志是用来助力自己腾飞的，不是让自己下地狱的。

第八条：昂扬的斗志

2018 年世界杯小组赛葡萄牙对阵西班牙，比赛进行到 86 分钟，葡萄牙 2∶3 落后，此时葡萄牙获得了一个前场任意球，已经独中两元的 C 罗站在了球前。他的目光中带着凶狠，盯住西班牙球门，助跑、起脚，足球绕过人墙迅速下坠，入网。

提到 C 罗，有两点是人们交口称赞的：一是他的自律，任何情况下都不放松对自己的要求；二是他的斗志，任何情况下都不放弃对梦想的追逐。

这个来自马德拉群岛的普通少年，凭借自己永不熄灭的斗志之火，一路杀进了里斯本、曼彻斯特、马德里，杀进了全世界球迷的心里，无论你是不是葡萄牙人，无论你是不是他的拥趸，都无法否认他的成绩。

创立企业是由弱到强的过程，就像一名足球运动员从籍籍无名到名满天下，需要时刻保持昂扬的斗志。斗志不是莽夫的粗鲁，而是由责任心、价值观和梦想共同组合成的英雄气概。

第九条：遇事有谋，临事有勇

经营企业会遭遇不利的问题，这种情况下没有退路，只有拿出勇气想办法解决这一条路。可以是企业老板独立解决，也可以是群策群力共同解决，要取决于问题的性质和企业的经营模式。如果是传统经营模式的企业，通常都是老板单打独斗，凭个人能力解决问题；如果是阿米巴经营模式的企业，因为经营过程都是公开的，企业遭遇问题也是公开的，员工会自觉地帮助企业解决问题，就成了群策群力。

但是，办法可以大家想，拍板的只能是老板，这就要求老板必须是具有思考能力、头脑清晰，且有勇气的人。老板要从众多方案中决定最后的实施方案，在损失和灾难面前毫不退缩，坦然处之。

面对经营难题，能够顶住万千压力、坚韧不拔的老板，虽然透着一种"悲壮感"，但也极为彰显领导力。总之，作为企业老板既然选择走上了坎坷的路，就不能害怕面对各种难题，越是遇到困难，越要保存希望。

第十条：不断创新

稻盛和夫曾说过一句令人感慨的话："我们接着要做的事，是人们认为我们肯定做不成的事。"

京瓷公司最初做的就是当时人们认为肯定做不到的事。无论是开发新型陶瓷，还是将其发展成新型工业材料，直至公司发展成数兆日元规模的综合性企业，都一直令人觉得不可思议。

稻盛和夫还有一句话到如今仍然可以作为企业的经营方针——"不能每天以同样的方法重复同样的作业，要不断有所创新。并且由经营者率先做出榜样，不出几年企业定会有独创性的技术或产品。"

企业经营要站在战略高度，不要依据现有能力去做事，要制定一个目前达不到的目标，努力按照此目标提升企业能力，使其在将来的某个时间点实现。

第十一条：不失诚挚之心

同仁堂为乐显扬创建于 1669 年。其子乐凤鸣接续祖业，总结前人制药经验，完成《乐氏世代祖传丸散膏丹下料配方》一书，明确提出了"炮制虽繁必不敢省人工，品味虽贵必不敢省物力"的训条，树立了"修合无人见，存心有天知"的意识。

在电视剧《大宅门》中我们看到了上述两句话，当白景琦得知儿子为利益制造假药时，虽然白家当时处于经济危机状况，但他依然毫不犹豫地将价值 7 万两银子的假药全部销毁。

经营企业必须保持诚信，不做损害消费者利益的事，不做从员工身上巧取豪夺的事，为长远计，真诚、和善、仁爱的态度必会带来好结果。

第十二条：保持利他心

"利他"为佛教用语，后经俗世解析意为尊重他人的利益，保持给予他人方便和利益的善心，并且不求回报。利他的目的，不是只求利他，还要在利他的同时满足自己的需要，这种既利己也利人的行为，是一种高情商的体现。因此，想要"利己"必先"利他"，"利他"之人最终都会"自利"。

任何人想要获得成功，前提都不能只想利己，不想利人。利己的行为只能为自己博取短期利益，能够生存下来，但未必能长期生存；利他的行为却可以为自己博取长久利益，长期生存下来，且生存得越来越好。让他人得到其应该得到的、甚至比预计得到的要多一些，有助于我们获得成功所必需的条件——受到认可、获得尊重、收获友情、团结人脉、长久协作、彼此互惠等。

第十三章
职业生涯规划咨询

　　一家拥有优秀"员工职业生涯规划体系"的企业，对员工所产生的激励作用绝对不低于涨薪，且员工的忠诚度更高，人员流失率远低于同行业的平均水平。

　　职业生涯规划的核心是让员工看到晋升的希望，从职务晋升方向带动员工积极上进。职业生涯是个人成功与企业成功的双赢性技术方法，清晰的职业生涯规划可以对员工的成长起到引导和鞭策作用，让员工在明确的目标带动下保持高昂的斗志和激情。

职业生涯规划的原理

按照马斯洛需求层次理论的原理，一个人一生中的需求在不同的发展阶段会出现不同的变化（见图 13-1）。

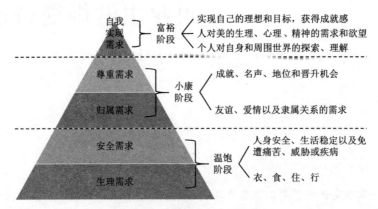

图13-1　马斯洛需求层次模型

我们在这里所讲的需求，是从员工进入企业第一天开始梳理的（结合员工个人发展情况会更准确）。

◆员工入职 10 天，关注企业的软硬件环境、职场氛围、有没有人带教。

◆员工入职 30 天，关注工作流程、工作难度、公司制度、企业文化、团队氛围。

◆员工入职 90 天，关注个人业绩、能否看到晋升希望及企业发展前景。

◆员工入职 1 年，关注自身发展及完成目标的能力。

◆员工入职 4 年，关注领导力、决策力、产品优化力。

◆员工入职 7 年，关注职业化、资本能力、目标能力。

◆员工入职 11 年，关注自我价值的实现。

职业生涯规划是把个人发展与组织发展相结合，对决定个人职业生涯的个人因素、组织因素和社会因素等进行分析，制定员工个人的职业生涯规划。

员工职业生涯规划要遵循以下原则。

（1）系统化原则——针对不同类型、不同特长的员工制定不同的职业生涯发展通道。

（2）长期性原则——员工的职业生涯规划要贯穿整个职业生涯。

（3）动态性原则——根据企业发展战略、组织结构变化和员工不同时期的发展，职业生涯规划需要进行相应调整。

职业生涯发展规划主体是员工和企业，分别承担个人职业生涯设计和企业职业生涯管理的功能。这两个主体彼此之间互动、协调和整合，共同推进生涯规划工作。

（1）企业和员工之间建立顺畅的沟通渠道，让员工了解企业需要什么样的人才，企业才能更具体地了解并帮助员工设计个人职业生涯规划。

（2）企业为员工设计多条晋升通道，为员工在职业选择上提供更多的机会。

（3）企业鼓励员工朝着与企业需要相符的方向发展，并提供技术指导和政策支持。

在职业生涯发展规划的过程中，员工要不断思考五个问题："我是谁？我想干什么？我能干什么？我实现目标的方法和步骤是什么？我最终的目标是什么？"这五个问题的后四个可以用"GROW"模型进行概括（见图13-2）。

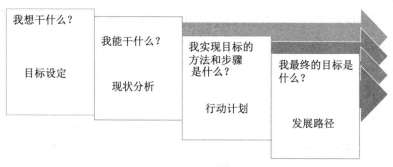

图13-2　GROW模型

职业生涯规划图的设计

员工职业生涯规划图是由企业设计的员工晋升成长路径图。如一个新员工来到一家公司后，根据其职业发展方向，对照该企业员工职业生涯规划图，可以找到自身所处位置，以及未来可能晋升的所有上级岗位方向。

员工职业生涯规划图是企业建立员工生涯规划体系的基础，也是员工了解自身生涯规划的依据。根据企业组织架构图来设计生涯规划图，具体步骤如下。

1. 列出主要职系（生涯规划中晋升的通道路线）

A公司共设置七条职系：业务职系、技术职系、生产职系、行政职系、财务职系、明星职系、专家职系。

◎业务职系：营销类岗位。

◎技术职系：技术研发类岗位。

◎生产职系：生产类岗位。

◎行政职系：人事、行政、后勤等岗位。

◎财务职系：财务类岗位。

◎明星职系：为业务职系的附属职系，即企业针对那些业绩能力强，但不具备带团队能力，无法走管理路线实现晋升的营销人才，为其专设的一条晋升路线。

◎专家职系：为技术职系的附属职系，即企业针对那些技术能力强，但不具备带团队能力或不愿负责带团队的技术人才，为其专设的一条晋升路线。

2. 列出各职系的基本岗位通道

A公司各职系的岗位通道（不单列明星职系和专家职系）如下。

◎业务职系：业务员级→经理级→总监级，向董事会及股东发展过程中所经历的所有通道。

◎技术职系：技术员级→工程师级→总监级→专家级，直通到股东会所经历的所有通道。

◎生产职系：生产员工级→主管级→经理级→总监级→事业部总经理级→CTO 级，向董事会及股东发展过程中所经历的所有通道。

◎行政职系：职能员工或特长员工由员工级→主管级→经理级→总监级，向董事会及股东发展过程中所经历的所有通道。

◎财务职系：会计级→经理级→总监级→CFO 级，向董事会及股东发展过程中所经历的所有通道。

3．细分岗位

按照岗位不同类型确定企业各职系后，需要细分到职系中各岗位层级，形成基层→中层→高层→决策层的晋升通道。

B 公司业务职系细分到各岗位层级：实习业务员→业务员→高级业务员→副经理→经理→高级经理→副总监→总监→高级总监→副总→总经理→董事长。各职系所包括的岗位人员如下。

（1）业务职系：适用于营销类人员，包括业务员、营销主管、营销经理、营销总监及其他相关营销系统人员，如销售部、招商部、渠道部等部门人员。

（2）技术职系：适用于技术研发、技术管理、产品设计等各类专业技术人员，包括技术部、研发部、质检部、IT 部等部门人员。

（3）生产职系：适用于生产岗位人员、与生产有关的事务人员，包括生产、PMC 部等部门人员。

（4）行政职系：适用于行政事务人员，包括行政部、人力资源部、后勤部等部门人员。

（5）财务职系：适用于财务岗位会计、出纳，包括财务部、资金部、投融资部等部门人员。

（6）明星职系：适用于营销系统内不适合从事营销管理岗位的员工。

（7）专家职系：适用于技术系统内不适合从事技术管理岗位，以专业研发或技术革新为导向的人员。

4．形成生涯规划图

C公司员工职业生涯规划通道如图13-3所示。

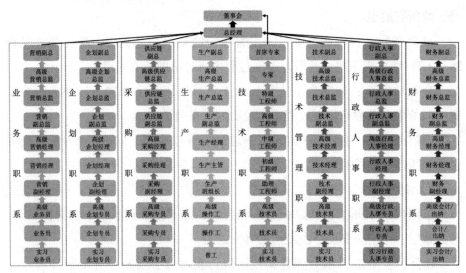

图13-3　员工职业生涯规划通道

图13-3中各职系针对对象和岗位如表13-1所示。

表13-1　职系针对对象和岗位举例

职系	针对对象	岗位举例	备注
业务职系	适用于营销部门人员	销售员、业务代表	—
企划职系	适用于企划部门人员	企划专员、品牌专员	—
采购职系	适用于供应链部门人员	采购员、仓管员、物流员	—
生产职系	适用于生产、PMC部门人员	操作工、计划专员、车间文员	—
技术职系	适用于技术部门、研发部门、工程部门、质检部门等各类专业人员	技术员、质检员、工程师、设计师、维修工、IT工程师	分为普通专业技术岗和专家岗
技术管理职系	适用于企业正式任命的主管及以上管理人员、生产技术指导等专业人员	各部门管理人员	—
行政人事职系	适用于行政、人力资源部门人员	行政文员、前台、行政助理、人事专员、后勤专员	—
财务职系	适用于财务部门人员	会计、出纳	—

晋升、降级标准的制定

每一个人都希望通过自己的努力成就自我，要实现这个目标，企业必须打通晋升通道，让员工看到晋升的希望，才会踏实努力工作，将工作当成事业。所以，让员工跟企业共同成长至关重要的因素是给员工晋升的空间和机会，同时界定清晰的考核标准和要求。

岗位晋升必须满足岗位的晋升标准，因此，对于员工而言，职业生涯规划通道仅为路线方向的指引，而实现每一次岗位晋升都要达到标准量化的岗位晋升标准。晋升标准表的制作步骤如下。

步骤 1：根据职业生涯规划通道图，罗列各职系中每一个岗位的名称。

◆说明：让每一名员工找到目前自己所在职系中的位置，以及将来可能晋升的方向与位置。

步骤 2：制作晋升标准表（见表 13-2、表 13-3）。

◆说明：每个职系都对应一张晋升标准表，表中包含该职系中各岗位的晋升指标与保级、降级指标。

晋升标准表包含的内容如下。

（1）晋升类指标：设置的目的是告知较低层级岗位人员晋升到更高层级岗位的标准，依据标准努力，缩短与更高层级岗位任职资格的差距，最终符合标准，实现晋升。

各岗位晋升类指标包括：①本岗位业绩或绩效指标（含团队业绩）；②人才培养或团队建设指标（含增员）；③学习成长或技能通关指标；④关键指标或电网指标，是企业的特指指标，比如某公司业务职系晋升的关键指标包括销售额、回款率、利润率、客户数量、满意度、交期、质量、次品率、投诉次数、新市场开发等。

（2）保级或降级类指标：设置的目的是让岗位人员清楚认知，晋升不代表可以高枕无忧，如果在所晋升岗位上不作为或触犯了底线标准，仍将面临被降级或淘汰，可使晋升人员保持持续认真的工作状态。

保级、降级类指标包括：①业绩指标类——连续两个月未达成目标（保底目标）的 80% 或 50% 以上；②关键考核指标类——对企业产生重大影响的考核指标，如客户消费频率、利润指标、员工流失率、新客户增加量等；③电网指标——企业规定的造成重大损失的避免性指标，如火灾、贪污等违纪行为、拿企业客户资料做兼职、泄露商业机密获取经济利益等。

表13-2　晋升降级标准

岗位	业绩/绩效指标	学习成长/技能通关指标	培养人才/团队建设指标	关键指标/电网指标	保级指标/降级指标
副总	根据企业决策委员会决议确定其晋升				
高级总监					
总监					
副总监					
高级经理					
经理					
副经理					
高级员工					
员工					
实习员工					

表13-3　技术职系晋升降级标准表示例

岗位	业绩及关键指标	学习成长指标	人才培养指标	关键指标	降级指标
首席专家	①独立策划产品，本领域具有一定权威性；②拥有一定数量的技术专利；③了解本行业发展方向，规划公司发展产品线	①参与国家及行业技术规范及法律法规的制定；②具备行业领先的产品设计能力；③具备本战略规划及思考能力；④对于产品实现过程中重大问题的难题攻关	①团队质量及数量达标；②培养专家2名	发明专利≥3项	①内外部满意度低于90分；②电网指标触网；③因其工作失误造成企业高于或等于5万元经济损失
专家	①独立构思产品，出具产品实现方案；②指导高级工程师实现产品；③挖掘产品技术专利及产品亮点；④撰写产品相关技术文件；⑤本岗位绩效考核达标	①掌握国家及行业技术规范及法律法规的知识；②具备丰富的本领域及跨行业专业知识；③独立构思产品方案；④解决产品实现过程中的技术难题；⑤参加首席专家技术知识培训并考核通过	①干部质量及数量达标；②培养特级工程师2名	发明专利≥2项	①内外部满意度低于85分；②电网指标触网；③因其工作失误造成企业高于或等于4万元经济损失
特级工程师	①独立完成产品研发工作；②绩效考核平均90分以上；③撰写产品相关技术文件	①熟悉行业技术规范及法律法规；②具备本领域专业实操能力；③跨行业知识丰富，独立完成产品研发工作；④参加专家级技术培训并考核通过	培养高级工程师1名	①产品开发达成率90%；②项目交付达成率90%；③专利数量≥6个	①绩效考核累计年度低于80分3次；②内外部满意度低于80分；③电网指标触网；④因其工作失误造成企业高于或等于3万元经济损失

续表

岗位	业绩及关键指标	学习成长指标	人才培养指标	关键指标	降级指标
高级工程师	①绩效考核平均85分以上;②能独立完成产品技术专利及产品亮点;③撰写产品相关技术文件	①熟悉本行业产品运用,能针对市场需求进行产品立项和开发;②具备丰富的本领域及跨行业专业知识;③能独立完成产品项目交付	培养中级工程师2名	①产品开发达成率90%;②项目交付达成率90%;③专利数量≥5个	①绩效考核累计年度低于75分3次;②内外部满意度低于75分;③电网指标触网;④因其工作失误造成企业高于或等于2万元经济损失
中级工程师	①绩效考核平均85分以上;②能站在产品专业角度提供提升或改造意见;③完成初级及高级工程师之间的工作衔接	①熟悉本公司产品规格型号,针对市场需求对产品提出改进意见和计划;②独立完成本专业产品设计;③熟悉本行业技术规范及法律法规;④具备本公司产品培训能力;⑤具备一定跨行业产品知识储备	培养助理工程师1名	①年项目交付偏差数量≤3个;②专利申请数量≥3个	①绩效考核累计年度低于75分3次;②内外部满意度低于75分;③电网指标触网;④因其工作失误造成企业高于或等于1万元经济损失
初级工程师	①绩效考核平均80分以上;②独立完成本专业设计工作,具备一定跨专业工作能力	①熟悉本公司产品的规格、性能、使用要求;②协助完成本专业产品设计工作;③独立完成产品资料编制;④熟悉本行业技术规范	培养高级技术员1名	①年项目交付偏差数量≤3个;②专利申请数量≥3个	①绩效考核累计年度低于70分3次;②内外部满意度低于75分;③电网指标触网;④因其工作失误造成企业高于或等于1万元经济损失

续表

岗位	业绩及关键指标	学习成长指标	人才培养指标	关键指标	降级指标
助理工程师	①绩效考核平均80分以上；②独立完成岗位权责主要工作内容	①精确掌握企业相关技术知识和流程；②辅助完成标准汇编产品研发及标准汇编	能独立培训指导技术员	①新产品开发数量≥2个；②专利申请数量≥1个	①绩效考核累计年度低于70分3次；②内外部满意度低于75分；③电网指标触网；④因其他工作失误造成企业高于或等于1万元经济损失
高级技术员	①绩效考核平均90分以上；②工作计划完成90%以上，工作失误3次以下	①熟练掌握企业相关技术知识和流程；②可异常处理岗位工作完成岗位工作	带教一名实习技术员	参与新品开发，技能达标	①绩效考核累计年度低于80分3次；②内外部满意度低于75分；③环节交付不及时3次以上；④电网指标触网
技术员	①绩效考核平均85分以上；②工作计划完成90%以上，工作失误2次以下；③能胜任岗位权责所述工作内容	①专业技能达标；②内外部服务满意度85%以上；③全面了解公司的技术标准及要求	—	胜任上级安排的技术工作	①绩效考核累计年度低于75分3次；②内外部满意度低于75分；③环节交付不及时3次以上；④电网指标触网
实习技术员	①岗位权责书失误2次以下；②工作流程进展停滞次数3次以下	①初步了解产品基础知识和工艺流程；②入职培训并通过考核	—	—	①未通过入职考核；②工作失误3次以上

291

第十四章
系统导入进程管控

　　激励系统的导入将改变很多企业家的工作习惯，由情感管理走向制度管理、由个性化管理走向标准化管理、由粗放式管理走向精细化管理、由人治管理走向法治管理。

　　激励系统导入的目标是让企业能够持续稳健地盈利，不仅实现利润最大化，更要实现管理成熟度的最高度，为企业的安全运营与发展扩张提供保障与支持。

系统导入总体规划

激励系统导入的总体规划可以从领导者的能力、企业内部部门及员工的导入顺序、导入过程中各部门如何协同工作这三个方面展开。

1. 领导者的能力

激励系统导入时，强能力的领导者可以完成重新构建企业没有的体系，也可以优化升级企业不完善的体系。对领导者的能力有以下要求。

（1）积极正面。

（2）有大局观和全局思维。

（3）价值观与企业高度吻合。

（4）人品正直，团队凝聚力强。

（5）持续力、承受力、掌控力强。

（6）个人能力强或过去业绩 / 绩效好。

（7）清晰理解投资人对企业的未来目标规划。

（8）明确激励系统推进关键节点、重要性、核心价值。

（9）对激励系统原理熟练应用，文字和口头表达能力强。

（10）对个人利益和职业规划认知清晰，不计较眼前利益，追求中长期回报。

2. 企业内部部门及员工的导入顺序

企业内部分为老员工、新员工、管理人员、普通员工、一线团队、职能团队、旧有部门、新设部门、功勋子公司、新增子公司等，应按以下顺序进行员工导入。

（1）先新人，后老人。

（2）先干部，后员工。

（3）先营销团队，后职能团队。

（4）先新部门，后老部门。

（5）先新子公司，后老子公司。

3. 部门协同工作

激励系统导入是一项综合性、全面性的工程，涉及企业内部的每一个部门和每一名员工，因此需要各部门协同完成。具体事项因各企业的不同情况而不同，但有一些属于共通的，在此列举。

（1）人力资源部门应为企业发展和系统导入储备相应的人才。

（2）财务部门负责为系统导入提供核心数据及核算公式。

（3）各部门抽派人员组成"激励系统建设委员会"，共同学习原理，共同讨论导入系统的方案。

（4）企业老板牵头推进项目进程，管控项目节点与质量。

（5）系统导入期间遇到问题或困难，及时与咨询老师沟通。

（6）"战略委员会"成员或企业外脑应为企业发展提供最新的讯息和建议。

激励系统建设是一项系统性工程，需要激励系统建设委员会成员投入人力、物力、精力、智力共同参与，所以为了组织有序、高效地开展工作，必须明确阶段性工作目标、内容、时间节点、参与人等（见表14-1）。

表14-1 激励系统建设推进计划时间表

时间	202×年1月1日—12月31日											
项目阶段	1月	2月	3月	4月	5月	6月	7月	8月	9月	10月	11月	12月
内部调研——梳理出公司存在的激励问题	▬											
原理学习——统一认知，达成共识		▬▬▬										
方案设计——激励八大系统方案设计		▬▬▬										
培训宣导——激励八大系统导入前培训					▬							
试运行——激励八大系统测试运行						▬▬						
全面导入——新的激励八大系统全面实施							▬▬▬▬▬▬					

系统导入实施步骤

激励系统正式导入企业之前，可先进行一番造势：揭露过去管理的不合理方面，并以案例说明；描述系统导入后可带来的价值，告知员工在新系统环境下他们可以发挥更大的作用，并取得更大的成绩。在系统导入的整个环节中，企业领导者要肯定大家在系统建设过程中、方案制作阶段和导入阶段做出的努力和付出，营造一切为发展的良好氛围。

激励系统建设的内容与导入顺序如下。

第一步：企业目标规划

◆按照长期5年、中期3年、短期1年进行规划。

◆规划内容包括企业销售目标、成本目标、利润目标、市场扩张规划、产品规划、客户定位及分类、配套人才培养与引进、系统建设等。

第二步：组织架构布局

◆按照长期5年、中期3年、短期1年分别设计组织架构图（呈延伸变化状态）。

◆分支架构图包括部门分支图，人事架构图，定岗、定编、定员表，人事权和财权界定表，跨部门协调事宜表。

注：组织架构图的设计是基于目标规划的具体体现。

第三步：岗位权责梳理

（1）制定各岗位《岗位权责书》。

（2）所有岗位的《岗位权责书》形成企业的《岗位权责书》资料库。

（3）每一张《岗位权责书》分为：表一部分（用于岗位价值评估、招聘、晋升）——所属部门、岗位层级、管辖人数、任职资格；表二部分（用于提取绩效考核指标）——具体工作内容（每项工作内容的量化标准及附属表单）；表三部分（用于明确各岗位的人事权及财权）——岗位权限。

第四步：目标绩效考核

（1）绩效考核指标库。

（2）各岗位绩效考核表。

（3）绩效考核制度。

第五步：薪酬激励设计

（1）薪酬设计维度，分为岗位固定工资部分（采用宽带薪酬）和岗位浮动工资部分（采用效益薪酬）。

（2）薪酬管理制度。

注：效益薪酬是指岗位因业绩贡献所获得的销售提成、利润提成、超产奖、专项奖金、管理分红等。参照各销售团队、技术团队、生产团队、职能团队等薪酬设计方法进行设计。

第六步：招聘系统建设

（1）基于空缺岗位的《岗位权责书》的表一部分进行初步人才筛选（人力资源部负责）。

（2）基于空缺岗位的《岗位权责书》的表二部分进行被招聘人员复试（部门负责人负责）。

（3）简历标杆（用于大规模招聘时的业务员、生产工等岗位）。

（4）价值需求测评（用于对被招聘人价值观的测试，判断其与岗位特性是否匹配）。

（5）文化匹配度（用于检测被招聘人与公司/部门/岗位的文化匹配度）。

（6）招聘管理制度。

第七步：职业生涯规划

内部人才培养的操作分为如下九步。

（1）基于企业目标规划得出未来5年各关键人才需求。

（2）筛选分类出内部培养的人才岗位与数量和从外部引进的人才岗位与数量。

（3）找出各类内部培养人才的部门来源。

（4）预测各岗位人才培养的选拔比例。

（5）做人力资源规划。

（6）按人力资源规划中各阶段人才招聘标准与数量进行招聘。

（7）选拔可培养人才进行针对性培养，包括配套培训、指导、岗位工作体验等方式。

（8）内部招聘与选拔。

（9）实现内部人才供给。

职业生涯规划体系的设计就是基于上述内部人才培养供给的思路，如能够：①划分晋升通道；②制定晋升标准（考虑因素包括岗位任职资格、企业发展中的人才需求时间、各岗位人才流失率、晋升速度控制、人才储备数量等）；③针对可培养人才做配套培训，使其满足未来可晋升岗位的任职资格；④对员工个人做的职业生涯规划指导；⑤综合平衡企业用人需求与员工晋升需求，设计、撰写企业生涯规划体系。

第八步：股权激励设计

股权的本质是权利和保障。关注股份的往往是企业管理层和核心关键人才。股权激励系统的导入，最重要的不是方法，而是时机。企业一定要根据自身的发展阶段，合理规划给哪些人股份、如何给股份、什么时间给、给的条件是什么、享受的权利与义务是什么。

股份包括三种：分红股、虚拟股、注册股。不同时期的企业，其股份改革的侧重点不一样。

（1）创业期企业。

◆侧重点：分红股。

◆方式：税前奖励，无须出钱，离职后即无，名字不在工商章程内体现。

（2）发展期企业。

◆侧重点：虚拟股。

◆方式：税前奖励，无须出钱，离职补偿并收回，名字不在工商章程内体现。

（3）扩张期企业。

◆侧重点：注册股。

◆方式：成为注册股东，体现在工商章程内，税后分红。

（4）股份期企业。

◆侧重点：股票期权。

◆方式：出资购买原始股，满足条件后行权成为股东，享受股东权益。

（5）上市期企业。

◆侧重点：股票

◆方式：进入上市流通阶段，规定期限后可自由交易，享受上市公司股东权益。

第九步：系统导入进程

多数企业无法按照所讲述的所有步骤进行操作，原因是这些企业已经在运行自己的薪酬方案、考核方案等部分管理方案，只是这些方案没有贯穿成为体系，进而成为一套系统。但由于内部员工对现有的方案有一定的认可度，新的改革与系统导入可能会伤害到部分人的个人利益，因此系统导入的难度会加大。

针对这种情况，我们建议企业先从不直接对员工利益产生冲突的系统模块进行导入，如岗位权责书系统、招聘系统、培训系统等。

系统导入常见问题

怎样的改革才是优秀的改革？

答：改革就是伤害一部分人的利益去满足另外一部分人的利益。优秀的改革是伤害无用、无价值的人的利益，去满足有价值的人的利益。

为什么要导入企业激励系统？

答：企业要做大做强取决于三个因素：①好的商业模式和好的产品；②

销售系统；③激励系统。

之所以要导入企业激励系统，是因为企业有强烈的发展愿望，当企业发展到一定阶段时，就必须导入企业激励系统。

在系统知识的导入过程中，企业很多问题被反馈出来，作为企业要打碎过去的一些传统习惯，去重新融合，这个过程中员工的不理解是企业所面对的最大难题。

企业要实现做强做大的愿景离不开人员的努力，企业的经营需要人。而"人"有需求、有情绪、有情感，所以企业要用人就必须有规则，一家企业要是没有优秀的规则，即没有激励系统就会乱。企业一乱，就不能吸引和留住优秀的员工。而导入企业激励系统是为了更为有效地管理、调动"人"，使之向一个目标点凝聚，以实现更好的最终的愿景目标。

在系统导入中容易出现哪些错误思想？

答：在激励系统导入的过程中，容易产生以下三种错误的思想，引发员工的抵触情绪。

（1）无须标准化管理——基于目前企业没有导入系统，管理仍在正常运转，从而认为企业不需要考核管理。

（2）亲人管理——聘请企业老板的亲朋从事执行工作，不需要对其进行考核管理。

（3）老板亲管——老板本人不相信制度，不相信他人，只相信自己，导致一切亲力亲为。

但是，这三种错误思想都不能成为企业抵触导入管理系统的理由，因为企业激励系统是一套非常科学化、标准化，项目经过大量企业反复论证、实践，并运用成型的产物。

当今中国企业的发展，还处在一个管理相对初级的阶段，没有多少成熟的企业管理实战理论可以借鉴，管理大部分仍停留在经验主义层面，企业不重视管理系统导入的重要性。比如主观地认为采取某种薪酬体系肯定合适，觉得别人的考核模式用到自己企业应该不错，等等。当这种经验主义与企业现状相结合时，便会出现问题：或因为凭空臆造没有依据，使企业内部员工不公平感大增，员工大面积离职；或因为没有经过科学论证而流于形式，变成一纸空文，使企业管理陷入困境。

为什么企业改革往往以失败告终?

答：很多企业老板相信通过改革可以排除隐患，使企业朝好的方向顺利发展，但企业改革往往以失败告终。究其原因，是改革会侵犯到一些人的切身利益，因而改革会遭到强烈反对，这些人可能是老板的家人、朋友或功臣，基于种种原因，造成老板最终选择放弃改革。

必须要理解，当通过举手表决的形式来统计员工对改革的支持率时，最终举手表决的比例与改革的必要性没有太大关系。

改革就要有天崩地裂也不动摇的坚定决心，软弱和退缩只会受他人所制，反对呼声的浪潮浇不灭改革的火焰，可用杀鸡儆猴和以儆效尤的方法向其他人展示自己对改革的决心。总而言之，改革的路上一定有很多坎坷，但再多的坎坷都会为坚定的决心和行动所蹚过！

改革成功 = 老板的决心 + 决心 + 决心。

改革过程中企业员工分为几类呢?

答：改革过程中企业员工分为三类人。

（1）支持改革的人。

（2）持观望态度，左右摇摆的人。

（3）反对改革的人。

支持改革的人通常是团队中优秀的人才，因为只有通过改革，他才能够得到更高的薪酬和职位的晋升。抵触、反对改革的人通常是无法为企业创造价值的人，因为他怕失去现有的薪酬待遇，只有改革失败，他才能在企业里面舒服地生存，拿高于自己能力水平和劳动付出的薪酬。

企业目前未发现问题隐患，还需要立即导入激励系统吗?

答：导入激励系统是防患于未然的唯一方法，是料敌于先的必要措施。实施改革和没有改革在当下可能没有什么质的变化，但是折射到多年以后，未改革企业的旧习惯极有可能发展为重大隐患。所有旧习惯形成的隐患都像一颗颗定时炸弹，今天的安全只是暂时的，它们随时可能在企业的发展之路上爆炸，轻则对企业造成皮外伤，重则会让企业伤筋动骨，更严重的甚至会让企业倒闭。因此，必须尽早导入激励系统，才能将隐患消弭于无形中，让企业顺畅地沿着所规划的发展之路前行。

怎样消解系统导入初期员工的排斥心理？

答：在系统导入初期，企业员工会普遍性地产生排斥心理，主要是缘于对新的工作方式的不习惯和对新系统的不信任。前者可随时间的推移和工作的继续而得到改善，后者则需要进行指引和疏导。

员工对新系统的不信任在于对系统性能的未知，因而缺乏驾驭上的安全感。所以，在系统导入初期对员工进行培训和疏导就变得非常重要。

老板要让员工知道导入激励系统是为了让企业更好地发展。那么，员工与老板同样都是企业的支撑者，同样都会因企业的盈利而受益，企业的收益大，员工所分到的收益也会越多，老板一定要将这个并不深奥的道理表达清楚，让员工明白进行系统导入是要让企业获得更大收益，进而将这些收益回馈给员工。对双方都有利的事情才能形成绑定效应，让双方更具凝聚力。因此，企业老板必须站在宏观的角度去思考，权衡企业与员工的关系，设计切合实际并对双方都有利的系统导入方案，明确清晰地让每一位员工知道自己的付出与收获的对应关系，有信心憧憬企业做强时自己获得更多收益的美好场景。当员工感受到这份美好，自然会积极主动地配合系统导入的工作。

一旦开启系统导入，员工反抗怎么办？

答：有不少企业在过去已经养成了一种坏习惯，就是不敢考核员工，也不敢对老员工提要求，担心员工反抗。企业激励系统导入时，受到的最大阻力通常来自高管人员和老资格员工。不管面对怎样的压力，作为企业老板必须要明白一个道理：企业不但是你的，也是员工的，企业在某些发展阶段必须要变，变就能活，不变就得死。如果系统导入时遭遇员工反抗，也不要因此乱了方阵，因为员工既然反抗，而不是直接走人，就是想通过反抗得到自己想要的东西。所以，老板要敢于改变，通过改变达成目标。

经过培训后人才反而流失怎么办？

答：当对员工进行专业化培训时，不要过分担心员工接受培训后的流失，要尽可能多培养员工，全方位地培养员工。因为大力的培养会让员工感恩并大大提升对企业的忠诚度。

培训后会出现两种情况：一种是员工接受培训后流失，甚至转往竞争对手处；另外一种则是对企业心存感恩，从而更加努力工作，为企业创造更多价值。

　　企业要从宏观长远的角度看待培训，即使出现培训后的人才流失也是创造了社会价值，因为没有系统的盈利模式是不能持久的，没有社会价值的盈利也是不能持久的。

　　通过不断的培训然后流失，再培训再流失，所剩下的一定是那些对企业感恩的优秀员工，这部分人会利用自己所学知识去尽全力为企业创造更大价值。

如何有计划、有步骤地导入？

　　答：企业在接受咨询后掌握了大量的管理知识及工具方法，但更多的困惑是学习之后从哪一步开始将系统导入企业中。建议企业采取"三步大走法"逐步进行导入：首先了解理论基础、原理、指导思想；其次了解工具和方法；最后宣贯指导，实践落实。

人员素质未达到激励系统实施的能力要求，还要导入激励系统吗？

　　答：激励系统与人才素质匹配非常重要的，因此答案是"要"。所以在建立系统时，要根据企业员工的实际素质建立切实可行的激励系统。

　　实施激励系统的主体单位，也是系统的最终使用者，所牵涉的人主要为企业高层、业务负责人、关键员工等，还包括企业的基层员工。

　　激励系统的实施是以人为本，我们常说宁要"三流软件，一流实施"，也不要"一流软件，三流实施"，可见人在激励系统实施中的作用。

　　在实施过程中，要加强对员工技能水平的培训，提高其自身的能力素质，从而匹配激励系统对人员能力素质的要求。向员工介绍激励系统，让大家了解系统，并认识到实施系统的必要性。同时，不能将员工仅仅看作被动的接受者，而是要使之真正参与到激励系统导入实施的工作中来。

方案的制定缺少专业人员参与策划可以吗？

　　答：企业老板在颁布制度时切勿急功近利，制度的制定要以理论基础为指导，反之则是不具效力的伪系统。如颁布薪酬制度时，只由老板和人力资源二者来设计，等到制度被颁布后，营销总监才知道此事，这样的制度很难达到应该具有的专业度。此外还涉及投入的问题，非专业人员制定的制度会因缺乏专业性而难以实施，实施后修改和重置往往投入的人力和财力会更大。所以，在任何制度的制定过程中都要有专业人员参与，保证制度的切实可行，便于日后顺利导入。

家族企业系统导入为什么要选择感性导入法？什么是感性导入法呢？

答：有些企业是从最初的家庭合作式的小经济体慢慢成长起来的。随着企业的逐渐壮大，由外部渠道引进的包括职业经理人在内的中高层管理人员比例越来越高，但企业的最高职位和一些核心重要岗位仍由家庭成员担任，因此企业在管理思维、管理方式上仍停留在陈旧的层面上。家族企业在发展的关键阶段，一方面会面临家族成员能力不足，企业发展瓶颈难突破，另一方面不信任和排斥外来人的局面，导致最终隔阂越来越大。因此，引进来的人才在企业正常经营时，不愿尽心尽力；在企业出现问题时，不愿出谋划策；在企业发生危机时，不愿雪中送炭，有的甚至还落井下石。

因此，家族企业更需要防患于未然，坚定导入企业激励系统的决心，但在导入过程中一定会招致家族管理成员的阻挠。在此建议家族企业采用感性导入法。所谓感性导入法，可以理解为"晓之以理 + 动之以情"的方式，从情感面切入，使家族成员因为受老板情感的感化而同意改革，但要签订协议，因为只有签订协议才具法律效力。

企业老板可将系统的学习与导入全权委托他人吗？

答：不可以。一些企业老板总是想委托别人做事，在系统的学习与导入过程中，如果老板不亲自学习而是委托他人处理，就无法掌握系统导入后的局面，更无法对企业实施管理。但这并不代表整个导入工作都要由老板亲自做，老板必须学习系统，可以方便对企业整体宏观的把控，再配以专业人员去执行导入工作，既可节省时间，又能保证实施到位。

将系统导入的工作放权给人力资源负责人代劳会有哪些负面问题？

答：放权是对的，也是必需的，但对于系统导入这样的关键大事，企业老板不能彻底放权。老板必须时刻谨记，自己是企业的总舵手、方向的把控人，若是将系统导入的权力全部放给人力资源负责人，等于让下属去承担不属于他的责任，一方面不能向员工展示出作为老板对系统导入的坚定决心，另一方面由于员工感受不到老板对系统导入的决心就会不重视、不配合系统导入，这种局面下导入必然不能彻底进行。

其实，这个问题的根源是权力与责任的不对应性。企业老板必须亲自挂帅，主导系统导入方向的工作，但具体的导入执行工作要由下面的人负责，这样才能让每个人都主动承担起自己的责任，配合系统导入的顺利推行。

企业老板和员工应以什么样的心态应对系统导入？

答：在系统导入的过程中，企业老板切记不能有主人心态，员工则不能没有主人心态。这句话的意思是：老板不能把企业完全当成自己的，虽然企业是自己创立的，但企业在经营过程中是在为大家（包括自己）谋利益，企业强则企业内部所有人都会受益；员工不要把企业当成老板一个人的，虽然企业是老板创立的，但自己在企业内工作，企业强大了，自己的利益也会跟着水涨船高，因此员工要有主人翁的心态。

薪酬导入中，兼岗人员的薪酬如何处理？

答：在整个激励系统的变革中，最难的就是薪酬。因为薪酬是根本性的利益触动，处理不好就会是很多冲突的发起点。各岗位的薪酬系统变革都不是易事，兼岗人员的薪酬处理方法有如下三种。

（1）按工资高的岗位发工资（适合于临时兼顾其他岗位的情况）。

（2）分别按两个工作所占工作时间的百分比乘以该岗位的岗位工资，然后将两者相加之和作为工资进行发放（适用于两个岗位占用的时间差不多的情况）。

（3）按照本职工作的满额工资，加上所兼职岗位的岗位工资乘以所占工作时间的百分比所得出的数额之和。

什么是伪系统？

答：相当一部分企业没有完善的企业激励系统，即便是有，多数也是伪系统，不能产生经济效益与持续发展。

企业伪系统是由于企业发展历史与管理水平等原因所致，没有经过系统形成，没有经过科学验证，没有法律依据，也没有理论基础的经验主义加片面主义。

伪系统有六大特征：

①经验主义，没有理论支持；②团队效率低，员工忠诚度差；③没有标

准，管理混乱，多变；④没有规模效应，越来越累；⑤员工职业化程度低，没有训练；⑥感性用人而非数字化、量化，没有伦理标准。

为了企业的长远发展，必须建设优秀的激励系统，坚决丢弃不能产生经济效益与持续发展的伪系统。一个优秀的系统也有六大特征：①激活人才；②解放老板；③提升利润；④标准管理；⑤复制扩张；⑥实现目标。

后记

　　每个企业家的成功都有自己的独到之处，每个企业的成功都是多种要素的结合。企业因地域不同、发展阶段不同、行业不同、规模不同、管理成熟度不同、战略方向不同、人才能力素质不同等，对咨询的需求就不同，从而对咨询师的能力要求也不同，这就要求咨询师不断学习，不断优化自己的认知及知识结构。在此，笔者对每天奔波在全国一线的咨询师们说声："你们辛苦了！"

　　本书是针对企业家和咨询师两种身份对象书写，希望本书的推出能够为中小企业导入激励咨询建立一套科学的标准，让企业家选择咨询公司及激励咨询的落地明确方向，也让中国的激励咨询师明确咨询项目落地的边界及知识框架。

　　企业家在建设激励系统的路上，学习转化是很重要的标志动作，从"知道"到"做到"再到"得到"，还有很长的路要走。笔者的书籍能够做到的是"领进门"让您"知道"，而"精通"是让知识体系成为自身认知和能力的一部分；"做到"是让书本上的知识变成公司的激励方案；"得到"是让激励方案在公司发挥价值，转换成实实在在的业绩和利润，真正地帮助公司吸引人才、留住人才、激活人才，提升业绩、提高利润，最大化地实现公司的战略目标。

　　笔者建议企业家或咨询师在本书上画线、做标记，在空白处写上自己的阅读心得，把本书作为自己的成长指南。投入实践，是学习知识的重要目的，也是将知识转化为生产力的唯一途径。

　　子曰："学而时习之，不亦说乎。"学到之后，不停地在实践中练习，收获的将不仅是企业业绩的提升，还有心灵的愉悦。同时，笔者也希望各位企业家及咨询师利用"激励通""激励系统""股权激励""阿米巴经营模式""团队激活"等线下课堂进行学习。

长贝咨询集团致力于企业经营实践,专注于管理系统建设,陪伴客户一起成长,不断以自身力量提升中国企业的管理水平,为管理咨询行业贡献自己的经营思想和管理方法论。我们还将陆续推出系列书籍,敬请期待!